FELDKIRCH
Wetterspitze 16
Rote Wand 13
Parseierspitze 15
LANDECK
Zimba 34
Hoher Riffler 32
Schrankogel 60
SCHWYZ
GLARUS
Schesaplana 32
Patteriol 30
Glärnisch 93
Zuckerhütl 58
Dreiländerspitze 35
CHUR
Piz Buin 35
Tödi 24
Piz Linard 38
Similaun 57
Hintere Schwärze 57
MALS
MERAN
Piz Kesch 38
ANDER-
MATT
SPLÜGEN
Ortler 46
Piz d´Err 39
ST. MORITZ
Königspitze 49
Piz Palü 45
Monte Cevedale 46
Piz Bernina 42
Piz Badile 41
Monte Disgrazia 39
Cima Presanella 52
LOCARNO
Cima Brenta 74
Monte Adamello 52
Cima Tosa 76
SONDRIO
TRIENT
LUGANO
RIVA
COMO
BERGAMO
BRESCIA
MAILAND
NOVARA

Dieter Seibert · Gipfeltouren

Die großen

Dieter Seibert

Gipfeltouren

unserer Alpen

92 Sommertouren vom Watzmann bis zum Matterhorn

Berg

Vielen Dank den nachstehend genannten Fotografen für ihre Mitarbeit und die freundliche Genehmigung zur Veröffentlichung ihrer Bilder.

Sepp Brandl 50/51, 55, 59; Siegfried Eigstler 37; Willi End 23, 68, 72, 73, 86; Siegfried Garnweidner 11; Lisa Gensetter 110/111; Fritz Heimhuber 2/3, 6/7, 88/89; Werner Heiss 85, 114/115; Walter Hellberg 126/127; Reinhold Kirsch 19, 98/99, 103; Rainer Köfferlein 53, 63; Ursula Köster 62, 102; Leicafoto Rudi Lindner 44/45, 48, 74/75, 122/123; Alfons Meier 30; Klaus Puntschuh 47; Wolfgang Rauschel 20, 79, 118, 119; Dölf Reist 106, 107; Marco Schneiders 40/41; Dieter Seibert 8/9, 10, 12, 14/15, 25, 29, 31, 43, 56, 78, 90, 92, 93, 96, 121; Hans Wagner 27, 76, 109, 117, 124; Kurt Wustl 66/67, 70/71; Franz Zengerle 33.

Kartenskizzen von Dieter Seibert.

Dieses Buch ist mit aller Sorgfalt geschrieben, illustriert und zusammengestellt worden. Dennoch müssen alle Angaben ohne Gewähr erfolgen. Zwischenzeitliche Änderungen sind nicht auszuschließen. Weder dem Autor noch dem Verlag ist es möglich, für Nachteile oder Schäden eine Haftung irgendwelcher Art zu übernehmen. Hierfür bitten wir ganz herzlich um Ihr Verständnis.

ISBN 3-7634-0649-2
Printed in Germany

Inhalt

Zum Buch

Dieser Band bringt eine echte Starparade der höchsten, schönsten und begehrenswertesten Gipfel im weiten Alpenbogen. Da ist alles zusammengefaßt, was „Rang und Namen“ hat. Man findet darunter nicht weniger als 24 Viertausender. Nur ganz vereinzelt fehlt ein auffallender Berg, etwa der Grand Combin in den Walliser Alpen oder die Grivola im Gran-Paradiso-Gebiet. Doch das sind jene Ziele, zu denen es keine wirklich empfehlenswerten Aufstiege gibt.

Wählt man die Berge nach ihrer Höhe und der markanten Gestalt aus, dann ergeben sich von ganz alleine sehr große Unterschiede von einfach bis anspruchsvoll. Die Steigerung von Hochvogel und Alpspitze bis hin zum Walliser Weißhorn und zur Meije ist gewaltig; und niemand sollte sich davon täuschen lassen, daß sie alle in einem Buch beschrieben werden. Man darf nicht in den Fehler von drei Alpinisten aus Starnberg verfallen: Sie waren im Klettergarten eine Vierer-Route gegangen, und damit fühlten sie sich reif für den Biancograt. Ihr Versuch endete – zum Glück! – bereits am Fuß der zur Fuorcla Prievlusa hinaufziehenden Firnflanke.

Unserer Zeit entsprechend haben sich auch beim Bergsteigen eine arge Oberflächlichkeit und auch einige Überheblichkeit eingeschlichen, die oft die eigentlichen Ursachen der alpinen Unfälle sind. Ein einwöchiger Grundkurs bei einer Alpinschule und eine teure Ausrüstung verleiten nur allzu viele dazu, sich bereits als Fachleute zu fühlen. Auf den bekannten und deshalb viel begangenen Touren bildet sich immer mehr ein gewisses Herdenverhalten aus. Legt ein Ungeschickter die erste Spur über Gletscher oder über eine Firnschneide, so folgen alle Nachkommenden völlig gedanken- und kritiklos dieser Fährte, auch wenn sie die Spalte an ganz unsinniger Stelle überquert oder viel zu weit auf die Wächte hinausführt. Und die doch relativ geringe Zahl an Spaltentoten ist keineswegs dem Können der einzelnen Seilschaften zu verdanken. Unter den so zahlreichen Bergsteigern findet sich immer ein zufällig Vorbeikommender, der den Unerfahrenen dann hilfreich zur Seite steht. Sonst sähe die Bilanz ungleich schlechter aus.

Drei Zinnen und Paternkofel (Sextener Dolomiten) im letzten Abendlicht.

Ein wirklich fundiertes Können setzt sich aus dem theoretisch Gelernten und viel, viel praktischer Erfahrung zusammen. Um diese kommt man nicht herum, da helfen keine Tricks und kein Mogeln, sonst gibt es eines Tages böse Konsequenzen! Unser Buch kann bei einem sinnvollen Einsatz eine wesentliche Hilfe auf diesem Erfahrungsweg sein. Mit einer ganz gezielten, schrittweisen Steigerung gewinnt man eine Basis für den späteren Erfolg bei den großen Traumzielen.

Und noch eine Eigenschaft sollte sich jeder Bergsteiger erwerben – Geduld. Mißerfolge und sogar fast alle Unfälle muß man sich selber zuschreiben. Der Vernünftige wartet, bis bei einem angestrebten Ziel alle Voraussetzungen stimmen, das Können, die Kondition, aber auch die herrschenden Bedingungen wie Schneeverhältnisse und Wetter. Nicht der unter gewaltigen Plagen und Ängsten erzitterte Sieg ist befriedigend, sondern das souveräne Überwinden der Schwierigkeiten.

*

Hier noch einige wenige Worte zum Aufbau und Inhalt des Buches.

In den ***Skizzen*** bedeutet:
_ _ _ _ _ übliche Route
.... Variante

Sind in dem Kästchen zwei ***Gehzeiten*** angegeben, dann bezieht sich die erste auf den Bereich vom Ausgangspunkt bis zur Hütte, die zweite für jenen von dort zum Gipfel.

Bei allen mit einem Weg erschlossenen Bergen reicht eventuell unsere Kartenskizze. Für die größeren Touren sollte man jedoch unbedingt eine – gute – ***Landkarte*** mitnehmen. Es eignen sich dazu die offiziellen Karten im Maßstab 1:50000 der einzelnen Länder und die sogenannten Alpenvereinskarten.

Und noch ein Hinweis: Einer (sünd)teuren Ausrüstung wird oft eine Art Selbstheilungskraft zugetraut. Das ist ein schon gefährlicher Trugschluß, da er zu weniger Vorsicht, Vernunft usw. verführt. Ein – gutes – Konditionstraining, die Schulung der Trittsicherheit, perfektes Steigeisengehen... sind jedoch durch nichts zu ersetzen.

Heute kann man auch in den meisten ***Hütten*** in der Schweiz und in Frankreich zumindestens ein einfaches Essen bekommen. Der Vorausschauende erkundigt sich trotzdem im Talort über die Bedingungen – und bei den ganz großen Bergen auch um die herrschenden Verhältnisse. Was nützt etwa der Aufstieg zur Bietschhornhütte, wenn man dann den Gipfel wegen vereister Felsen nicht besteigen kann. Man sollte sich zudem bewußt sein, daß gerade an den großen und berühmten Bergen die Hütten in der Hauptsaison oft überfüllt sind. Der Konditionsstarke kann so manchen Gipfel direkt vom Parkplatz oder der Bergbahn ohne Übernachtung erreichen; darunter sind sogar so hohe Ziele wie Wildspitze, Monte Cevedale und Piz Palü. Doch bei längeren Aufstiegen lassen sich die Hüttennächte mit ihrer manchmal bedrückenden Enge nicht vermeiden. Und es gibt auch kaum kluge Tips zu diesem Problem. Allenfalls: Melden Sie sich frühzeitig an; und eventuell erhöht ein Schlafsack den nächtlichen Komfort.

Nördliche Kalkalpen

Die Kapitel in diesem Buch behandeln nicht nur vier recht unterschiedliche Bergräume, jedes bringt auch eine ganz typische Art von Touren. Niemand sollte die Nördlichen Kalkalpen gering anschauen, es gibt Hunderte wirklich schöner, gewaltiger, wilder Felsgestalten vom Lechquellengebirge in Vorarlberg bis hin zu Gesäuse und Hochschwab in der Steiermark. Für die große Schar der aus dem Norden kommenden Bergsteiger bieten sie sich als erste Ziele – geographisch und im übertragenen Sinne – an und werden deshalb auch besonders häufig besucht. Das führte dazu, daß all die berühmten, mächtigen Hauptgipfel mit Wegen und Hütten bestens erschlossen wurden. Die Touren sind also – von den Kletterbergen Sonnenspitze und Bischofsmütze abgesehen – relativ problemlos und damit so richtig geeignet, erste Erfahrungen zu sammeln, sich auf Größeres vorzubereiten. Ein Verantwortungsvoller scheut das so häufige Gerade-noch-Geschafft in bezug auf Orientierung, Schwierigkeiten, Kondition. Er ist mit sich selbst nur zufrieden, wenn er die Tour bei normalem Ablauf gekonnt und sicher durchgeführt hat, und ihm noch eine Reserve für Unvorhergesehenes blieb. Nur so machen die Touren auf Dauer richtig Spaß!

Name	Höhe	Gebirge	Gehzeit in Std.	Charakter
Hochvogel	2592 m	Allgäuer Alpen	3 + 2½	gewaltige Felspyramide mit angelegtem, gesicherten Steig
Mädelegabel	2645 m	Allgäuer Alpen	3½ + 2½	schöner, einfacher Felsberg über dem Heilbronner Weg
Rote Wand	2704 m	Lechquellengebirge	3¼	Riesenfelsmauer mit kühner, komplizierter Steiganlage
Parseierspitze	3036 m	Lechtaler Alpen	3 + 2¾	Hauptgipfel der Nördlichen Kalkalpen, anspruchsvoll
Wetterspitze	2895 m	Lechtaler Alpen	3 + 2½	kühner Turm, einfache, ausgesetzte Kletterei am Gipfel
Alpspitze	2620 m	Wettersteingebirge	2	Wahrzeichen des Werdenfelser Landes, drei Klettersteige
Sonnenspitze	2417 m	Mieminger Berge	2 + 2	keckes Felshorn, nur auf Kletterrouten zu erreichen
Bettelwurf	2726 m	Karwendelgebirge	2½ + 2	das Felskastell über dem Inntal, spannende Überschreitung
Ellmauer Halt	2344 m	Kaisergebirge	1½ + 2½	König im Wilden Kaiser, zwei gut gesicherte Steige
Watzmann	2713 m	Berchtesgadener Alpen	3¾ + 2½	mächtigster Felsberg Deutschlands, sehr lange Grattour
Hochkönig	2941 m	Berchtesgadener Alpen	5	Gletscherberg im Kalk, einfache, aber sehr weite Hochtour
Dachstein	2995 m	Dachsteingebirge	1½	gewaltig, beherrschend, berühmt, von sehr vielen bestiegen
Bischofsmütze	2459 m	Dachsteingebirge	1 + 3	Felsberg mit steilen Wänden, Kletterei wie in den Dolomiten
Spitzmauer	2442 m	Totes Gebirge	2½ + 3¾	Felsdom am Rand des Riesenkarstplateaus, einfach, aber weit
Hochtor	2369 m	Ennstaler Alpen	2¾ + 2½	Gesäuse-Hauptgipfel mit mächtiger Wand, gesicherte Steige

Blick vom Rauhhorn beim Vilsalpsee aufs Oberallgäu: links Wildengruppe, hinten Mädelegabel und Trettachspitze, als auffallender Zacken der Schneck.

◁ *Aus dem oberen Formarintal zeigt sich die Rote Wand von der Schmalseite. Rechts erkennt man eine Ecke des Gletscherchens.*

Der Aufstieg auf dem gut gesicherten Bäumenheimerweg zum Hochvogel führt durch eine eindrucksvolle Felslandschaft. ▷

Hochvogel, 2592 m

Der beherrschende Berg

Aufstiegszeit	Gipfelaufbau	Alternative
3 + 2½ Std.	Schrofenhang	Bäumenheimerweg

Überragt ein Berg seine Umgebung um 100 m, dann wirkt er wie ein König in seinem Revier. Nun mag sich jeder den imponierenden Anblick des Hochvogels ausmalen, bei dem diese Differenz 250 Meter beträgt! Es gibt nur wenige so herrausragende Alpengipfel! Dazu kommt noch eine wirklich elegante Pyramidenform. Es ist deshalb bestimmt kein Wunder, daß dieser Berg schon vor Jahrhunderten auf den primitiven Landkarten verzeichnet war, oder daß ihn heute jedes Schulkind kennt. Und natürlich träumen alle Bergsteiger davon, wenigstens einmal diese Zinne zu betreten.

Dabei könnte die gewaltige Pyramide mit ihren bis zu 800 m hohen Wänden eine „harmlose Bergsteigerseele" schon einschüchtern. Doch wie so oft: ein geschickt angelegter Steig, ein paar Drahtseile, und schon bereitet die Tour dem Trittsicheren keine echten Probleme mehr. Trotzdem bleibt die Spannung erhalten, der Weg biegt nämlich um mehrere Ecken, wo sich immer wieder überraschende Blicke öffnen. So erscheint beim Betreten des Sättele urplötzlich der bisher unsichtbare Hochvogel über dem Betrachter, urgewaltig, ein Berg aus lebensfeindlichem, grauem, zerborstenem Hauptdolomit. Dann folgt der so oft zitierte Kalte Winkel mit seinem Firnfeld. Bei hartem Schnee oder gar bei Eis mag er wirklich unangenehm sein; dann überschreitet man halt die Kreuzspitze (2367 m) auf dem teilweise geröllreichen, teilweise felsigen und mit Drahtseilen gesicherten Steig. Am Gipfelaufbau sind schließlich die waagrechten Wandstreifen und die schuttbedeckten Bänder das Typische, sie bilden eine Art Riesentreppe.

Wer sich noch mehr Fels wünscht, der begeht den Bäumenheimerweg über den Hochvogel-Südgrat, eine stumpfe, rasch ansteigende Kante von 500 m Höhe. Als guter Pfad klimmt er zwischen Felszacken, durch Rinnen und über Rippen, auf Geröll, Gras und Schrofen dort empor. Ein paar Drahtseile helfen über die unangenehmen Stellen hinweg, aber es ist stark übertrieben, ihn als Klettersteig einzustufen. Doch, wie soll man diese Tour anpacken? Man muß entweder volle 1000 Höhenmeter von Hinterhornbach bis zum Gratbeginn emporsteigen, oder man kombiniert den Südgrat mit der Normalroute, ist dann aber gezwungen, mit einigem Auf und Ab in etwa 2000 m Höhe den halben Berg zu umrunden.

Ausgangspunkt: Von Hindelang im Allgäu talein zum abgelegenen Dorf Hinterstein (866 m). Von dort mit dem Bus zum Giebelhaus (1063 m).
Charakter: Bergwege, evtl. harter Firn, am Gipfelaufbau Trittsicherheit notwendig.
Der beliebte Aufstieg: Durchs Tal des Bärgündelesbachs nach Süden, dann durch Wald und über Alpweiden in teilweise steilem Gelände zum stattlichen Prinz-Luitpold-Haus (1846 m, DAV) auf einer hohen Geländeschwelle. Nach Südosten in das Obere Kar. Nun entweder links über die Balkenscharte, das Sättele und den Firn des Kalten Winkels

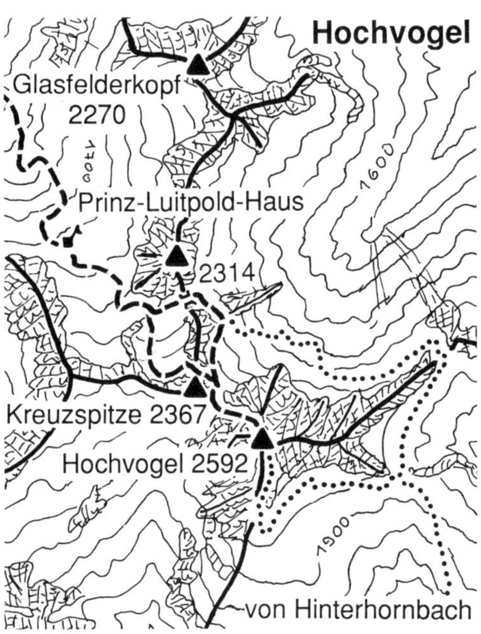

△
Die Trettachspitze in den Allgäuer Alpen.

(sich in der Hütte über den Zustand erkundigen!) in die gleichnamige Scharte; oder rechts auf die Kreuzspitze (2367 m, Sicherungen) und jenseits hinab in den Einschnitt. Eine vorgelagerte Schulter umgeht man in der rechten Flanke, dann ersteigt man den hohen Steilhang über Geröll und Schrofen.
Bäumenheimerweg: Von Hinterhornbach (1101 m) in einem Lechtal-Nebenast auf einem Weg durch Wald und über freie Flächen bis in 1975 m Höhe. (Hierher auch vom Prinz-Luitpold-Haus über Balkenscharte – Sättele – Fuchskar und Fuchsensattel.) Jetzt links quer durch das Roßkar zum Südgrat hinaus und auf dem Bäumenheimerweg mit einigen Sicherungen steil auf den Gipfel (4¾ Std., nicht viel schwieriger als der Normalanstieg).

Mädelegabel, 2645 m

Heilbronner Weg oder Trettachspitze

Aufstiegszeit	Gipfelaufbau	weitere Gipfel
3½ + 2½ Std.	Schrofenrücken	Trettachspitze

Irgendein Unwissender hat die Behauptung aufgestellt, die Mädelegabel sei der höchste Berg der Allgäuer Alpen, und bis heute hält sich zum Beispiel in den Schulbüchern dieser Unsinn. In Wirklichkeit steht sie erst an vierter Stelle. Auch die Deutung des Wortes Mädele als junges Mädchen ist falsch; es kommt vielmehr von mähen, bezeichnet also eine kleine Mähwiese. So könnte man die Mädelegabel als den Berg der Irrtümer bezeichnen – doch das soll natürlich niemand von einer Besteigung abhalten.
Die Tour macht nämlich wirklich Spaß, ist spannend und abwechslungsreich, und sie läßt sich zudem mit so manchem „anreichern". Schon der malerische Weiler Einödsbach mit seiner wahrlich imponierenden Bergkulisse bildet einen ersten Höhepunkt. Der Aufstiegsweg führt durch das Bacherloch, das Urbild einer Allgäuer Steilgras- und Tobellandschaft mit üppigem Grün und dicken Lawinenkegeln. Mitten in den jähen Hängen liegt dann das Waltenbergerhaus, das sich etwas von dem Charakter eines echten Bergsteigerstützpunktes bewahren konnte und nichts Gigantisches wie etwa die benachbarte Rappenseehütte mit ihren 326 Plätzen zeigt. Leicht kann man am nächsten Morgen schon um zehn Uhr auf dem Gipfel sitzen. Es bleibt also Zeit für weitere Unternehmungen. Da bietet sich natürlich ein Stück oder der gesamte Heilbronner Weg an, der ja unmittelbar an der Mädelegabel vorbeiführt. Das ist eine der berühmtesten Touren überhaupt, sie lockt jährlich Zigtausende von Bergsteigern an.
Doch den Könner begeistert ein anderer Gipfel, die ***Trettachspitze*** (2595 m), das

elegante Felshorn, das Ideal einer Kletterzinne. Wie schrieb doch der große Erschließer der Nördlichen Kalkalpen, Hermann von Barth so treffend: „Herausforderung für einen jeden, in dessen Adern etwas Gemsenblut rollt." Auch nach gut 130 Jahren stimmt dieser Ausspruch noch haargenau, und wenn sich die heutigen Bergsteiger auf den Graten und in den Wänden nicht gegenseitig auf die Finger treten, dann liegt das wohl nur an den etwas umständlichen Zugängen. Dafür wird dann die Überschreitung von Nordost- und Nordwestgrat zum großen Erlebnis, falls man den Schwierigkeiten – ein anspruchsvoller Zweier – gewachsen ist und sich vor dem steilen und ausgesetzten Fels nicht fürchtet. Führer: „Allgäuer Alpen", Bergverlag Rudolf Rother, München.

Talort: Oberstdorf (815 m), sehr beliebtes Ferienzentrum des Allgäus. Mit dem Auto noch zur Talstation der Fellhornbahn im Birgsautal (905 m).
Charakter: Bergfahrt auf Wegen und Steigspuren, Trittsicherheit notwendig.
Von Einödsbach: Flach nach Birgsau, dann empor nach Einödsbach (1113 m, Gasthaus) und nach Südosten ins Bacherloch. Stets links oberhalb des Baches talein, dann über die sehr steilen Hänge auf dem ordentlichen Hüttenweg zum Waltenbergerhaus (2084 m, DAV). Teilweise steil und steinig durchs Vordere Bockkar in die Bockkarscharte

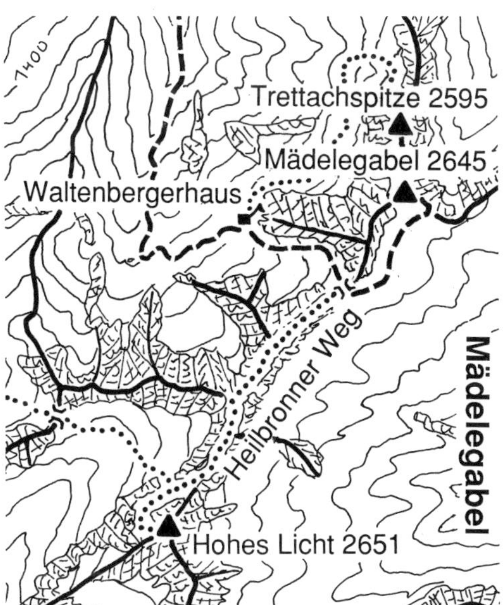

(2504 m, Drahtseile) und jenseits auf dem großen Weg unter der Hochfrottspitze hindurch – teilweise auf Schnee – in die Scharte am Ostgratbeginn. Den Trittspuren folgend in bröseligem Gestein auf den Gipfel.

Rote Wand, 2704

Die Königin im Lechquellengebiet

Aufstiegszeit	Gipfelaufbau	Alternative
3¼ Std.	Gratrippe oder Schnee	keine

Die Rote Wand ist trotz der höheren Großen Wildgrubenspitze (2753 m) die eigentliche Herrscherin im Lechquellengebiet. Dem von Lech Kommenden prä-

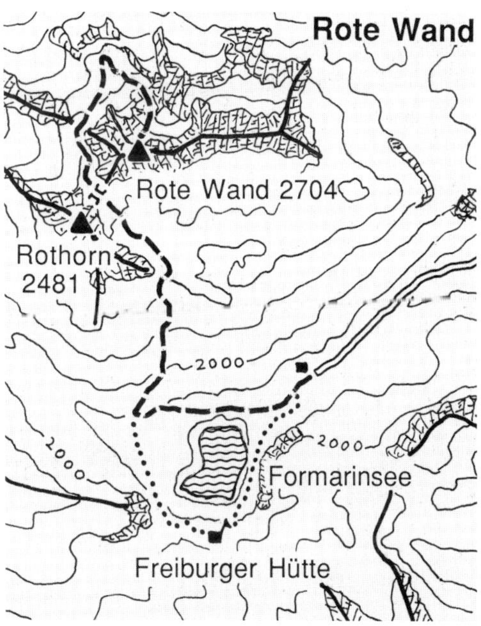

sentiert sie sich zwar als mächtiger Dreikant, doch das Schaustück bildet die fast 1500 m breite und bis zu 400 m hohe Südwand, die dem Berg auch zu seinem Namen verhalf. Sie ist so bunt wie wohl keine andere Felsmauer in den Alpen; nicht weniger als sieben Gesteinsschichten lagern wie bei einer Torte übereinander. Zu dieser geologischen Vielfalt gehört natürlich auch der entsprechende Pflanzenreichtum. Und als besondere Attraktion stehen die Steinböcke – manchmal – recht nahe am Weg.
Der übliche – und einzig sinnvolle – Aufstieg führt über zwei Scharten und beschreibt dabei einen Dreiviertelkreis; man nähert sich dem Berg, vom Formarinsee kommend, von Süden und besteigt ihn schließlich genau von Norden. Trotz des ausgebauten Alpenvereinswegs sollte nur der Trittsichere diese Tour anpacken, und auch er wird auf zuverlässiges Wetter warten. Nur dann kann er sich unterwegs so richtig von den eindrucksvollen Bildern verwöhnen lassen. Da imponiert zum Beispiel der steil aufgetürmte Ostgrat des vorgelagerten Formarin-Rothorns (2481 m). Und das Obere Sättele ist eine auffallend schräg eingekerbte Lücke im wilden Nordwestgrat der Roten Wand. Dahinter ändert sich der Charakter der Landschaft. Es folgt eine düstere Flanke mit Rinnen, in denen sich der Schnee bis tief ins Jahr hinein hält. Mancher Ungeschickte mit zu leichten Schuhen hat dort schon das Fürchten gelernt. Der Gipfelaufbau bietet noch eine besondere Überraschung: Hier gibt es einen Minigletscher – wahrlich etwas Unerwartetes an einem Berg von 2700 m Höhe! Ist das Gelände eisig, dann klettert man besser über den Grat mit seinen Köpfchen aus schiefrigem Gestein. Das Firnfeld bricht nämlich nach unten ab, da sollte niemand eine Talfahrt riskieren!

Ausgangspunkt: Talort ist Lech (1440 m), der weltberühmte Ferien- und Skiort der Arlbergregion. Von dort auf kleiner, aber ordentlicher Mautstraße über Zug bis zur Formarinalpe (1871 m).
Charakter: Alpine Steige mit einigen Sicherungen, evtl. Schneerinnen; Trittsicherheit unbedingt notwendig.
Der übliche Weg: Vom Parkplatz auf Formarin gleich im Norden oberhalb des Sees auf kleinem Steiglein nach Westen, wo man auf den von der Freiburger Hütte (1918 m, DAV, 25 Min. ab Parkplatz) kommenden Weg trifft. Über Matten in das Tälchen am Fuß des Rothorns und über eine Stufe in die Schwarze Furka (2363 m). Unter der steilen Westflanke der Roten Wand hindurch, dann über ein paar ausgesetzte Felsen (Drahtseil) ins Obere Sättele. Drüben etwa 60 Hm hinab, quer über Geröll, Schrofen und Rinnen durch die Hänge und wieder aufwärts zur Nordrippe. In Kehren zu den Felsen empor und in eine kleine Lücke.

◁ *Hier wenigstens ein Foto zur – von uns nicht berücksichtigten – Zugspitze im Neuschneekleid nach einem Wettersturz. Rechts als kühner Zacken das Sonnenspitzl.*

Nun entweder durch eine glatte, etwas unangenehme Rinne auf den Firn hinab und rechts in die Scharte unter dem Gipfel oder dorthin über die kleinen Gratköpfe (I+, etwas ausgesetzt). Über die letzte Rippe zum Gipfelkreuz.

Parseierspitze, 3036 m

Höchster Kalkalpengipfel Tirols

Aufstiegszeit	Gipfelaufbau	Alternative
3 + 2¾ Std.	Schrofenflanke	Spiehlerweg

Die Parseierspitze ist der höchste Gipfel der Nördlichen Kalkalpen und ihr einziger Dreitausender; sie ragt um 41 m höher als der Dachstein und 74 m über die Zugspitze auf. Trotz dieses „Supertitels“ blieb es um den Berg eher ruhig, es gibt weit und breit keine einzige Bergbahn, und die Augsburger Hütte kommt mit 47 Schlafplätzen aus. Doch das Fehlen des Massentourismus liegt vor allem am Charakter der Touren. Man könnte sie als typisch Lechtalerisch bezeichnen: Gewaltige, sehr urtümliche Landschaft, Latschen, Geröll und steile Grasflanken, Hochkare mit Schnee und ein hoher, felsiger Gipfelbau. Der eher herbe Grundeindruck und der Aufstieg, der wegen der prallen Südlage einigen Schweiß und zudem eine Portion Trittsicherheit erfordert, entsprechen nicht jenen Bedingungen, die die Gipfelhungrigen in Scharen anlocken.

Beim kürzeren und leichteren Südanstieg begeistern die hindernislosen Ausblicke, auch die Augsburger Hütte steht in einer richtigen Balkonlage. Beim Aufstieg überschreitet man zudem den fünfthöchsten Kalkalpenberg, den ***Gatschkopf*** (2945 m), als eine Art Vorspeise zum Hauptgericht. Noch eine ganze Stufe packender aber ist der Zugang von der Memminger Hütte. Die drei Seewiseen gehören noch zum Freundlichen, düster-gewaltig hingegen präsentiert sich der oberste Karwinkel im Patrol mit den hohen, zerborstenen Wänden, den Geröllzungen, den vom Steinschlag dunklen Schneefeldern.

Und es gibt an der Parseierspitze noch eine weitere Steigerung, der Augsburger Höhenweg zur Ansbacher Hütte. Man kann ihm bedenkenlos zwei Superlative zuordnen: Er ist der großartigste Höhenweg der Nordkalkalpen, er stellt aber auch die höchsten Anforderungen. Kurioserweise paßt auch die Ersteigungsgeschichte zum Charakter der Parseierspitze. Erst 1869 eroberte J. A. Specht diesen Gipfel; die etwas versteckte Lage mag dafür ein Grund gewesen sein. Das geringe Echo in der Öffentlichkeit, das diese ja wirklich bedeutende Tour nach sich zog, entsprang hingegen dem Wesen Spechts. Er war einer der ersten, der rein aus „Spaß an der Freude" in die Berge zog, und im Gegensatz zu seinen Zeitgenossen veröffentlichte er keine Berichte darüber. Deshalb blieb bis heute sein Name nahezu unbekannt, obwohl er als erster auf so berühmten Bergen wie Wildspitze, Weißkugel und Zuckerhütl stand.

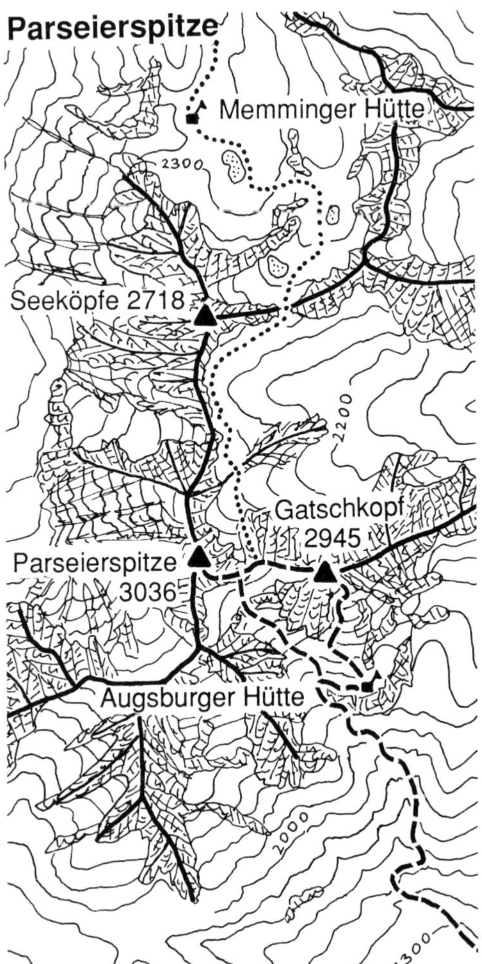

Ausgangsort: Grins (1006 m), Feriendorf oberhalb der Sanna. Zufahrt von Landeck auf der Arlbergroute.
Charakter: Steinige Bergwege, 200 m hohe Gipfelflanke aus Schrofen, Schwierigkeitsgrad I+, Steinschlaggefahr.
Der einfachste Aufstieg: In Grins am Bad vorbei bis über den Ort (1100 m). Ab dort zu Fuß erst relativ flach durch Wald und über Lichtungen, dann steiler zwischen Latschen und auf Matten bis ins obere, steinige Gasilltal. In 2240 m Höhe dann rechts hinaus zur Augsburger Hütte (2289 m, DAV). Anfangs noch auf Gras, später im Geröll über den hohen Steilhang auf den Gatschkopf (2945 m). Über den Grat in die Patrolscharte und auf den Grinnerferner. Dann den Markierungen folgend über die südostseitige Schrofenflanke steil auf den Gipfel (keinen Steinschlag auslösen!). Kürzester Abstieg über Grinnerferner und Fernerwand (Sicherungen) ins Gasilltal.
Der Spiehlerweg: Von Bach im Lechtal auf kleiner Bergstraße zum Parkplatz in 1450 m Höhe und auf dem breiten Hüttenweg – am Seewiwasserfall vorbei – zur Memminger Hütte (2242 m, DAV, 2¼ Std.). Längs der drei Seewiseen zur Wegscharte, drüben quer durch steile Hänge ins felsige Parseierjoch (Drahtseile). Ein gutes Stück schräg abwärts – evtl. harter Schnee, Steinschlag – zum Einstieg in die Schrofen. Gerade aufwärts in die Patrolscharte. Hütte–Gipfel 4 Std., hochalpin, Trittsicherheit wichtig!

Holzgauer Wetterspitze, 2895 m

Herrlicher Felsobelisk in den Lechtaler Alpen

Aufstiegszeit	Gipfelaufbau	Alternative
3 + 2½ Std.	Felskopf	keine

Es gibt gar keinen Zweifel: Das ist der imponierendste, formschönste Gipfel der Lechtaler Alpen. Ein Gebietsfremder mag nun uninteressiert mit der Achsel zucken. Na gut? Er ahnt bestimmt nicht, daß dort mächtigere und elegantere (aber auch besonders unnahbare) Berge zu finden sind als etwa in Wetterstein oder in den Berchtesgadener Alpen. Und das will schon etwas heißen! Von welcher Seite man die Wetterspitze auch betrachtet, stets ragt sie als auffallender Turm deutlich zwischen ihren Nachbarn hervor. So kam sie auch zu ihrem Namen, denn an dieser Zinne hängen die Wetterwolken zuerst.
Um die Jahrhundertwende bauten die Holzgauer für die Besteigung „ihres Gipfels" ein kleines Hüttchen, das sie nach einem Mäzen, dem englischen Fabrikanten Frederic Simms, benannten. Der heutige Bau mit seinen 55 Plätzen stammt von 1961. Mancher mag sich

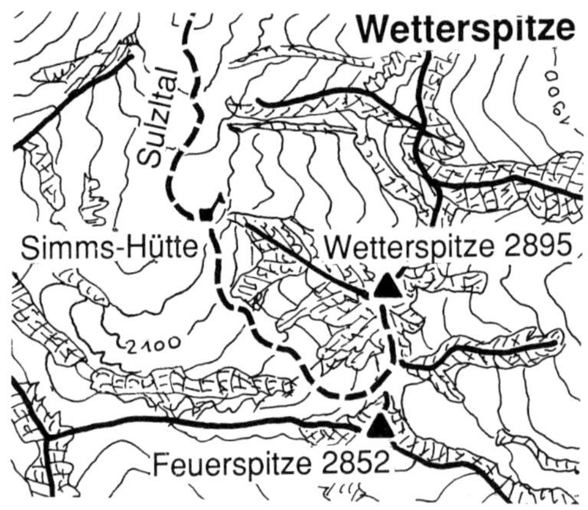

schon über die eigenartig-malerische Lage wer Hütte hoch über dem Talboden am Fuß des Wetterspitz-Nordwestgrates gewundert haben. Das entsprang nicht der Laune eines Exzentrikers, die Natur schrieb den Standplatz zwingend vor. Das Sulzltal ist nämlich geradezu ein Schulbeispiel für Lechtaler Steilgrasgelände, 1000 m hohe Riesenhänge sorgen für gewaltige Lawinen, die im Frühjahr weite Teile des Talbodens in dicker Schicht überdecken. Diese Landschaft ist ein Produkt weicherer Gesteinsschichten wie dem Lias-Fleckenmergel, während die Wetterspitze ihre Vormachtstellung dem viel widerstandsfähigeren Oberrätkalk verdankt. Doch selbst dieser stolze Gipfel hat seine „schwache Seite". In der Südflanke überschreitet die Kletterei nie den Schwierigkeitsgrad I.

Talort: Stockach (1070 m), Orsteil Sulzlbach im mittleren Lechtal, 2 km östlich von Holzgau gelegen.
Charakter: Bergtour auf Wegen mit kurzer Kletterei am Gipfel (I+).
Die übliche Route: Entweder rechts auf dem Fahrweg (Tunnel, Taschenlampe)

oder auf einem alten Steig durch den wilden Tobel ins Sulzltal, wo man bald die Waldgrenze erreicht. Stets im Talboden nach Süden, der auf beiden Seiten von gewaltigen, oft mit Buschwerk überwucherten Steilhängen begleitet wird. Vom Talschluß links über die Hänge zur Frederic-Simms-Hütte (2002 m, DAV), die auf einer Kanzel steht. Quer durch die recht steilen Hänge am Felsfuß entlang ins Kar und links empor ins Fallenbacherjoch (2753 m). Über den Grat an den Gipfelaufbau und durch eine Rinne zum Kammerloch, einem großen, von einem Block gebildeten Fenster. 10 m gerade aufwärts, dann rechts um die Kante und über eine Platte (Drahtseil), schließlich durch eine Blockrinne auf den Gipfel.

Alpspitze, 2620 m

Das Wahrzeichen des Olympiaortes

Aufstiegszeit	Gipfelaufbau	Abstieg
2 Std.	Klettersteig	Matheisenkar

Natürlich ist die ***Zugspitze*** (2962 m) der Superlativ-Berg des Wettersteins: höchster Gipfel Deutschlands und vierthöchster der Nördlichen Kalkalpen, Verkehrsknotenpunkt mit drei Seilbahnen, Wetterstation, Hotel, Hütte, Sonnenterrasse mit „Menschensalat"... Und ohne Bedenken kann man den Höllentalaufstieg mit dem Prädikat „spannendster Klettersteig Bayerns" auszeichnen. Aus der grandios-eindrucksvollen Schluchtlandschaft des Höllentals mit seiner berühmten Klamm steigt man über Leiter und Brett, zwei glattpolierte, ausgesetzte Felsstellen, ins Höllentalkar hinauf. Der kleine Gletscher und seine Randkluft sorgen für weitere Akzente, bevor man die noch 500 m hohe Gipfelwand anpackt. Und man höre und staune – diese Anlage wurde bereits 1893 eingeweiht! Doch: zwei Tage Mühe und Schweiß, und dann landet man auf dem Gipfel in einer Art Jahrmarkt!

So setzen wir lieber die Alpspitze aufs Programm, diesen eleganten Felsdreikant hoch über Garmisch-Partenkirchen. Beliebt und begehrt war dieser markante Gipfel schon immer. Inzwischen gibt es vier Anstiege, nachdem findige Manager das neue Bergsteiger-Lieblingskind, die Klettersteige, als Seilbahn-Kassenfüller entdeckt haben. So entstand die sogenannte Nordwand-Ferrata. Dabei nahm man offensichtlich das Wort Eisenweg allzu wörtlich: Die Hälfte der verwendeten Stifte und Klammern hätte voll ausgereicht! Eine Feuerleiter auf die Alpspitze!

Mit viel Geschick wurde hingegen die historische Route durchs Matheisenkar wieder in Stand gesetzt. Die Begehung bietet das tiefe Erlebnis einer ruhigen und sehr urtümlichen Landschaft. Das Kar wird auf drei Seiten von Wänden bis zu 800 m Höhe eingerahmt. Man steigt über die Route ab, so verursacht sie trotz ihrer Länge nicht allzuviel Mühe. Das Höllental sorgt noch für einen besonders eindrucksvollen Abschluß dieses ereignisreichen Tages.

Talort: Garmisch-Partenkirchen (700 m), berühmter Ferien- und Skiort mit eindrucksvoller Bergkulisse.

Charakter: Einfacher, üppig gesicherter Klettersteig in steilem Fels.

Die Nordwand-Ferrata: Von Garmisch 3 km zu den Seilbahn-Talstationen. Bergfahrt zum Osterfelderkopf (2030 m). Zum nahen Einstieg in die Felsen. Den stets reichen Sicherungen folgend durch die Nordwand zum Grat, dann in der steilen Westflanke auf den Gipfel.

Empfehlenswerter Abstieg: Vom Gipfel über den Südostgrat (fälschlich Ostgrat genannt) über einige leichte Kletterstellen (I, keine Sicherungen) zur Schulter und links hinab ins Oberkar. Dann auf der „Nordwand-Promenade" quer durch die Felswand wieder zur Seilbahnstation.

Der grandiose Abstieg: Vom Gipfel über den Südwestgrat mit seinen kleinen Felsabsätzen in die Grieskarscharte (2431 m) hinab. Nun nach Westen längs einer großen Rippe und über Schrofen 500 Höhenmeter im Felsgelände tiefer bis ins Matheisenkar. Nach einem etwas flacheren Abschnitt links um einen ausgeprägten Grat und steil abwärts zur Höllentalangerhütte (1381 m, DAV, etwa 2½ Std. ab Gipfel). Auf dem breiten Weg und durch die recht feuchte Höllentalklamm talaus nach Hammersbach.

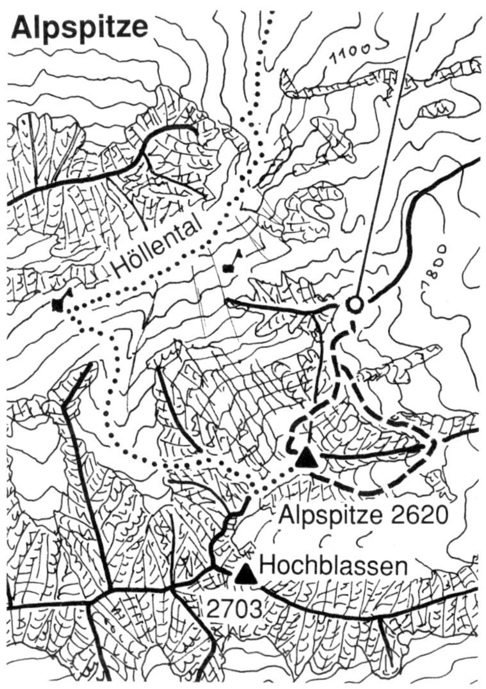

Sonnenspitze, 2417 m

Das „Ehrwalder Matterhorn"

Aufstiegszeit	Gipfelaufbau	Abstieg
2 + 2 Std.	Steilflanke	Ostseite

Frechheit siegt! Der niedrigste Gipfel der Mieminger Berge ist der bekannteste, und er wird am häufigsten bestiegen! Der elegante Felsdreikant mit seiner scheinbar senkrechten Westwand schiebt sich so gegen das Talbecken von Ehrwald vor, daß er zum Wahrzeichen und alleinigen Blickfang wird. Die übrigen – höheren! – Mieminger Berge wirken wie eine Staffage zur Sonnenspitze; das erinnert an jene Säulenhallen, die im Halbrund eine bedeutende Statue umfassen. Dabei handelt es sich bei diesen Gipfeln ausnahmslos um markante Felszinnen und -wände, ebenfalls ausgeprägte Berg-Persönlichkeiten von wildem Aussehen. Da gibt es zum Beispiel die beiden so interessant geformten Marienbergspitzen (2561 m), die jedoch wegen des morschen Gesteins und der Riesenschuttrinne recht wenig bestiegen werden. Ganz anders die Sonnenspitze! Trotz der äußerst steilen Südostflanke – schauen Sie sich den Berg einmal vom Vorderen Drachenkopf (2301 m, 1¼ Std. ab Hütte) aus an! – klettern dort viele, am Wochenende sogar sehr viele empor.

Das berühmte Bild: Berchtesgaden und König Watzmann, rechts Hocheck und Mittelspitze, links Kleiner Watzmann, dazwischen das Watzmannkar. Auf dem gelblichen Kopf tief unter dem Hocheck als kleiner Fleck das Watzmannhaus. ▷

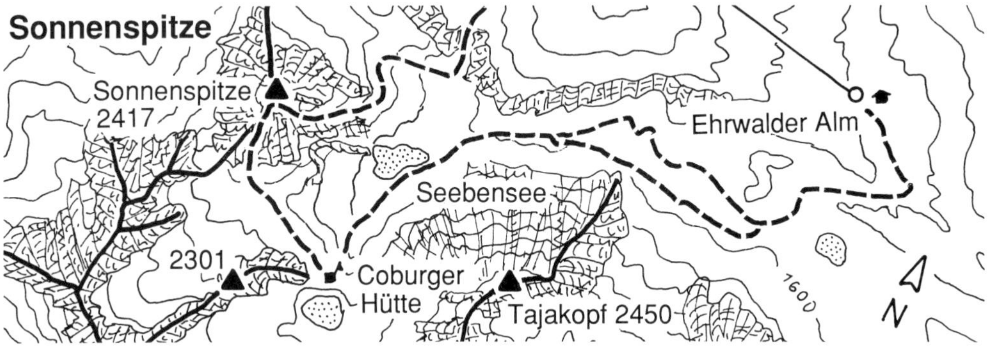

Eines muß noch erwähnt werden: Dank der beiden Seen und der bizarren Gipfelformen bieten die Mieminger eine besonders eindrucksvolle Landschaft.

Ausgangsort: Ehrwald (1000 m), Ferienort in einem der landschaftlich reizvollsten Talkessel Österreichs (dank der Sonnenspitze!).

Charakter: Bis zum Felsfuß gute Wege, dann Steilanstieg mit einiger Kletterei (bis II).

Der Aufstieg: Vom östlichen Ortsende Ehrwalds mit der Kleinkabinenbahn zur Ehrwalder Alm (1493 m). Immer auf dem Fahrweg über Wiesen und eine kurze Stufe zum Seebenwald. Weiter auf der Straße oder – viel schöner – auf einem Fußweg flach zur Seebenalm. Nun wieder aufwärts zum malerisch-freundlichen Seebensee (1657 m) und über einen hohen Hang zur Coburger Hutte (1917 m, DAV) oberhalb des Drachensees. Dann unter den Felsen des Vorderen Drachenkopfs hindurch und über die Böden an den Fuß der Sonnenspitz-Südostflanke. Den deutlichen Steigspuren folgend über Schutt, Gras und Schrofen steil empor, dann nach rechts in die Schlucht, die gequert wird. Im nun steilen Fels weiter, schließlich auf den Grat und zum Gipfel.

Der Abstieg: Aus der Scharte zwischen den beiden Gipfeln in der Rinne nach Osten hinab (Steigspuren) bis zum Ende der steilen Felsen auf der linken Seite. Nun immer schräg links abwärts auf einen deutlichen Rücken. Ein Stück tiefer von ihm waagrechte Querung nach links. Über Lichtungen bis zum großen Weg. Auf diesem über den Hohen Gang hinab ins Tal und kurz wieder aufwärts zum Parkplatz an der Bahn. Der Abstieg ist einfacher als der Aufstieg.

Bettelwurf, 2726 m

Der neue Klettersteig-Gipfel im Karwendel

Aufstiegszeit	Gipfelaufbau	Abstieg
2½ + 2 Std.	Felsrippe	Kleiner Bettelwurf

Der Hauptgipfel des Karwendels heißt Birkkarspitze (2749 m); dank des angelegten Steiges bietet sie einen problemlosen Aufstieg. Der erste Preis für elegante Formen steht der Kaltwasserkarspitze (2733 m) zu, einem Felsdreikant mit 1000 m hoher Nordwand. Wegen des brüchigen, splittrigen Hauptdolomits findet der übliche Anstieg im Schwierigkeitsgrad II jedoch nicht allzu viele Anhänger. Dem Bettelwurf hingegen gebührt ein anderer „Titel“; das ist das gewaltigste Massiv des Karwendels mit einer 1100-m-Wand gegen Norden und sogar 150 m hohen Steilhängen aus Fels und Schrofen, Gras und Latschen im Süden. Und auch ein paar andere Prädikate stempeln ihn zu etwas Besonderem: Die eindrucksvollen Fels- und Geröllschluchten am Bergfuß erinnern an die Dolomiten, von der ideal gelegenen Hütte schaut man nicht nur auf einige interessante Karwendelgipfel wie den – erstaunlicherweise trotz seiner schönen Form fast unbekannten – Roßkopf (2670 m), auf eine lange, lange Bergkette am südlichen Horizont, sondern auch hinab ins Inntal bei Hall, und schließlich laden richtige Klettersteige zu einer Rundtour ein. Bei der üblichen Route über den Eisengattergrat zum Großen Bettelwurf halfen schon immer einige Drahtseile über die steileren, plattigen Felsstellen hinweg, während der etwas anspruchsvollere Steig auf dessen kleineren Bruder erst vor kurzem gebaut wurde. Und seit 1987 verbindet eine funkelnagelneue Anlage beide Gipfel; die schräg einfallenden Felsschichten sorgen am Grat für viele kleinere und mittlere Aufschwünge, das ist ein hervorragendes Gelände für einen pfiffig-spannend-aufregenden Klettersteig in luftiger Höhe.

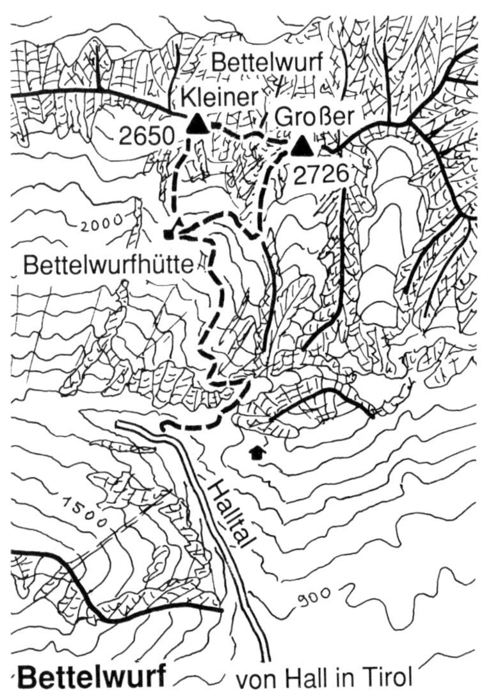

Talort: Hall in Tirol (574 m), Stadt bei Innsbruck mit sehenswertem historischem Kern.

Charakter: Perfekt angelegte Klettersteige, Normalweg einfach, Übergang anspruchsvoller und ausgesetzt.

Eisgattergrat: Von Hall auf kleiner, sehr steiler Mautstraße im Halltal zum Talknick in 1080 m. Nun zu Fuß anfangs durch Schluchten, dann über hohe Latschenhänge zur Bettelwurfhütte (2079 m, ÖAV). Querung nach Osten und empor zum Eisengattergrat. Ziemlich gerade aufwärts über Gras, Geröll und plattigen Fels zum Gipfelkreuz.

Überschreitung: Dem gut angelegten Klettersteig über zahlreiche kleine Felsstufen folgend stets längs des Grates nach Westen auf den ***Kleinen Bettelwurf*** (2650 m, 1 Std.). Steig durch die Südabdachung über Bänder und Stufen (Drahtseile), oft auch im Geröll direkt zur Hütte hinab.

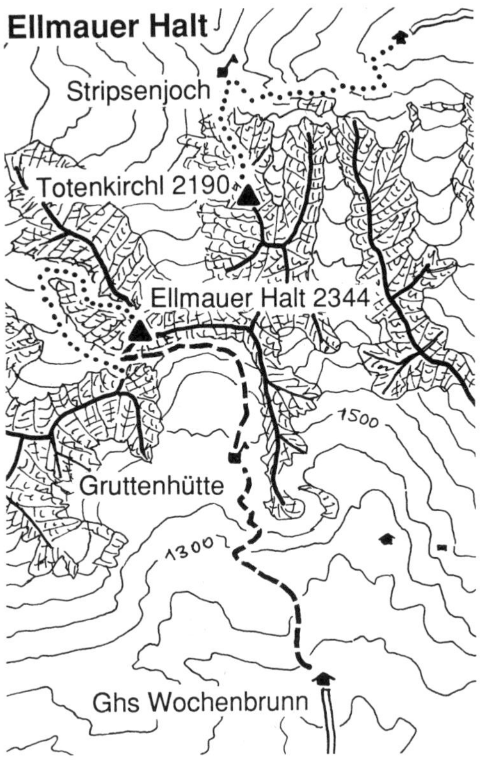

Ellmauer Halt, 2344 m

Im Wilden Kaiser

Aufstiegszeit	Gipfelaufbau	Alternative
1½ + 2½ Std.	Felsrinnen	Klettersteig

Im Wilden Kaiser trifft sich alles! Mauerglatte Wände wie die Fleischbank-Ostwand und turmgespickte Grate wie der Kopftörlgrat aus bestem Kalk locken die Kletterer in „rauhen" Scharen an, Gipfel mit angelegten und gesicherten Steigen bieten begeisternde Touren für die Bergsteiger, und auf den Hütten und den Scharten, etwa dem Ellmauer Tor, tummeln sich Hunderte von Ausflüglern. Einsamkeit gehört im Kaiser nicht zum Typischen! Ganz ehrlich: die Ellmauer Halt ist zwar der höchste Gipfel des Gebirges – aber ein Traumziel? Hätte man den versicherten Steig über die Gamsanger, einem Bändersystem über hohen Felsabbrüchen, und in den Rinnen und an den Stufen des Gipfelaufbaus für sich allein, dann wäre ein großes Erlebnis sicher. Doch zwischen den vielen, oft recht ungeschickten Mitbewerbern und der ständigen, leichten Angst vor Steinschlag geht so manches Freudig-Spontane verloren. Für wirklich interessante Akzente sorgt allerdings der neu errichtete Kaiserschützensteig in den bis zu 600 m hohen Flanken der Gamshalt. Den etwas anspruchsvolleren Stellen der alten Route wie dem glatten, ausgesetzten Fels an der Haltplatte nahm man mit guten Sicherungen das Beängstigende, trotzdem erfordert das Steiglein in den teilweise steilen Schrofen und im glatten Gras Trittsicherheit und Geschicklichkeit. Und an der Roten Rinnscharte ist auch das Thema Steinschlag wieder aktuell.

Zum ***Totenkirchl*** (2190 m) paßt das Prädikat „Traum" schon eher. Dieser wuchtige Felsdom ist mit einem ganz engmaschigen Netz von Routen überzogen, das hervorragende Gestein macht ihn zum Kletterberg der Extraklasse. Doch selbst auf der einfachsten Route, dem Führerweg, muß man schon einiges können (III–, 3½ Std. ab Stripsenjoch).

Talort: Ellmau (804 m), beliebte Sommerfrische mit schönem Kaiserblick.

Charakter: Steig durch eine 500 m hohe Felsflanke, Sicherungen, ausgesetzt, Steinschlag.

Normalweg: Von Ellmau nach Norden bis zur Wochenbrunneralm (1080 m, Mautstraße). Auf breitem Weg über Wie-

sen und durch Wald zur stattlichen Gruttenhütte (1620 m, DAV). Ins Hochgrubach hinauf und an den Felsfuß. Auf den Gamsangerbändern – ober- und unterhalb fast senkrechter Fels – weit nach Westen. Dann über Stufen und durch Rinnen steil auf den Gipfel.

Kaiserschützensteig: Von der Gruttenhütte in die Rote Rinnscharte und drüben 400 Höhenmeter hinab in den Oberen Scharlingerboden. Über Platten und durch Rinnen (Sicherungen) weit empor, dann auf der Westseite tief unter dem Gipfel der Gamshalt hindurch in einen weiten Grastrichter. Zum Grat und über ihn (Sicherungen) auf die Ellmauer Halt. Ab Hütte etwa 4½ Std.

Totenkirchl von Norden. Im rechten Wanddrittel der Führerweg.
▽

Watzmann, 2713 m

Die Persönlichkeit unter den Berchtesgadener Gipfeln

Aufstiegszeit	Gipfelaufbau	Alternative
3¾ + 2½ Std.	langer Felsgrat	Rinnkendl-Steig

Nur wenige Berge dieser Höhe präsentieren sich als so ausgeprägte Individualisten wie König Watzmann, der absolute Herrscher über dem Berchtesgadener Land. Von Norden zeigt er sich als gewaltige Pyramide; eine Stufe tiefer setzt sich das Massiv mit kleineren Felszacken und einem mittelgroßen Kegel fort. Die Sage erzählt, der Herrscher Watzmann wäre mit seiner Frau und den fünf Kindern von den Erdgeistern zu Stein verwandelt worden als Strafe für Grausamkeit und bodenlose Habgier.

Quer über den berühmten, fjordartigen Königssee, etwa vom Schneibstein, kann man die 1750 m hohe Ostwand, die größte und berühmteste Felswand in den Nördlichen Kalkalpen, bestaunen. Ungewöhnlich früh – im Jahr 1881 – fand der hervorragende Bergführer Johann Grill, genannt „der Kederbacher", zusammen mit dem Wiener Otto Schück eine Route durch die Riesenwand. Tausende folgten seitdem seinem Durchstieg, und nur allzu vielen wurde ihr großer Traum zum tödlichen Verhängnis. Vor allem das Verirren bei Nebel ist eine ganz große Gefahr in diesem verwirrenden Einerlei von Felsbändern und Wandstufen, Rinnen und Schluchten.

Der Watzmann bildet einen zwei Kilometer langen Grat mit drei deutlichen Gipfeln. Ein solider Steig führt vom Watzmannhaus zum Hocheck (2651 m) hinauf, auch der Übergang zur Mittelspitze (2713 m) ist gut ausgebaut und mit Tritten und Drahtseilen entschärft. Wer es noch etwas pikanter haben will, folgt weiter dem nun viel schrofferen Grat auf kleinem, teilweise gesichertem Steiglein zur Südspitze (2712 m). Bei schönem Wetter ist diese Tour ein einmaliges Erlebnis: links die berühmte Ostwand, rechts die ebenfalls 1600 m hohe Westflanke! Doch im Wettersturz wird der ja ungewöhnlich lange Grat zu einer ausgesprochen gefährlichen Falle.

Talort: Berchtesgaden (574 m), berühmter Ferienort in abwechslungsreicher Landschaft. 5 km südlich der Königssee.

Charakter: Bergwege, im Felsgelände gute Sicherungen.

Die einfachste Route: Von Berchtesgaden Richtung Ramsau bis zur Wimbachbrücke (624 m). Nun zu Fuß auf Fahrwegen und Steigen durch Wald und zwischen Latschen zum Watzmannhaus (1914 m, DAV). Auf gutem Bergweg über den abgerundeten Rücken zum Hocheck. Weiter auf dem nun schmalen Grat und in dessen Westflanke zur Mittelspitze.

Die reizvolle Route: Mit dem Motorboot über den Königssee nach St. Bartholomä. Auf dem gut gesicherten Rinnkendl-Steig – grandiose Tiefblicke auf

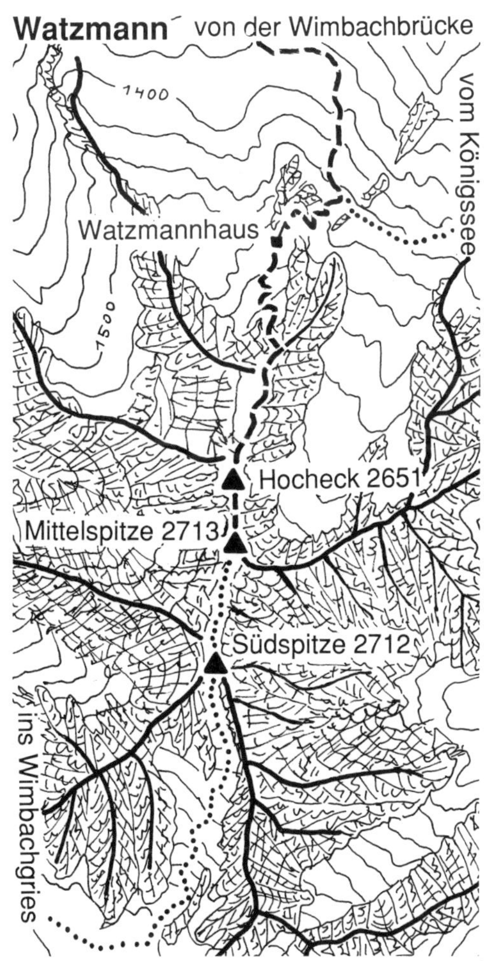

den See – zur Archenkanzel. Dann über das Ghs Kühroint zum Watzmannhaus (4¾ Std.). Wie oben zur Mittelspitze. Von dort dem scharfen Felsgrat folgend in grandioser Höhenwanderung zur Südspitze (Sicherungen, teilweise ausgesetzt). Abstieg über die 1200 m hohe Südwestflanke ins Wimbachgries mit Naturfreundehaus (1326 m, ca. 6 Std.). Langer Talmarsch hinaus zur Wimbachbrücke.

Hochkönig, 2941 m

Hauptgipfel der Berchtesgadener Alpen

Aufstiegszeit	Gipfelaufbau	weitere Gipfel
5 Std.	Hochplateau	Hochseiler

Um immerhin 228 m überragt der Hochkönig den Watzmann, er ist damit der Hauptgipfel der Berchtesgadener Alpen. Vielleicht wurde deshalb von den Touristen im 19. Jahrhundert sein Name erfunden. Bei den Einheimischen hieß er ganz anders: Je nach Gegend sagte man Wetterwand oder Übergossene Alm. Beide Bezeichnungen sind bei diesem Berg der Gegensätze passend und zutreffend. Denn von Süden präsentiert er sich als kilometerbreite und bis 1000 m hohe Felsmauer. Im Norden hingegen reicht die wellige Karsthochfläche bis 100 m unter den Gipfel. Sie wird von einem flachen Gletscher bedeckt – etwas Einmaliges in den Berchtesgadener Alpen! –, der leider stark zurückgegangen ist. Eine Sage verhalf ihm zu dem Namen Übergossene Alm. Einst sollte es dort oben besonders üppige Weiden gegeben haben, dadurch wurden die Sennen so reich und hochmütig, daß sie ihre Wege mit Käslaiben pflasterten. Da konnte die gerechte Strafe nicht ausbleiben: Ein fürchterliches Unwetter suchte die Hochalm heim und begrub sie dick unter Schnee und Eis.

Alle Anstiege auf den Hochkönig sind lang, doch die Kontraste und mancher eindrucksvolle Nahblick sorgen für reiche Abwechslung. Da gibt es die Mannlwand, ein ganzes Heer von Nadeln und Felstürmen, oder die Torsäule, ein alleinstehender, glattwandiger Obelisk. Wo findet man zudem sonst eine Hütte auf dem Gipfel eines so hohen Berges! Dort oben werden Sonnenuntergang und -aufgang zum unvergeßlichen Erlebnis. Und den Trittsicheren reizt natürlich der Hochseiler (2793 m) mit seinen spannenden Routen durch hohe Felsflanken. Auf dem Weg kommt man zudem an den beiden Teufelslöchern vorbei, ungewöhnlich riesigen Felsenfenstern.

Ausgangspunkt: Von Mühlbach (853 m) auf ordentlicher Straße zum Arthurhaus (1502 m).

Charakter: Gute Bergwege, Schneefelder, bei Nebel ernste Gefahr des Verirrens.

Der Normalanstieg: Vom Arthurhaus zum Ghs Mitterfeldalm (1670 m). Unter der Mannlwand hindurch in die beiden Ochsenkare und weit hinauf zur Schweizertafel. Noch 2 km über die wellige

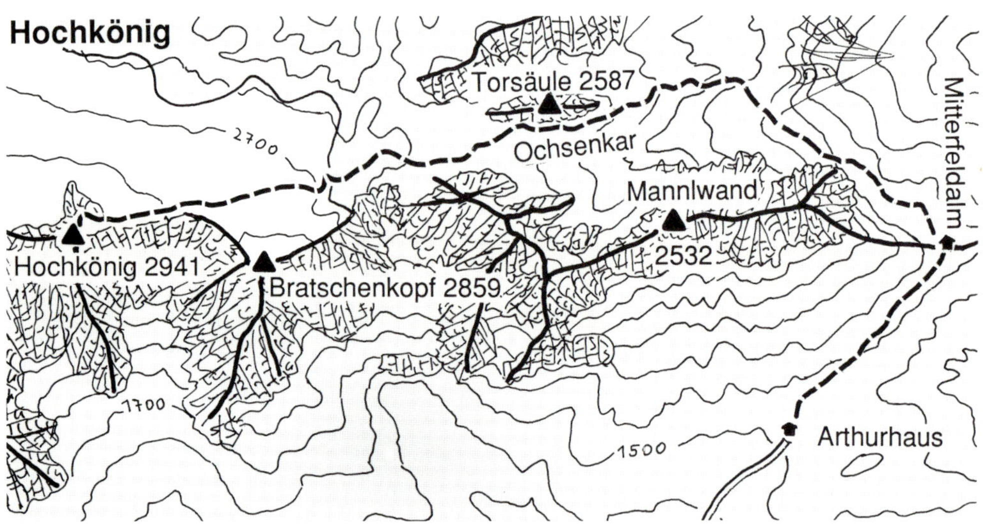

Nebelmeer am Dachstein. Vorne der Hallstätter Gletscher, rechts der Hunerkogel mit der Seilbahn-Bergstation, links hinten die beiden Koppenkarsteine, relativ stille Berge. ▷

Hochfläche zum Gipfel mit dem Matrashaus der ÖTK. Evtl. Abstieg über Birgkarscharte und die hohe Steilflanke (Sicherungen) zum Dientner Sattel.

Die ungewöhnliche Route: Am Westrand der Übergossenen Alm entlang zu den Teufelslöchern und an den Fuß der Felsen. Kurzer Klettersteig auf den ***Hochseiler*** (2793 m, 1 Std.). Abstieg auf dem Moshammersteig (keine Sicherungen, Schwierigkeitsgrad I) durch die 400 m hohe Nordwestflanke. Dann über die Torscharte nach Hintertal (1016 m).

Hoher Dachstein, 2995 m

Symbol einer ganzen Region

Aufstiegszeit	Gipfelaufbau	weitere Gipfel
1½ Std.	Felsrinne	Koppenkarstein

Es gibt nur wenige Alpengipfel, die so stark wie der Dachstein gleich zwei Landschaftsräume beherrschen. Über dem zentralen Salzkammergut leuchtet der Hallstättergletscher, während im Gebiet von Schladming die kilometerbreiten Südwände dominieren. Da konnte es gar nicht ausbleiben, daß dieser Bergname Pate stand für Käsesorten oder Bergstiefel, vor allem aber, daß die Fremdenverkehrsmanager ihn als Magnet verwenden. Die automatische Folge: der Bau der großen Seilbahn – sie kommt den Wänden ganz nahe – auf den Hunerkogel und der sommerliche „Gletscher-Jahrmarkt" mit Pistenfahrern, Langläufern, Sight-Seeing-Taxis auf dem Eis, kreischenden Sommerfrischlern mit Sandalen im nassen Firn...

Der Hohe Dachstein selbst steht gleichsam in unerschütterlicher Ruhe über dem Trubel. 250 m überragt die so auffallend gebänderte Gipfelwand das Gletscherfeld, und das reicht, um die Halbschuhtouristen fernzuhalten. Ein richtiger Klettersteig zieht durch die steilen Felsen empor, quert dann das abschüssige Mecklenburgband, um schließlich über die kleinen Felsstufen der Gipfelrinne das Kreuz zu erreichen. Bei trockenem Fels und nicht allzu lebhaftem „Gegenverkehr" macht das Höherturnen dem Schwindelfreien so richtig Spaß, bei viel Schnee oder gar Eis wird die Sache jedoch rasch gefährlich!

Beim Rückweg sollte niemand den kleinen Abstecher auf die Dachsteinwarte versäumen. Von dort schaut man schnurgerade in die 800 m hohe, fast senkrechte Südwand. Die Vorstellung, dort unterwegs zu sein! Dabei gehört die Steinerroute zu den ausgesprochen beliebten Klettereien (IV), ja, sogar eine Katze stieg – ganz ohne Seil – durch die Riesenmauer.

Hat man seine Gletscherausrüstung dabei, dann wird man den Dachstein überschreiten, um über den Gosaugletscher die Adamekhütte (2196 m, ÖAV) zu erreichen. Man muß dann jedoch über die Windlegerscharte oder auf dem Linzer Weg – beide bieten großartige Felsbilder – auf die Südseite zurückkehren. Die anderen können wenigstens bei einer Tour zum Koppenkarstein (2865 m) und einem Abstieg durchs Edelgrieß etwas stillere Dachstein-Landschaft kennenlernen.

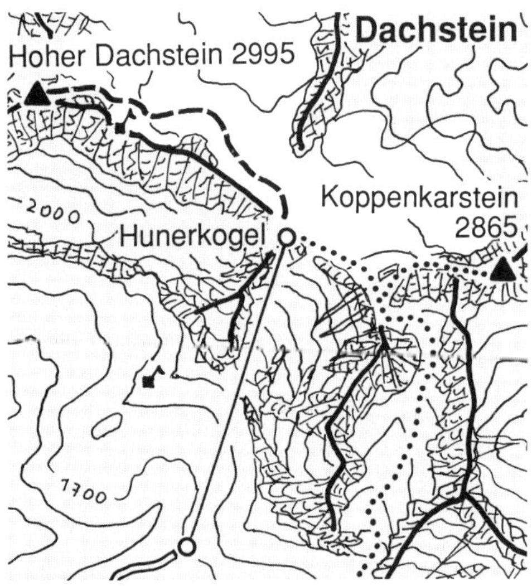

Talort: Ramsau (1135 m), Ferienort auf einer Terrasse bei Schladming.

Charakter: Gesicherter Steig in steiler Wand, sehr von den Verhältnissen abhängend.

Der Normalweg: Von Ramsau auf der Mautstraße zur Türlwandhütte und mit der – teuren – Seilbahn auf den Hunerkogel (2694 m). Der Ratrac-Spur folgend über den Gletscher (sonst Spalten!) bis vor die Dachsteinwarte und nach Westen an den Fuß eines nahen Felsporns. Über Felsstufen, Bänder und eine Rinne längs der guten Sicherungen auf den Gipfel.

Die Bischofsmütze von der Aufstiegsseite (Süden), rechts die Armkarwand. ▷

Der Koppenkarstein: Von der Hunerscharte links neben dem Grat im Firn bis unter die Austriascharte. In einem Felstunnel auf die andere Gratseite und auf einer Art Promenade zur nächsten Geländeecke. Verzweigung. Über Schutt und Schrofen aufwärts, dann längs des Grates auf den Koppenkarstein (2865 m, 1¼ Std., viele Sicherungen, häßliche Radaranlage). Zurück zur Verzweigung. Dann langer Abstieg durchs Edelgrieß zur Talstation.

Bischofsmütze, 2459 m

Eine dolomitenartige Kletterei

Aufstiegszeit	Gipfelaufbau	Alternative
1 + 3 Std.	Steilschlucht	keine

Das ist schon ein perfekt inszeniertes Schauspiel! Man kurvt durch das waldreiche Fritzbachtal, fängt gerade an, sich ein wenig zu langweilen – da öffnet sich bei Neuberg urplötzlich der Blick auf einen gewaltigen Felsturm mit glatten Wänden. Man glaubt sich in die Dolomiten versetzt! Bevor man noch das Bild so richtig erfaßt hat, ist es schon vorbeigehuscht. Bald darauf erreicht man den netten Ferienort Filzmoos, biegt um eine Ecke, und wieder steht die Erscheinung vor einem! So stellt sich die Bischofsmütze dem Besucher vor.

Ein so auffallender und formenschöner Gipfel lockt natürlich jeden echten Bergsteiger. Die beiden Gipfelzacken trennt

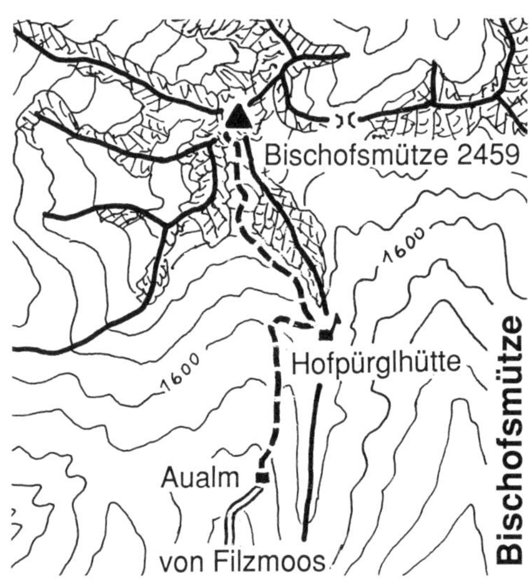

eine tiefe Schlucht, durch die der übliche, sehr viel begangene Anstieg führt. Dort gibt es Steilstufen, Klemmblöcke, Platten, Rinnen mit richtiger Kletterei bis zum Schwierigkeitsgrad II+. Es ist eine Felslandschaft im großen Stil, und die Route erinnert an so manche Dolomiten-Führe.

Springt ein Berg so richtig ins Auge, dann beschäftigt er in besonderem Maß die Phantasie der Einheimischen. Das führte bei unserem Gipfel zu zahlreichen, recht plastischen Namen wie Teufelshörner, Schwingerzipfel, Zipfelmütze oder Hochzeiter. Und wie sehr schon vor mehr als hundert Jahren ein Berg die Emotionen anheizen konnte, zeigt die Ersteigungsgeschichte. Im Juni 1879 kamen Markgraf Alfred von Pallavicini und seine Freunde; mit Hilfe der bekannten Dolomitenführer Dimai und Siorpaes wollten sie die Mütze erobern. Das rief sofort die Ramsauer Auhäusler und Steiner auf den Plan, die dann auch glücklich den Fremden den Rang abliefen. Das löste einen regelrechten Freudentaumel in der Ramsau aus, und der dortige evangelische Pfarrer (!) dichtete sogar eine Art Heldenlied mit reichlich nationalistischem Kolorit, galten doch die aus Cortina stammenden Führer als Welsche. Eine Kostprobe:

... Da lacht die Bischofsmütze:
„Ich steh auf deutschem Grund,
Der Deutsche kommt zur Spitze,
Der Welsche, der bleibt unt!“ ...

Talort: Filzmoos (1055 m), beliebter Ferienort mit schönem Blick auf die Bischofsmütze.

Charakter: Interessante Kletterei bis Schwierigkeitsgrad II+, Felshöhe knapp 200 m.

Durch die Mützenschlucht: Von Filzmoos mit dem Auto durchs Tal der Warmen Mandling, dann links über den Marcheggsattel zur Aualm (1350 m, Maut). Über die Matten ziemlich gerade empor, dann nach rechts zur Hofpürglhütte (1705 m, ÖAV, 1 Std.) in herrlicher Lage. Auf einem Steigerl links an den Felsen der Mosermannl entlang aufwärts und in das trümmerreiche Eiskar. Über die noch hohen, geröllreichen Hänge zur Ausmündung der Schlucht. Links um den ersten, 45 m hohen Abbruch, dann in der Schlucht empor in die folgende Scharte (2379 m) und über die Westwand auf den Gipfel.

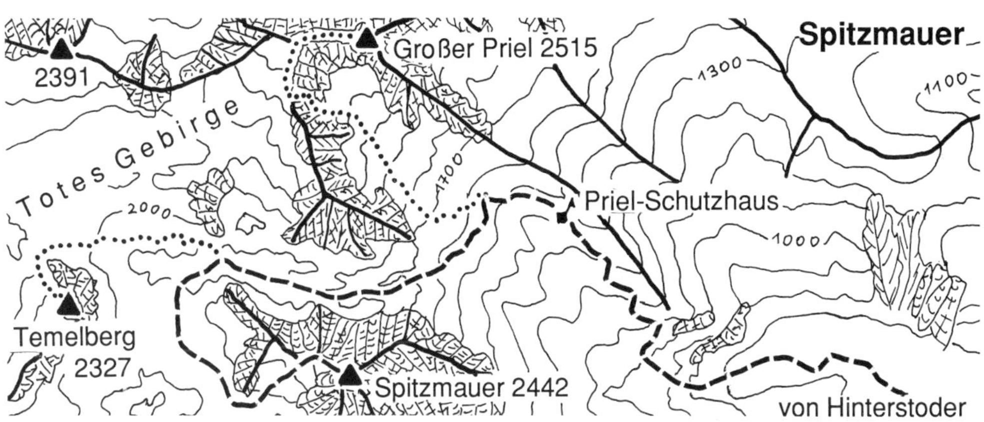

Spitzmauer, 2442 m

Das bekannteste Ziel im Toten Gebirge

Aufstiegszeit	Gipfelaufbau	weitere Gipfel
2½ + 3¾ Std.	Karstflächen	Temelberg

Großer Priel (2515 m) und Spitzmauer „streiten sich“ um die Vorherrschaft im Toten Gebirge. Von Norden gesehen dominiert uneingeschränkt der Hauptgipfel; seine 700 m hohen Wände über den Hetzau gehören zu den eindrucksvollsten Bergszenerien. Dafür begeistert die Spitzmauer den Besucher von Hinterstoder. Als riesiger und doch ausgesprochen eleganter Felsdom beherrscht er dieses Tal. Doch, was sollen die Gegenüberstellungen! Wer ohne Unrast im Stodertal unterwegs ist, wird sowieso beide Ziele aufs Programm setzen. Ein alpiner Dauerläufer kann sie sogar an einem Tag besuchen. Gemütlicher wäre es natürlich...

Beim Aufstieg zum Priel-Schutzhaus wird mancher mit leisen Bedenken die steilen Wandabstürze und mächtigen Felspfeiler der Spitzmauer betrachten. Doch keine Angst! „Von hinten“ ziehen erstaunlich harmlose Hänge auf den scheinbar unnahbaren Berg. Die Route ist jedoch etwas umständlich, und sie führt ein gutes Stück über die Karsthochfläche. Der Phantasielose wird sie öd und tot empfinden – für ihn ist der Große Priel (3 Std.) geeigneter. Andere lieben diese Urwelt mit ihren lebhaften, bizarren Formen im Kleinen, den Karren, Felsplatten, Dolinen...

Das Tote Gebirge bildet eine Karsthochfläche, die sich über viele Quadratkilometer ausbreitet. Mitten in diesem Hochplateau ragt der ***Temelberg*** (2327 m) mit seiner steilen Ostwand als sehr interessanter Gipfel auf. Seine Besteigung bietet ein wirklich ungewöhnliches Erlebnis: Man fühlt sich wie auf einer Insel im Steinmeer.

Ausgangspunkt: Hinterstoder (585 m) im Tal der Steyr, sehr schöne Bergkulisse.

Charakter: Bergwege über Karstflächen; nicht bei Nebel begehen!

Der Normalweg: Mit dem Auto noch zum Johanneshof. Dann zu Fuß am Schiderweiher vorbei in den Talkessel Polsterlucke und über mehrere Steilstufen zum Priel-Schutzhaus (1422 m, ÖAV). Von dort auf dem Weg Nr. 201 nach Westen hinauf in den schmalen, imponierenden Talkessel, die Klinserschlucht, zwischen den Wänden von Spitzmauer und Brotfall. Etwa 1 km flach talein, Wegverzweigung. Nach Süden und in einem langen Bogen um den Weitgrubenkopf in den Maisenbergsattel, wo sich plötzlich der Blick auf die sanfte Westabdachung der Spitzmauer öffnet. Bequem über diese Fläche auf den Gipfel.

Der Abstecher: Von der Wegverzweigung nach Westen in den Temelbergsattel und über die Abdachung auf den Gipfel des Temelbergs (2327 m, 1½ Std.).

Hochtor, 2369 m

Großartige Touren in den Gesäusebergen

Aufstiegszeit	Gipfelaufbau	Alternative
2¾+ 2½ Std.	Felsgrat	Wasserfallweg

Bis zum Dachstein fahren auch die Bergsteiger, die zum Beispiel aus Bayern kommen. Doch dort ist für sie offensichtlich die (Berg)Welt zu Ende, und man trifft nur noch die „östlichen“ Österreicher. Dabei übertrumpft das Gesäuse an Wucht und Großartigkeit durchaus etwa den Wilden Kaiser oder die Allgäuer Alpen. Die Hochtorgruppe überragt die Enns um 1800 m; über bizarr zerklüfteten Schluchten locken Riesenwände aus hellem, oft herrlich festem Kalk.

Der Hauptgipfel heißt Hochtor. Die übliche Route bildet das Ideal einer Rundtour: abwechslungsreich, mit interessanten, gut gesicherten Felsstellen, einem Gipfelgrat, wo dem Besucher das gesamte Umland zu Füßen liegt, und einem raschen Abstieg. Auf zwei Tage verteilt, ist's eine gemütliche Bummelei.

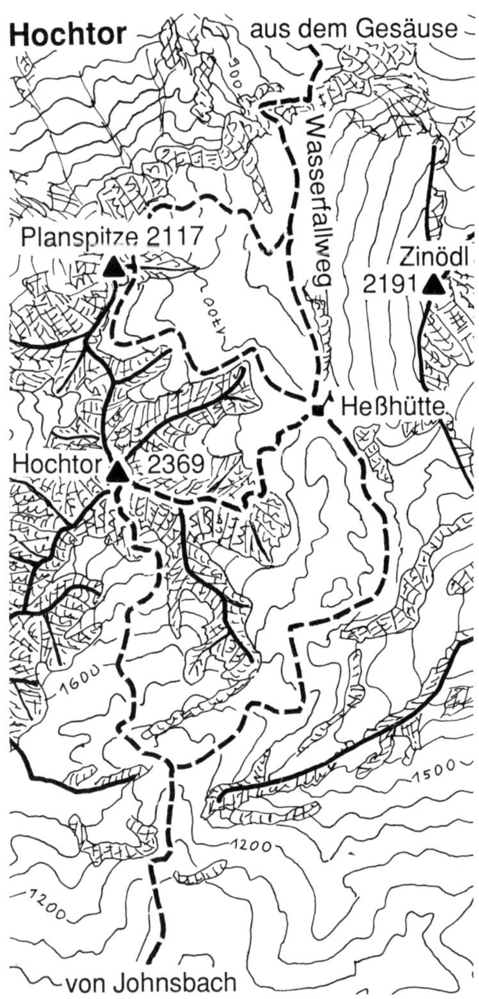

Herbst im Gesäuse mit der bereits geschlossenen Heßhütte und einem schon überzuckerten Hochtor. ▷

Wer mehr Kraft einsetzen will, wird den Wasserfallweg auswählen, ein durch Leitern und Drahtseile gebändigter Steig im Wald mit tosendem Bergbach als Begleitmusik und Clematis an den Bäumen als Schmuck... Einer der reizvollen Hüttenzugänge! Und der Trittsichere, der den Schwierigkeitsgrad I beherrscht, läßt sich natürlich die ***Planspitze*** (2117 m) nicht entgehen. Ein deutliches Steiglein – doch keine Sicherungen – hilft ihm bei der Überschreitung. Die nach Norden vorgeschobene Lage des Gipfels ermöglicht nicht nur einen grandiosen Tiefblick zur Enns, man kann dadurch auch ein wenig in die großen, berühmten Wände schielen.

Ausgangsort: Johnsbach (853 m); Abzweigung des Hüttenwegs beim Kölbl-Wirt.

Charakter: Gut gesicherter Steig im Felsgelände.

Die übliche Route: Über Wiesen – rechts ein schöner Wasserfall – zum Wald und hinauf zur Unteren Koderalm. Über eine weitere Stufe im Wald, dann durch welliges, von Gras überzogenes Karstgelände zur Heßhütte (1699 m, ÖAV). Nach Westen zum Bergfuß und in dem steilen Gelände auf dem Josephinensteig über Schrofen und kleine Felsstufen (Drahtseile, evtl. Steinschlag) insgesamt 400 Höhenmeter empor. Dann auf, meist jedoch links neben dem Grat noch ein gutes Stück hinüber zum alles überragenden Gipfel. Über Geröll und ein paar Felsen auf einem Steigerl nach Süden hinab ins Schneeloch und auf relativ kurzem Weg zurück zum Kölbl-Wirt.

Die grandiose Tour: Von der Kummerbrücke (572 m) östlich von Gstatterboden im Gesäuse auf dem gesicherten Wasserfallweg zur Hütte (3½ Std.). Dann auf dem Josephinensteig aufs Hochtor und zurück zur Hütte. Die Hänge querend bis unter die Peternscharte, dann von Süden über eine Reihe von Minifelsstufen in reizvollem Anstieg auf die Planspitze (2117 m, 2 Std., I). Nach Nordosten und Osten hinab zum Wasserfallweg und zurück ins Tal.

Name	Höhe	Gehzeit in Std.	Charakter
Rätikon, Ferwall			
Schesaplana	2965 m	3	breitgelagerte Felsburg, angelegte Wege
Zimba	2643 m	2 + 3	das Felshorn Vorarlbergs, Kletterei, II +
Patteriol	3056 m	1¾ + 4	wilder, schwarzer Dom, anspruchsvoll
Hoher Riffler	3168 m	3¼ + 2½	Ferwall-Hauptgipfel mit alpinem Steig
Silvretta			
Piz Buin	3312 m	2 + 3	berühmter Silvrettaberg, Gletscherroute
Dreiländerspitze	3197 m	2 + 2¼	kecker Dreikant, kurzer, scharfer Grat
Fluchthörner	3399 m	1¼ + 4	urgewaltiges Felsmassiv, nur für Könner
Piz Linard	3411 m	2¾ + 3	abgelegene Riesenpyramide, hohe Steilflanke
Albulaberge			
Piz Kesch	3418 m	1½ + 2½	Felsmauer, Gletscher- und Flankenanstieg
Piz d'Err	3378 m	4½ + 2½	versteckter Albulaberg, Gipfelkombinationen
Berninagruppe und Bergellberge			
Piz Bernina	4049 m	8 + 1¾	Ostalpenkönig in großer Eislandschaft
Piz Palü	3905 m	4	berühmt, begehrt, eindrucksvolle Grate
Piz Badile	3308 m	3½ + 3	Plattenburg aus Granit, schöne Klettereien
Monte Disgrazia	3678 m	1¾ + 4	einsamer Riesenberg, langer Gipfelgrat
Ortlergruppe, Adamello- und Presanellagruppe			
Ortler	3899 m	2½ + 3½	der Eisdom in Südtirol, beliebte Firntour
Königspitze	3859 m	2¼ + 4	eleganter Superberg, Steilfirn, exponiert
Monte Cevedale	3778 m	2¼ + 2½	Firnschneide über weiten Gletscherfeldern
Cima Presanella	3558 m	1½ + 4½	wilder Berg mit relativ leichter Route
Monte Adamello	3554 m	2½ + 5	großer Eisberg unter südlicher Sonne
Ötztaler Alpen			
Wildspitze	3768 m	1½ + 3½	höchster Gipfel Tirols, einfacher Anstieg
Weißkugel	3738 m	¾ + 4½	gewaltiger Gletscherberg, lange Routen
Similaun	3599 m	2¼ + 3½	Firndom mit einfachem Gletscheranstieg
Hintere Schwärze	3624 m	2¼ + 4½	schöner Eisberg, abseits der Modewege, weit
Watzespitze	3532 m	3½ + 2½	überragender Eis- und Klettergipfel
Stubaier Alpen			
Zuckerhütl	3507 m	1½ + 3	Stubai-Hauptgipfel, steiler Firnrücken
Schrankogel	3497 m	2¼ + 4½	hoher Fels- und Eisberg mit Steiglein
Ruderhofspitze	3474 m	2¾ + 4	Firnflanken und lange Grate, weite Routen
Zillertaler Alpen			
Olperer	3476 m	2¼	Plattenfestung über dem Sommerskigebiet
Hochfeiler	3509 m	2¾ + 2¼	wilde Nordwand und doch einfacher Anstieg
Großer Möseler	3480 m	2½ + 3½	Bergriese über zerklüfteten Gletschern
Hohe Tauern			
Hochgall	3435 m	2 + 4	überragender Gipfel in Südtirol, schwierig
Dreiherrenspitze	3499 m	3 + 4	steil, auffallend, abgelegen, unschwierig
Großvenediger	3674 m	3 + 3	der Gletscherberg schlechthin, spaltenreich
Großglockner	3797 m	2¾ + 3½	Hauptgipfel Österreichs, ausgesetzter Grat
Wiesbachhorn	3564 m	2½ + 2½	Aussichtsberg beim Mooserboden, beliebt
Sonnblick	3105 m	1½ + 3	der Gipfel im Goldland, angelegter Steig
Hochalmspitze	3360 m	1½ + 3½	eleganter östlicher Vorposten, Klettergrat

Oberhalb des Taschachhauses mit Blick quer über das im Nebel versunkene Taschachtal auf die Wildspitze ganz rechts. Davor der Taschachferner mit seinen auffallenden Gletscherbrüchen.

Zentralalpen

Gletscher, Firngrate, Eiswände sind schon ein attraktiver Schmuck! Wie auffallend und elegant wirkt – durch seinen Firnmantel – mancher Zentralalpenberg trotz einer eher behäbigen, wenig markanten Form. In den niedrigen Seitenkämmen dieser Gebirge findet man zahlreiche mit einem Steig erschlossene Aussichtsberge, ja, diese führen sogar auf einige hohe Gipfel wie Riffler, Schrankogel, Hohe Geige oder auf Schwarzenstein und Petzeck. Doch das Typische für die Zentralalpen sind die Touren durch die weiten Gletscherbekken auf die großen Eisberge. So locken Ziele wie Piz Buin und Monte Cevedale, Wildspitze und Zuckerhütl, Möseler und Venediger besonders viele Bergsteiger an. „Bessere" Alpinisten bezeichnen diese Routen gerne als Gletscher„wanderungen". Das ist eine sehr unglückliche Verniedlichung! Leider neigt so mancher im Gebirge sowieso eher zur Sorglosigkeit, zum Unterschätzen der Anforderungen und Gefahren. Dabei ist eine Gletschertour nie eine harmlose Bummelei! Doch – wer hat je die Spaltenbergung wie im Ernstfall, also an einer vom Schnee überdeckten Spalte, geübt? Wer findet sich in der weglosen Hochregion noch sicher zurecht, sobald der Nebel die Umgebung verschluckt, Wind und Schnee die Spuren verwischen? Wissen, Können und Kondition dürfen nicht auf den Normalfall abgestimmt sein; man muß auch die unvorhergesehenen Schwierigkeiten noch beherrschen! Sonst lebt man auf die Dauer gefährlich!

Patteriol, 3056 m

Das dunkle Felshorn im Ferwall

Aufstiegszeit	Gipfelaufbau	Alternative
1¾ + 4 Std.	Plattenhänge	keine

Von allen Zentralalpengebieten Österreichs ist das Ferwall wohl am wenigsten bekannt, viele, ja, die Großzahl der Gipfel wird nahezu nie bestiegen. Dabei gibt es gerade hier ausgesprochen interessante, schroffe Felsberge von bizarren, markanten Formen wie die Fatlarspitze, die Seeköpfe, Küchl- und Kuchenspitze (3148 m). Doch – vom Hauptgipfel, dem Hohen Riffler, einmal abgesehen – übertrifft ein Berg an Wildheit, Eleganz und auffallender Lage alle anderen: das Patteriol. Seine fast schwarzen, plattigen Steilwände sind schon imponierend; man findet dort Kletterrouten bis zum Schwierigkeitsgrad VI. Etwas Ungewöhnliches in den Zentralalpen!

Das Schimpfen über Schutt und brüchigen Fels bei der üblichen Route ist ungerecht. Wer große Felsberge auf Wegen im Schwierigkeitsgrad I oder II besteigt, kann kein „bombenfestes" Gestein à la Fleischbank-Ostwand erwarten. Auf flachen Stellen sammelt sich nun einmal zwangsläufig Geröll und Blockwerk. Welche Schuttmengen behindern zum Beispiel die Aufstiege auf manchen berühmten Dolomitenberg wie den Monte Cristallo, den Sorapis oder gar den Sextener Elfer! Beim Patteriol kann man sich zudem ganz bewußt entsprechende Bedingungen heraussuchen. Im Spätsommer verläuft die Tour weitgehend im Fels, das macht sie einfacher doch auch einförmiger. Im Frühsommer bedeckt steiler Schnee die Geröllpassagen, er erfordert entsprechende Sicherheit und einen Pickel. Er sorgt aber auch für ein großes, spannendes Erlebnis!

Ausgangspunkt: Von St. Anton am Arlberg auf kleiner Teerstraße im Ferwalltal bis 1,4 km hinter das Ghs Ferwall. Parkmöglichkeit (1480 m).

◁ *Das Patteriol ist der auffallendste Berg im Ferwall; hier die Ostwand.*

Aufstiegsseite der Dreiländerspitze mit dem steilen Firnfeld, rechts der Ochsentalergletscher, links der spaltige Jamtalferner. ▷

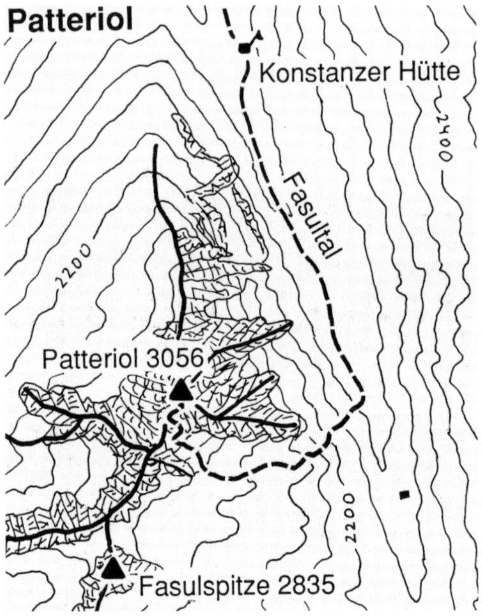

Charakter: Hoher, felsiger Gipfelaufbau, wenige Stellen bis II, evtl. ziemlich steiler Schnee.

Die Route: Vom Parkplatz immer auf dem Sträßchen durchs scharf eingeschnittene Tal – imposant der Blick aufs Patteriol – zur Konstanzer Hütte (1765 m, DAV), die halb hinter Bäumen versteckt ist. Talein zur Verzweigung am Kugelten Stein. Auf dem Steig ins Kar südöstlich des Gipfels (2600 m). Nächstes Ziel ist das auffallende Hochkar, das man über die trennende Felsstufe erreicht: von links auf die untersten Felsen der Stufe, dort 20 Höhenmeter empor, dann auf einem Band links aufwärts in eine scharf eingeschnittene Schlucht. Oben über weiße Platten aus ihr nach rechts ins Hochkar, das man gleich am Unterrand quert. Über eine zerborstene, kaum ausgeprägte Rippe auf deutlichen Steigspuren problemlos zum Kamm. Kurzzeitig rechts des Grates, dann links unter dem Südgipfel hindurch in die letzte Lücke und steil hinauf zum Kreuz.

Hoher Riffler, 3168 m

Hauptgipfel und Lieblingsziel im Ferwall

Aufstiegszeit	Gipfelaufbau	Alternative
3¼ + 2½ Std.	steile Hänge	Südgrat

Der Hohe – oder auch Pettneuer – Riffler vereint alle Eigenschaften für einen Publikumsliebling. Mit seiner zugespitzten Form, den hohen, dunklen Wänden und den beiden Gletscherchen zeigt er sich als elegante, auffallende Erscheinung, zudem überragt er seine nähere Umgebung um volle 300 m! Auf halber Höhe steht die neu errichtete Edmund-Graf-Hütte, und zum Gipfel führt ein Alpenvereinssteig, der auch dem erfahrenen und geschickten Bergwanderer einen Aufstieg gestattet. Auf ihn wartet jedoch noch eine Überraschung: im Norden, etwa einen Steinwurf entfernt, ragt ein Felszacken vielleicht noch drei Meter höher empor, so nahe, und doch für manchen unerreichbar fern. Weniger die Schwierigkeiten (II) als das Glatte und Ausgesetzte hält viele von einem Übergang ab. Doch, was soll's! Der Südgipfel bietet den gleichen, hindernislo-

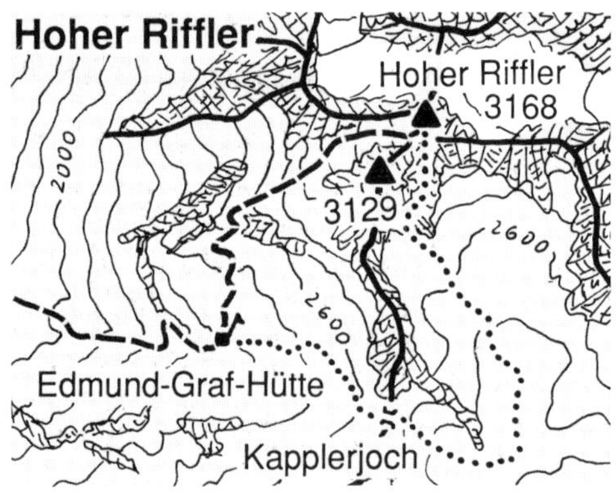

sen Rundblick. Imponierend schaut zum Beispiel die fünfgipflige Kuchenspitze (3148 m) aus, einst der Ferwall-Hauptgipfel; nach einer neuen Vermessung mußte sie den „Titel" jedoch an unseren Riffler abtreten.

Den Idealanstieg für Individualisten, Ausdauernde, Kletterfreudige habe ich mehr durch einen Zufall entdeckt. Ich wollte von den so schönen Blankaseen zur gleichnamigen Scharte aufsteigen. Doch lawinengefährlicher Naßschnee überlagerte dick die Platten unterhalb der Lücke. So blieb nur der Südgrat, der einen wilden Anblick bietet. Nach einer Bruchrinne ging es rasch über die Schneide aufwärts, der Fels wurde immer fester, die Kletterei schöner, alle Aufschwünge ließen sich in Gratnähe überlisten (bis III–), und es gab dabei ein paar „schön luftige" Stellen, nach Osten brechen nämlich scheinbar senkrechte Wände ab. Fazit: Begeisternder Anstieg auf einen faszinierenden Berg!

Nordseite des Piz Kesch in den Albulabergen, ganz links die Porta d'Es-cha. ▷

Talort: Pettneu (1222 m) an der Arlbergstraße, 6 km östlich von St. Anton.

Charakter: Bergweg in hochalpinem Gelände

Der angelegte Weg: Von Pettneu auf dem Talweg im Malfontal bis in 1800 m Höhe. Hier nach links und über eine Geländerippe und Steilhänge zur Edmund-Graf-Hütte (2375 m, ÖAV). Nach Norden über die Hänge auf eine Schulter. Dann lange Zeit zwischen Geröll und Blockwerk hinauf zu einem kleinen Firnbecken und von Westen auf den Gipfel.

Der Südgrat: Von der Hütte aufs Kapplerjoch (2762 m) und drüben hinab zu den Blankaseen. Alten Markierungen folgend in das tiefe Becken am Fuß des Blankahorns. Rechts durch eine brüchige Rinne und über die Felsen links daneben auf den Grat. Stets auf der ausgeprägten Schneide zum Gipfel (bis III–, ausgesetzt, 4 Std. ab Hütte).

Schesaplana, 2965 m

Der beherrschende Rätikongipfel

Aufstiegszeit	Gipfelaufbau	Abstieg
3 Std.	Schieferhänge	Mannheimer Hütte

Die Schesaplana ist nicht einfach ein Gipfel, sondern eine Art Bergfestung von drei Kilometer Breite mit gewaltigen Burgmauern, die im Süden bis 700 m, im Westen über dem sogenannten Nenzinger Himmel gar 800 m hoch sind. Diese Mauern krönen nicht weniger als vier selbständige Gipfel. Das Burginnere füllt der etwa fünf Quadratkilometer große Brandnergletscher, ein eher sanftes Eisfeld, das man nur von Norden, etwa von der Zimba aus sehen kann. Aus allen anderen Richtungen wirkt das Massiv wie eine reine Felsmauer, und das führte auch zu dem Namen des Berges. Schesaplana kommt vom Rätoromanischen sassa plana, was sich mit Ebenstein übersetzen läßt.

Hauptgipfel des Rätikon, drei Meter höher als die Zugspitze, hindernislose Aussicht und Wege aus vier Richtungen

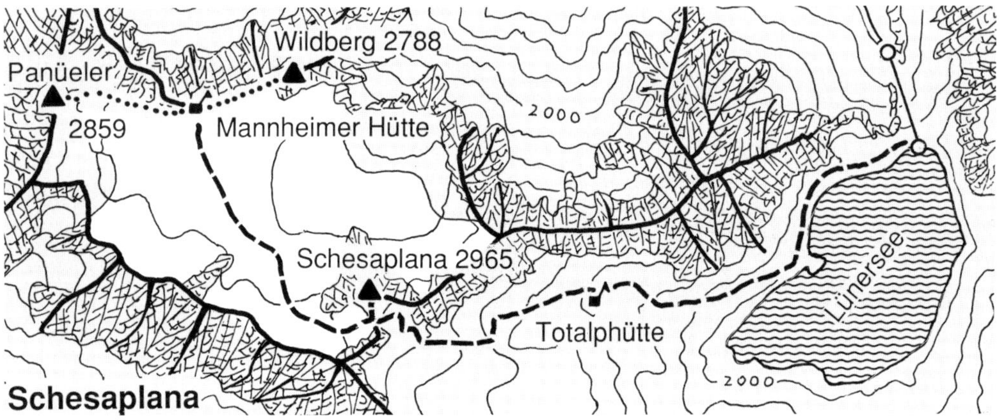

– die Schesaplana bietet alle Bedingungen für ein beliebtes Ziel. Nach dem Bau der Lünersee-Bahn verkürzte sich der Aufstieg zu einer bequemen Tagestour. Leider lockt sie auch die Ausflügler in großen Scharen an, die dann die Ufer des Lünersees bevölkern oder auch die Totalphütte als Kaffee- und Bierziel ansteuern. Erst während der letzten beiden Gehstunden sind die Bergsteiger unter sich. Der freie Blick nach Osten, die weiten Karst- und Geröllflächen der Toten Alpe, ein paar Firnflecken und Schneezungen und schließlich ein feiner, unter dem Stiefel knirschender Schieferschutt sind das Charakteristische dieses Ostanstiegs.

Der Genießer beginnt mit der Tour erst am Mittag, er bummelt in aller Ruhe über die Hänge, die sich jetzt rasch von den Menschen leeren, verträumt ein paar Stunden auf dem Gipfel und erreicht am Abend über die Gletscherfläche die nahe Mannheimer Hütte (2679 m). Am folgenden Morgen kann er als Vor-Frühstück den Wildberg (2788 m, 20 Min.) oder den Panüelerkopf (2859 m, 45 Min.) besteigen, um später dann auf dem Leiber- oder dem Straußweg über die 500 bis 700 m hohe Felsflanke ins Zalim- und Brandnertal abzusteigen; das ist ein sehr eindrucksvoller, aber auch sehr langer Gang!

Talort: Brand (1037 m), Ferienort im Herzen des Rätikon. Gute Straße weiter durchs Seetal zur Bergbahn.

Charakter: Bergwege ohne Fels, oft jedoch Schneefelder.

Normalweg: Mit der Seilbahn zum Lünersee (1970 m, Douglasshütte). Am Nordwestufer entlang zur Verzweigung. Nun auf dem Bergweg rasch über die Hänge zum Totalpsee und zur Totalphütte (2385 m, ÖAV). Über steinige Böden und Stufen in den kleinen Kessel östlich des Gipfels. Nach links zum allerobersten Südgrat und über Schutt auf den Gipfel.

Abstieg: Über Geröll nach Südwesten in einen Sattel und über den Brandnergletscher zur Mannheimer Hütte (2679 m, DAV). Auf dem Leiberweg (oder – weiter – auf dem Straußweg, jeweils Trittsicherheit notwendig) über die hohe Schrofen- und Felsstufe nach Oberzalim. Talaus nach Brand.

Zimba, 2643 m

Das markanteste Felshorn im Ländle

Aufstiegszeit	Gipfelaufbau	Abstieg
2 + 3 Std.	Klettergrat	Sarotlatal

Der Rätikon – es heißt nicht, wie man meist zu hören bekommt, ***das*** Rätikon – wartet mit vier großen Bergstöcken auf. Im Südosten steht die wenig bekannte, dunkle Madrisa (2826 m), es folgt das große Felskastell der Sulzfluh (2817 m) und die noch mächtigere Burg des Drusenmassivs, in dem die Drei Türme (2830 m), auch Drusentürme genannt, durch ihre markanten, ausgefallenen Formen begeistern, und den Höchstpunkt bildet schließlich die bereits beschriebene Schesaplana. All diese Berge bieten eine Fülle einfacher Routen, aber auch rassige Klettereien, und doch stiehlt ihnen ein „Kleiner" die Schau.

Die Zimba kennt wohl jeder im Ländle, wie die Einheimischen gerne das westlichste Bundesland Österreichs nennen. Und für einen tüchtigen Alpinisten dort ist es Ehrensache, jedes Jahr einmal auf diesem schönen, kecken Felshorn zu stehen. Dank der so weit nach Norden vorgeschobenen Lage fällt der Gipfel viel stärker ins Auge, als es seiner Höhe von 2643 m eigentlich „zusteht". Dafür ist sozusagen die Figur makellos, es gibt keine „reizlose Hinterseite", über die sich auch der Unerfahrene heraufmogeln könnte. Nein, die Zimba erreicht man nur auf Kletterwegen; einen Zweier

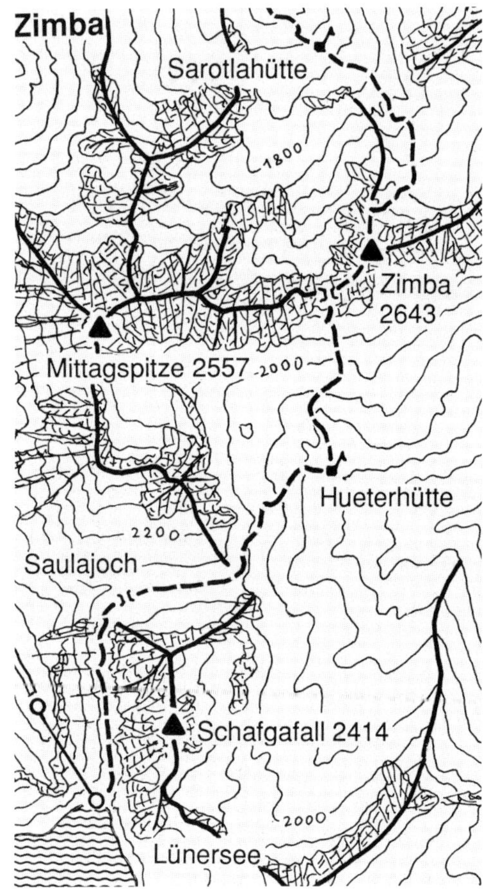

muß man schon beherrschen. Heute läßt sich die Tour durch die Lünersee-Bahn an einem Tag durchführen. Man klettert dann über den ziemlich langen Westgrat, durch Rinnen und Kamine, über Bänder und Schichtplatten empor, während sich für den Abstieg der etwas kürzere Nordostgrat und die Geröllflächen des Steintäli anbieten. 1800 Höhenmeter muß man beim Rückweg überwinden. Das sollte niemand unterschätzen!

Talort: Brand (1037 m), siehe Schesaplana.

Charakter: Abwechslungsreiche Bergfahrt, Gipfelaufbau mit längerer Kletterei bis II.
Aufstieg: Mit dem Bus und der Bergbahn zum Lünersee (1970 m). Auf einem Steig durch die steile Schafgafall-Westflanke (Sicherungen) und über das Saulajoch (2065 m) zur Heinrich-Hueter-Hütte (1766 m, ÖAV). In vielen Kehren durch die Steilflanke ins Zimbajoch (2387 m). Von dort über den Westgrat (II) auf den Gipfel. Genaue Beschreibung siehe AV-Führer „Rätikon", Bergverlag Rudolf Rother, München.
Abstieg: Entweder über den Westgrat ins Zimbajoch zurück und nach Norden steil hinab zur Sarotlahütte (1611 m, ÖAV). Oder dorthin – etwas einfacher – über den Nordostgrat und durch das Steintäli. Auf dem Hüttenweg durchs Sarotlatal zum Alvier. Gegenanstieg nach Tschapina.

Piz Buin, 3312 m

Das bekannteste Ziel in der Silvretta

Aufstiegszeit	Gipfelaufbau	Abstieg
2 + 3 Std.	steinige Flanke	Ochsentalergletscher

Piz Linard (3411 m) und die Fluchthörner (3399 m) ragen zwar deutlich höher auf, trotzdem ist der Piz Buin bekannter, und dieser angerundete Felsgipfel zieht mehr Bergsteiger an. Es gibt einen einfachen Grund dafür: So stellen sich viele die Idealtour in den Zentralalpen vor. Alle wichtigen Elemente sind vorhanden, es gibt keine langen einförmigen Passagen, Spannung und Erwartung bleiben stets groß, und dennoch wird – bei ordentlichen Verhältnissen – die Sache niemals unangenehm oder gar beängstigend. Die so markant geschnittenen Felsgipfel wie etwa die dunkle Schattenspitze (3202 m) begeistern schon auf dem Weg zur großen und trotzdem noch manchmal überfüllten Wiesbadener Hütte. Der Aufstieg am folgenden Morgen beginnt gemütlich. Erst in der 100 m hohen Felsflanke zum Wiesbadener Grätle kommen die ersten ins Schwitzen. Schlagartig öffnet sich dort oben der Blick auf das heutige Ziel, das noch durch ein hohes Gletscherbecken vom Betrachter getrennt ist. Später, während der 250 Höhenmeter am Gipfelaufbau, versinken allmählich all die Berge unter einem, die vorher so stolz und gewaltig wirkten. Der Piz Buin ist ja der König in der Zentralsilvretta, und ein Abergläubischer könnte etwas Symbolisches in dem Zufall erblicken, daß er am 14. 7. 1865, also am gleichen Tag wie das Matterhorn, erstmals bestiegen wurde. Wer mit dem Seil umgehen kann und die Spaltenbergung beherrscht, bleibt beim Abstieg auf dem Ochsentalergletscher. Mit dem gewaltigen Eisbruch zwischen 2900 und 2700 m Höhe wird ihm nämlich ein wirklich eindrucksvolles Schauspiel geboten. Dafür lohnt sich der kleine Umweg! Außerdem sollte niemand das Gebiet der Wiesbadener Hütte zu schnell verlassen; zumindest die Dreiländerspitze (3197 m) und das Silvrettahorn (3244 m) gehören schließlich in das Tourenbuch jedes „gstandenen" Alpinisten.

Ausgangspunkt: Aus dem Montafon oder von Galtür auf der Silvretta-Hochalpenstraße zur Bielerhöhe (2036 m, Maut).
Charakter: Gletschertour mit einigen Spalten, Felspassagen bis I+, beliebt.
Der Aufstieg: Links um den Silvrettasee bis zur Mitte des Ostufers. Jetzt auf dem Fußweg (viel schöner als die Jeepstraße) stets hoch über dem Ochsental quer durch die Hänge zur Wiesbadener Hütte (2443 m, DAV). Über den Vermuntgletscher auf wohl immer vorhandener Spur in die Südwestecke. Über die

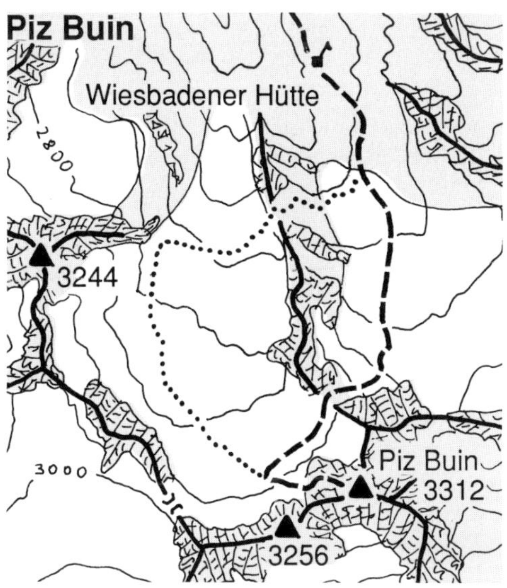

Schrofenflanke in eine Lücke des Wiesbadener Grätles und flach durch das Gletscherbecken um die Piz-Buin-Ausläufer herum bis vor die Fuorcla Buin. Links durch den Schutthang zum wenig ausgeprägten Nordwestgrat. Über ihn – eine Stufe links im „Kamin" erkletternd – auf den Gipfel (bei trockenem Fels einfach; sonst große Vorsicht notwendig).
Gletscherabstieg: Von der Fuorcla Buin zum Westrand des Ochsentalergletschers. An ihm entlang – Spalten! – bis unter den Bruch. Jetzt scharf nach rechts und an der Grünen Kuppe vorbei zurück zur Hütte.

Dreiländerspitze, 3197 m

Der zentrale Silvrettaberg

Aufstiegszeit	Gipfelaufbau	Abstieg
2 + 2¼ Std.	Felsgrat	Jamtal

Ein Name wie Dreiländerspitze erklärt sich von selbst. Die Gegebenheiten spiegeln sich auch an den umliegenden Eisströmen wieder. Das von Firn abgeleitete Ferner ist die typische Form in Tirol, deshalb Jamtalferner, die Alemannen Vorarlbergs sagen einfach Gletscher, so liegt auf ihrer Seite der Vermuntgletscher, und den im Engadin lebenden Rätoromanen entspricht der Vadret Tuoi. Auch die Bezeichnung „Spitze" trifft hier wirklich zu; die ausgeprägten und scharfen Grate laufen in einem kleinen, aber auffallend emporgereckten Hörnchen aus. Der letzte Gipfelaufbau sorgt noch für einige Aufregung. War

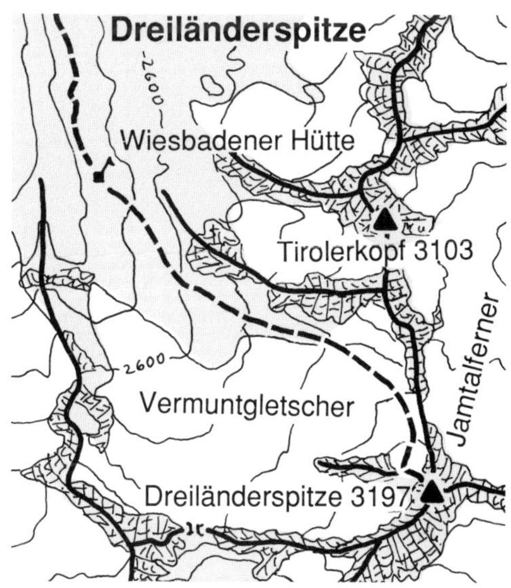

die oberste Firnflanke nicht beinhart oder bot sie gar blankes Eis, dann ergab sich bis zur Schulter alles recht problemlos. Doch plötzlich bremst ein scharfer und vor allem ausgesetzter Felsgrat die zahlreichen Gipfelstürmer. Der Geschickte turnt zwar in einigen Minuten über die Schneide, doch wie so oft bei Bergen mit berühmten Namen werden Anforderungen auch an der Dreiländerspitze von vielen unterschätzt. Da manövriert man dann ungeschickt mit dem Seil, kommt nicht so recht von der Stelle, Auf- und Absteigende behindern sich gegenseitig, man flucht...

Machen wir noch einen Abstecher in die Westsilvretta. Das Gipfelpaar ***Großlitzner*** (3109 m) und ***Großseehorn*** (3121 m) muß man einfach erwähnen, es gibt nichts Wilderes und zugleich Eleganteres in der Silvretta, und die Überschreitung (III+) gehört zu den Urgesteinskletttereien der Extraklasse. Wenn wir bei der Beschreibung trotzdem die Dreiländerspitze vorgezogen haben, entsprang das einem guten Grund: Sie stellt das ideale Bindeglied für eine – sehr lohnende! – Durchquerung dar.

Talort und Zugang zur Wiesbadener Hütte siehe Piz Buin.

Charakter: Einfache Gletschertour, ganz kurzer, scharfer Felsgrat, Kletterei bis II–.

Die Route: Von der Wiesbadener Hütte auf dem Steig zum oberen Teil des Vermuntgletschers. Flach – an der Oberen Ochsenscharte vorbei – zum Gipfelfuß. Diagonal über das auffallende, steile Firnfeld zur Schulter und auf dem am Schluß scharfen Grat zum Gipfelkreuz.

Silvretta-Durchquerung: 1. Tag: Wiesbadener Hütte. 2. Tag: Piz Buin – Wiesbadener Hütte. 3. Tag: Dreiländerspitze – Obere Ochsenscharte – Jamtalferner mit vielen Spalten – Jamtalhütte. 4. Tag: Fluchthörner.

Fluchthörner, 3399 m

Eine dunkle, trotzige Felsburg

Aufstiegszeit	Gipfelaufbau	Alternative
1¼ + 4 Std.	Südflanke	keine

Es gibt ein ganz typisches Silvretta-Bild: Weite und oft ziemlich spaltenreiche Gletscher werden von wildgezackten, zerborstenen Felsgraten umrahmt. Dazu gehört auch der Kontrast von Weiß zu den sehr dunklen Hornblendegneisen, der jähe Übergang von sanft zu steil. In dieser Umgebung fallen die drei Fluchthörner noch doppelt ins Auge. Sie bilden eine gemeinsame, 1000 m lange und bis zu 600 m hohe Felsmauer; so zwischen den kleineren Gipfeln rundum wirken sie wie eine übermächtige Trutzburg inmitten gewöhnlicher Häuser.

Der höchste Punk ragt am Ende des Grates auf und bricht nach Süden mit einer 400 m hohen Steilflanke ab, die dem Gipfel zu einer ganz kühnen, dreieckigen Form verhilft. Nur ein Bergpionier wie Johann Jakob Weilenmann, von dem seine Zeitgenossen sagten, „niemand als die Gemse tat es ihm an Kühnheit des Bergsteigens zuvor", konnte sich schon 1861 an diese Wand wagen. Er

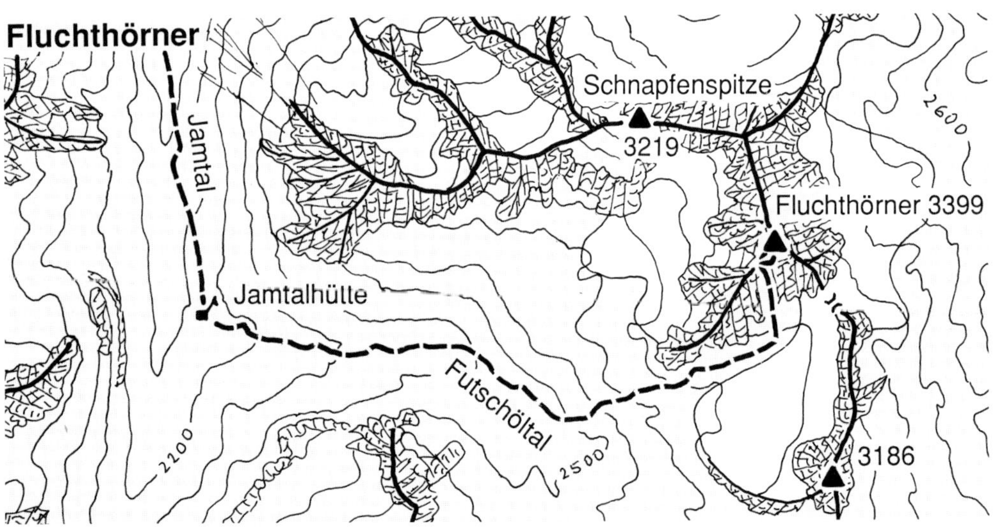

Große Berninagipfel (von links): Piz Bernina mit Biancograt, Piz Scerscen, Piz Roseg. ▷

stieg mit dem Führer und Schäfer Franz Pöll eine gewaltige, recht steile Firnrinne zum Südwestgrat hinauf und erkletterte den höchsten Gipfel durch die ausgesetze Südwand. Diese Weilenmann-Rinne wurde später zum Normalweg – jedoch nie zu einer Modetour. Und das ist gut so! Das Poltern des Steinschlags gehört sowieso schon zu dieser Flanke; bei allzu vielen Menschen würde es gefährlich zunehmen. Und wann gibt es dort die richtigen Verhältnisse? Bei gutem Schnee in der Rinne zeigt sich meist die Gipfelwand in schlechter Verfassung. Da wartet man doch besser, bis der Firn weitgehend verschwunden ist und klettert dann über die Rippen neben der Rinne empor; so kann man auf trockenen Fels im oberen Teil hoffen. Es stellt sich noch eine zweite Frage – Heidelberger oder Jamtalhütte? Die Aufstiegszeiten unterscheiden sich kaum, doch die ungleich eindrucksvollere Landschaft – vor allem dank der großen Gletscher – serviert ohne Zweifel das Jamtal.

Ausgangsort: Galtür (1584 m), beliebter Bergsteigerort im obersten Paznauntal.

Charakter: Für Ostalpenverhältnisse recht anspruchsvolle Bergfahrt, Kletterei bis II, Steinschlaggefahr.

Der Südanstieg: Von Galtür durchs Jamtal bis hinter die Scheibenalm (1833 m) auf der Fahrtstraße; Benützung mit eigenem Pkw bis 8.30 Uhr und ab 17.00 Uhr erlaubt. Dann auf dem Jeepfahrweg zur sehr stattlichen Jamtalhütte (2165 m, DAV). Auf Bergwegen durchs Futschöltal zum Finanzerstein. Wegverzweigung. Über eine hohe Moränenstufe in das Becken südlich der Fluchthörner. Bei gutem Schnee durch die Weilenmann-Rinne, die am Fuß des Gipfelaufbaus auf den Südwestgrat mündet. Sonst auf der Felsrippe rechts neben der Rinne. Unter den ersten steilen Felsen des Gipfels nach rechts hindurch und über Rinnen und Stufen zu dem deutlichen Geröllfleck mitten in der Wand. Erst gerade, dann nach links in die große Rinne, die direkt zum Gipfel führt.

Piz Linard, 3411 m

Die Riesenpyramide über dem Engadin

Aufstiegszeit	Gipfelaufbau	Alternative
2¾ + 3 Std.	hohe Felsflanke	Südostgrat

Wer je den Piz Linard von der Engadinstraße zwischen Zernez und Susch gesehen hat, der kann gar nicht anders, er muß sich in diesen Berg verlieben. Ganz allein steht dort eine Riesenpyramide von bestechender Form und Eleganz – volle 2000 m über dem Tal! Eine Persönlichkeit unter den Alpenbergen! Warum ist dann der Gipfel nicht berühmter, wird er nicht häufiger bestiegen? Das Abgelegene mag der Hauptgrund dafür sein; der lange Aufstieg, das Fehlen weiterer Ziele im Hüttenbereich spielen wohl eine zusätzliche Rolle. Und so ganz ideal ist der Normalanstieg durch die Weilenmann-Rinne (diese gibt es also nicht nur an den Fluchthörnern!) ja auch nicht, Blöcke und Schutt überwiegen gegenüber dem festen Fels in der 500 m hohen, südseitigen Steilflanke. Deshalb steigen jene, die auch den Schwierigkeitsgrad III beherrschen, über den Südostgrat empor; er bietet eine schöne, lange Kletterei, die dem Piz Linard würdig ist! Die Gesteinsschichten sorgen für eine Art Treppe an dem hohen Grat.
Vor 25 Jahren hausten wir fünf Tage lang auf Marangun in der Val Lavinuoz, sahen während der gesamten Zeit keinen Menschen. Die 1400 m hohe und eineinhalb Kilometer breite Ostwand des Piz Linard beherrscht das Tal. Der Gang durch diese Riesenmauer wurde zu einem großen Erlebnis; das Verhältnis von winziger Mensch zu unbegrenzter Natur spürt man in dem Wirrwarr von Schluchten, Rinnen, Rippen und Graten am allerstärksten. Über den Nordostgrat, auch er bietet 1000 m Fels (II+), kehrten wir ins Tal zurück. Dem Individualisten, der auch ohne richtige Hütte zurechtkommt, sei diese stumpfe Gratkante als besondere Tour (leise flüsternd) verraten.

Ausgangsort: Lavin (1412 m) im Unterengadin.
Charakter: Hohe Steilflanke, Kletterstellen bis II, Steinschlaggefahr.
Die einfachste Route: Vom westlichen Ortsende auf einem Fahrweg in Kehren

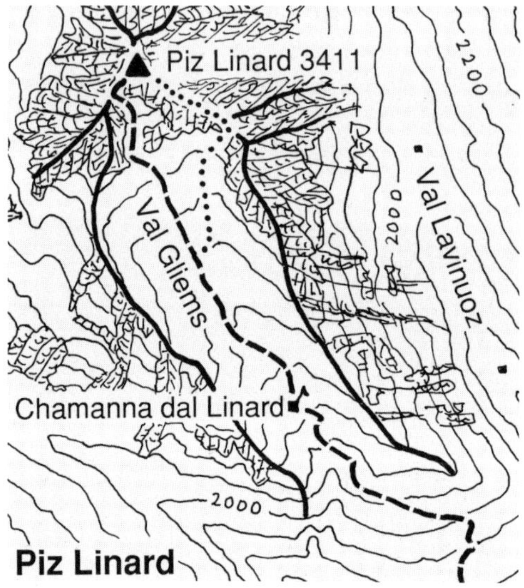

durch den Laretwald. Dann auf einem Steig nach links in die Val Glims und zur Chamanna dal Linard (2327 m, SAC). Durch den Talboden mit Gras und Seen an den Bergfuß. Über Geröll und Blöcke in eine große Rinne, die schräg rechts emporzieht zu dem auffallenden Geröll-(Schnee)fleck in der Flankenmitte. Von dessen Oberende gerade über Rinnen und Rippen auf den Südwestgrat und über ihn auf den Gipfel.
Der schöne Klettergrat: Von der Hütte in den Talschluß und rechts über die Flanke auf den Grat, wo er kräftig zu steigen beginnt. Über etwa fünfzig größere und kleinere Stufen zum höchsten Punkt (III, Kletterei ca. 3 Std.).

Piz Kesch, 3418 m

Felskastell in den Albulabergen

Aufstiegszeit	Gipfelaufbau	Alternative
1½ + 2½ Std.	Steilflanke	keine

Wer die nördlichen Engadiner Berge noch wenig kennt, sollte einmal von der Flüelastraße auf bequemem Pfad zum Schwarzhorn (3147 m, 2½ Std.) hinaufsteigen. Er erobert damit nicht nur ohne große Mühe einen stattlichen Dreitausender, er wird auch Appetit auf so manchen ihm bis dahin fremden Berg bekommen, auf den Piz Linard (3411 m), die Plattenhörner, den Piz Vadret... Und im Süden steht ein besonders gewaltiges, dunkles Felskastell mit drei Gipfeln. Das ist der Piz Kesch, der seine Umgebung weit überragt.

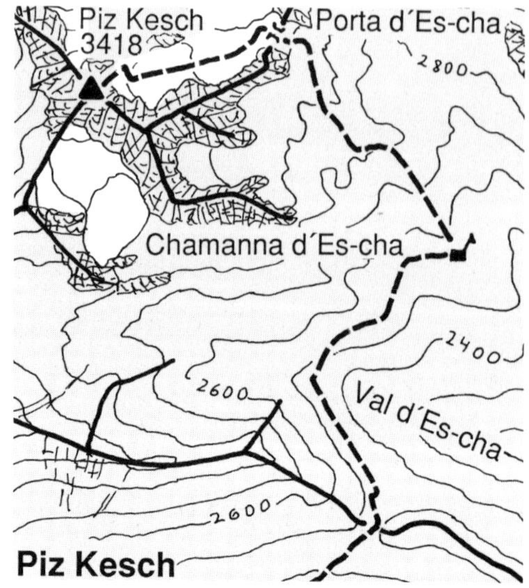

Zwei Hütten erleichtern den Zugang zum Hauptgipfel der Albulaberge. Eindrucksvoller und abwechslungsreicher ist ohne Zweifel die Südroute. Da umrundet man die stolze Keschnadel – im Rätoromanischen trägt sie die klangvolle Bezeichnung Aguoglia digl Kesch (3386 m) –, kommt durch die bizarre Zakkenwelt an der Porta d'Es-cha und erlebt eine besondere Überraschung beim Betreten der Scharte: Urplötzlich steht man dem Gipfel des Piz Kesch gegenüber, der hoch und steil aus dem obersten Becken des Porchabellagletschers herauswächst. Bei ordentlichen Verhältnissen kommt man recht gut über die Flanke hinauf, doch harter Schnee oder gar Eis verwandeln den Aufstieg rasch in eine ernste Bergfahrt. Doch – Pickel und Steigeisen gehören ja sowieso zu einer Bergfahrt dieser Größenordnung.
Und eines verleiht allen Gipfeltouren in den Albulabergen einen zusätzlichen Reiz: der Blick auf die Berninaberge mit ihren leuchtenden Gletschern.

Ausgangsort: La Punt (1697 m), Dorf im Oberengadin.
Charakter: Alpine Bergfahrt, Gletscherbegehung, Kletterei bis I+.
Die schönste Route: Von La Punt auf der Albula-Paßstraße bis zur Punt Granda (2256 m). Nun zu Fuß über die Grashänge in den Sattel von Gualdauna. Querung in die Val d'Es-cha und weiter durch die Hänge und Mulden nur mäßig steigend zur Chamanna d'Es-cha (2594 m, SAC). Über den Rücken zu

einem blockgefüllten Kar mit Seeli. Jetzt nach rechts und über Schnee und eine Steilstufe (Drahtseil) in die Porta d'Escha (3008 m). Durch die Gletscherbucht zu ihrem rechten, oberen Ende. Über steilen Firn oder in den Schrofen auf einen Absatz im Nordostgrat. Jetzt links in die Flanke und durch Rinnen auf den breiten Gipfel.

Piz d'Err, 3378 m

Der Berg aus den Kreuzworträtseln

Aufstiegszeit	Gipfelaufbau	Alternative
4 + 2½ Std.	Felsgrat	Rundtour

Etwa achtzig Dreitausender stehen in den Albulabergen, und doch kennen die meisten Bergsteiger allenfalls den Namen Piz Kesch. Dabei findet man dort eine Fülle wirklich interessanter Gipfel, die durch die ungewöhnliche Vielfalt der Gesteine recht unterschiedliche „Gesichter" bekommen. Da gibt es etwa die gewaltigen, besonders wilden Pizs da Bravuogn mit der hohen Felsscheibe des Piz Ela (3339 m) als Hauptgipfel, die aus hellem Dolomit aufgebaut sind. Ihnen steht als Kontrast im Süden das Errgebiet mit seinen dunklen Gneis- und Granitbergen über weiten Gletscherflächen gegenüber. Obwohl der Piz Calderas es auf stattliche 3397 m bringt, werden diese Berge nur mäßig besucht, und unseren Piz d'Err kennt mancher eher aus Kreuzworträtseln (dort wird der Name zu Err verstümmelt; das ist ebenso unsinnig, als würden wir zur Zugspitze nur Zug sagen) als in der Natur. Auf einem breiten Sockel, der nach Norden in 500 m hoher, zerborstener und von Hängegletschern geschmückten Steilflanke abstürzt, sitzt ein ganz charakteristischer, runder Felskopf, der ein wenig Kletterei erfordert. Das ist gleichsam das Tüpfelchen auf dem i bei dieser Gletschertour.

Der Kluge wird beim Zugang zur abgelegenen Jenatschhütte nicht nur wie mit Scheuklappen den Piz d'Err im Auge haben. So bietet etwa die folgende Route eine Fülle an Abwechslung: Von St. Moritz mit den Bahnen auf den Piz Nair (3057 m). Über den Pass Suvretta mit sehr schönem Bergsee in die Fuorcla Suvretta (2968 m, Abstecher auf den Piz Suvretta, 3144 m, 35 Min.). Nach kurzem Abstieg Querung des Vadret Traunter Ovas und empor in die gleichnamige Fuorcla. Dann über den Vadret d'Agnel und einen querenden Steig zur Camanna Jenatsch (2652 m, SAC, nicht bewirtschaftet, ca. 4 Std.). Besteigung des Piz d'Err. Rückweg über den Vadret d'Agnel auf den Piz Surgonda (3197 m). Über den Südgrat des P 3160 hinab, dann über Margun und Valletta dal Güglia zur Julier-Paßstraße. Rückfahrt mit dem Bus. Die Schweizer Karte, Blatt „Julierpaß", ist unerläßlich!

Talort und Hüttenzugang siehe oben.
Charakter: Gletschertour, Gipfelfelsen II–.
Der übliche Anstieg: Von der Jenatschhütte auf dem Steiglein zur Moräne rechts des Vadret Calderas und talein in das Becken unter dem Errgletscher. Über Geröll und Platten auf diesen, dann über eine Steilstufe mit Eisbruch in die obere Mulde und nach Norden auf den Firnrücken in 3250 m Höhe. Querung an den Gipfelfuß und über den linken Grat zum höchsten Punkt.

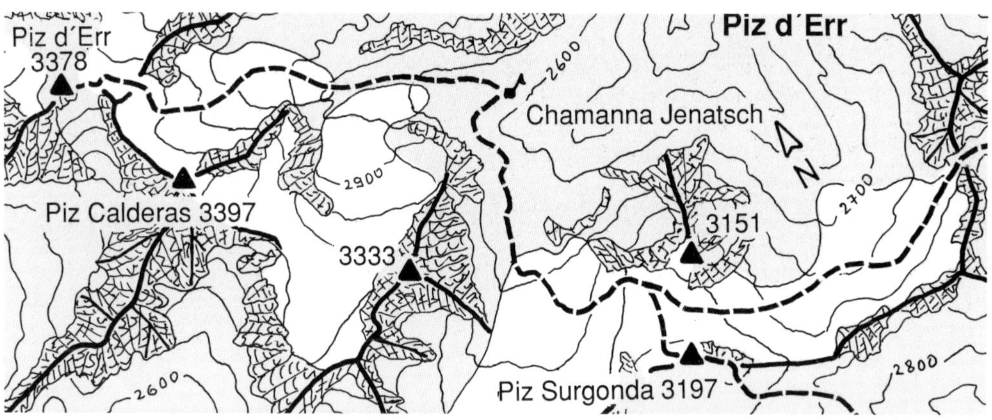

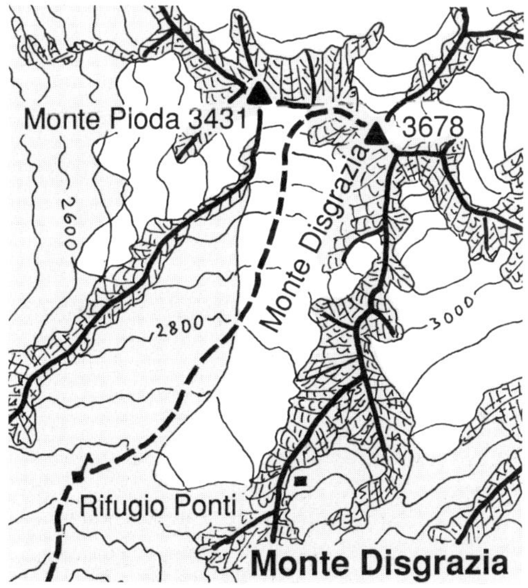

Monte Disgrazia, 3678 m

Abgelegener Hauptgipfel der Bergeller Berge

Aufstiegszeit	Gipfelaufbau	Alternative
1¾ + 4 Std.	Fels- und Schneegrat	keine

Mit nichts läßt sich der Monte Disgrazia vergleichen, ein Berg von vollendeter Form, urgewaltig, wild, unnahbar und mit zerrissenen Gletschern geschmückt. Völlig isoliert ragt er südwestlich der Bernina auf, hängt über einen tief eingescharteten Grat mit dem Monte Sissone über dem Fornobecken zusammen. Der so klangvolle italienische Name bedeutet etwa Berg des Unglücks oder der Ungnade, wozu noch ausgezeichnet der Cassandragletscher paßt. Nur Abergläubische jedoch lassen sich dadurch die Freude an dieser reizvollen Tour verderben. Allenfalls im Veltlin-Unglücksjahr 1987, in dem dieses Buch entstand, hatte der Name seine Berechtigung, denn erst die Summe der Eindrücke geben der Disgrazia-Fahrt das ungewöhnliche Colorit: Die Parklandschaft mit der südländischen Vegetation am Comersee, die Weingärten des Veltlin, die so wild eingeschnittene Valmàsino und die schon arktische Welt in der Gipfelregion. Über den Gletscher von Preda Rossa erreicht der Bergsteiger in der Sella di Pioda (3387 m) den Nordwestgrat, und dort beginnt dann der interessante Teil der Route. Auf der aus Schnee und Fels zusammengesetzten Schneide klettert man noch weit empor. Links schießt die bis zu 500 m hohe Nordwand in die Tiefe, rechts ist zum Glück das Gelände nicht

◁ *Grandiose Bergwelt im Bergell: das Sonnendorf Soglio vor dem Einschnitt der Val Bondasca. Hinten von rechts: Piz Badile, Piz Cengalo, Gemelli, Bondascagletscher und Sciora-Gruppe. Im Moränenbereich Lage der Sciorahütte.*

gar so steil. Hier hängen die Bedingungen ganz wesentlich von der Jahreszeit und damit von der Schneemenge ab. In den auf der Alpensüdseite so schneearmen Sommern der letzten Jahre bestand der Grat fast ganz aus Fels.

Ausgangspunkt: Von Màsino im unteren Veltlin in der Valmàsino bis Cataeggio und weiter auf nun kleiner Straße zum Piano di Preda Rossa (1960 m).
Charakter: Hochalpine Tour, langer Grat in kombiniertem Gelände, Kletterei bis II+, ausgesetzt.
Normalweg: Vom Piano di Preda Rossa erst unmittelbar neben dem Bach, dann links über eine Steilstufe auf die weiten Hänge oberhalb. Über diese empor zum Rifugio Ponti (2559 m, CAI). Im Moränengelände links des Ghiacciaio di Preda Rossa noch ein gutes Stück empor, erst dann auf den Gletscher selbst und gerade nach Norden auf den breiten Sattel Sella di Pioda. Stets in Gratnähe in Fels und Schnee oder auch Eis aufwärts, nur im obersten Teil rechts um einen Felsaufschwung.

Piz Badile, 3308 m

Plattenfestung aus Granit

Aufstiegszeit	Gipfelaufbau	Alternative
3½ + 3 Std.	Felsflanke	Rundtour

Den Namen Badile können nur die Bergeller diesem Berg verliehen haben. Er bedeutet Schaufel, und das paßt exakt zu der leicht nach innen gebogenen Nordostwand von 900 m Höhe. Sie besteht vollkommen aus glatten, ja, wie polierten Platten, die zudem auffallend gewölbt sind. Man denkt automatisch an erstarrte Flüssigkeit. Der erst bei der Alpenfaltung aus tieferen Lagen emporgestiegene Bergellgranit gehört ja zu den ausgesprochen „jungen" Gesteinen. Die Verwitterung formte die glatten Wände, messerscharfen Kanten, mächtigen Blöcke – ein herrliches Betätigungsfeld für die Könner unter den Kletterern!

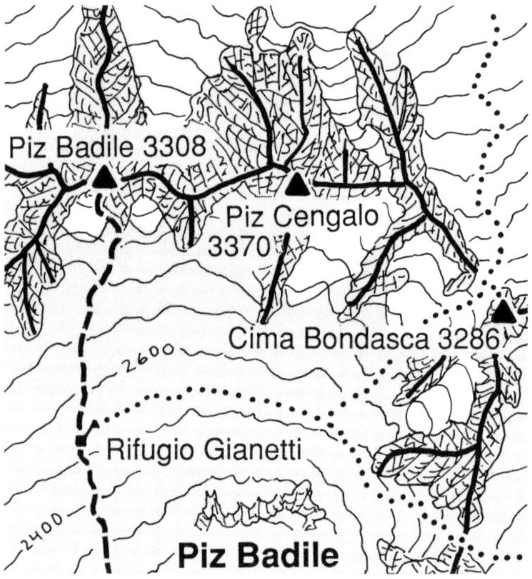

Kein anderes Gebiet in den Ostalpen ist so anspruchsvoll! Und die Badile-Nordostwand gehört ja zu den ganz großen und berühmten Felstouren in den Alpen.
Der „normale" Bergsteiger erreicht den Piz Badile über die von Bändern und Schluchten gegliederte Südwestwand. Die Gianettihütte liegt im Süden im Bereich der Valmàsino, durch die ja auch der Zugang zum Monte Disgrazia führt. Doch, das große Erlebnis – selbst ohne Gipfel – bietet die Bondasca auf der Nordseite mit dem wahrlich einmaligen, eigenwillig-bizarren Zackenkamm der Sciora, dem Piz Cengalo (3370 m) mit seinen 1000-m-Wänden und eben dem Piz Badile. Man kann zur Sciorahütte (2117 m) des SAC hinaufsteigen und die eisverzierte Feldwildnis bestaunen. Ein erfahrener Spalten-Überlister aber gibt sich damit nicht zufrieden, er startet zu einer ganz besonderen Dreitagestour. Der wildzerklüftete – im Spätsommer auch manchmal unbegehbare – Vadret da la Bondasca bietet ihm eine prikkelnde Aufgabe, die Cima Bondasca (3289 m) gibt's als Dreingabe, dann folgt der Abstieg über den Passo di Bondo zur Gianettihütte. Der nächste Tag gehört dann dem Piz Badile, der übernächste dem Gang auf dem Sentiero Roma zur Allievihütte und dem Übergang über den Passo di Zocca ins Albignagebiet. Ein Kurzurteil zu dieser Bergfahrt: Grandios und anspruchsvoll!
„Schreibtisch-Täter" haben eine neue offizielle Alpeneinteilung ausgeklügelt. Dabei wurde das Kunstwort „Berninaalpen" gekürt. Das tut richtig weh! Für jeden Aktiven bleibt der Piz Badile das bekannteste Ziel in den Bergeller Bergen, und die haben mit der Bernina schon überhaupt nichts zu tun!

Talort: Von Màsino im Veltlin durch die eindrucksvolle Valmàsino bis Bagni del Màsino (1172 m).
Charakter: 250 m hohe, zerklüftete Felsflanke, bis II+.
Der Normalanstieg: Vom Bagni auf breitem Weg anfangs durch Wald und immer rechts des Baches empor. Hinter einer Alm auf die andere Talseite und über felsverzierte Mattenhänge zum stattlichen Rifugio Gianetti (2534 m, CAI) in ganz freier Lage. Nun über Geröll, Blockwerk und Schnee nach Norden an den Westgratfuß des Piz Badile. Nach rechts in die Felsen und über Bänder durch Rinnen, Kamine und Schluchten auf den Gipfel. Routenbeschreibung im Führer „Bergell", Bergverlag Rudolf Rother, München.

Piz Bernina, 4049 m

Der Ostalpen-Viertausender

Aufstiegszeit	Gipfelaufbau	Alternative
8 + 1¾ Std.	Firnschneide	Biancograt

Höchster Gipfel, höchstgelegene Hütte und großartigste Gletscherlandschaft der gesamten Ostalpen, dazu als weiterer Superlativ der Biancograt, das Nonplusultra einer Firnschneide – dem Piz Bernina gebührt wahrlich eine der ersten Stellen unter allen Alpenbergen! Wer malerische, wildzerklüftete Eisströme liebt, der wird im sogenannten Buuch des Morteratschgletschers mehr als „verwöhnt". Ja, manchmal gibt es dort zwischen den Riesenspalten überhaupt keinen Durchschlupf mehr. Dann weicht man auf den Fortezzagrat und die Bella-Vista-Terrasse aus, das ist ebenfalls eine Gletscherwelt in ganz großem Stil. In 3600 m Höhe stehen die beiden Marco-e-Rosa-Hüttchen, Superaussichtslogen bei schönem Wetter, tückische Mausefallen bei plötzlichem Wettersturz. Zum Gipfel zieht der Spallagrat hinauf, der bei viel Schnee oft eine messerscharfe Firnschneide über beängstigend hohen Wänden ausbildet. Nein, der Piz Bernina ist auch auf dem Normalweg nie ein gemütlicher Bummel. Noch um eine Stufe höhere Anforderungen stellt die Traumtour aller guten Bergsteiger, der Biancograt, mit einer immerhin gut 400 m hohen Firnschneide von einer Eleganz, wie sie nur der Wind in großen Höhen hervorzaubern kann. Spannender aber noch ist der Übergang vom Piz Bianco (3995 m) über einen scharfen, ungemein ausgesetzten Zackengrat zum Berninagipfel, eine letzte Bewährung für den dort schon müden Gipfelstürmer.

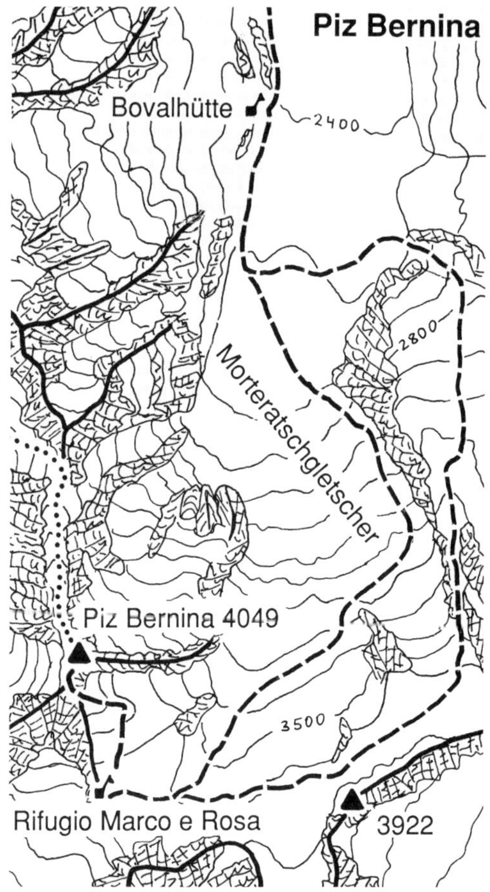

Und etwas ganz anderes: Unsere Gedanken über die alpinen Pioniere haben nur allzuleicht etwas Wohlwollend-Überhebliches. Die Geschichte der Piz-Bernina-Erstbesteigung vermag ein für allemal davon zu kurieren. Johann Coaz und die Brüder Tscharner, echte Engadiner, marschierten am 13. 9. 1850 von den Berninahäusern über den gesamten Morteratschgletscher und erreichten nach genau zwölf Stunden den Gipfel über den Ostgrat. Machen Sie das einmal nach!

Ausgangspunkt: Vom berühmten Oberengadiner Bergsteigerort Pontresina (1805 m) nach Morteratsch (1988 m).
Charakter: Hochtour im Stil der Westalpen, stark zerschründeter Gletscher, am Gipfelgrat kurze Kletterstellen bis II, ausgesetzte Firnschneide.
Normalweg: Von Morteratsch über die Chünetta und die Moräne zur Bovalhütte (2495 m, SAC, 2 Std.) in großartiger Lage. Noch 1 km talein, dann über den Morteratschgletscher ans andere Ufer. Durch Mulden bis in 3200 m Höhe, jetzt waagrecht nach rechts und durch das Spaltengewirr des Buuch in das obere Gletscherbecken. Von dort nach Westen in die Fuorcla Crast Agüzza, hinter der das Rifugio Marco e Rosa (3597 m, CAI) liegt. Oder dorthin von der Isla Persa über den Fortezzagrat (II) auf die Bella-Vista-Terrasse und hinab in das obere Becken (1 Std. weiter). Eine dritte Möglichkeit: Von der Diavolezza (Seilbahn) über den Fortezzagrat; kürzester Anstieg. Zum Gipfel: Von der Hütte über einen Firnhang auf eine Schulter. Auf dem Grat über Schnee und Fels auf La Spalla (4020 m) und über die scharfe Schneide zum höchsten Punkt.
Biancograt: Großzügige, sehr anspruchsvolle und lange Tour von der Tschiervahütte (2573 m, SAC), im Fels bis III, Eiswand von gut 40°, langer Firngrat. Routenbeschreibung im Führer „Berninagruppe", Bergverlag Rudolf Rother, München.

Der Tschiervakessel in der Berninagruppe. Links der Biancograt, über den der Piz Zupo schaut, an seinem Ende der Piz Bernina. In der Bildmitte der Piz Scerscen (3971 m), nach vorne die eindrucksvolle Eisnasen-Route.
▽

◁ *Das berühmte Bild: Piz Palü-Nordwand. Links der vielbestiegene Ostgipfel, in der Mitte der Hauptgipfel, rechts der Piz Spinas.*

Piz Palü, 3905 m

Gotischer Dom und Filmstar

Aufstiegszeit	Gipfelaufbau	Alternative
4 Std.	Eisgrat	Überschreitung

Steigen Sie am Abend doch noch von der Diavolezza auf den „Schnell"dreitausender Munt Pers (3207 m)! In diesem Licht bietet der Piz Palü schon ein faszinierendes Bild. Er zeigt seine 900 m hohe Nordwand mit den drei wie herausgemeißelten Pfeilern – deshalb der beliebte Vergleich mit einem gotischen Dom –, den Eiswänden und den Hängegletschern. Die höchste Schneide bildet eine feine Silberlinie, nur am Westgrat des dritten Gipfels, des Piz Spinas, schaut der Fels hervor. Man kann sich den Gang über des „Messers Schneide" leicht ausmalen, und doch übertrifft die Wirklichkeit alle Erwartungen. Schon der Weg über den morgendlich schattigen Persgletscher mit den Riesenspalten und Eisbrüchen ist ein tiefes Erlebnis, das allenfalls durch die zahlreichen Seilschaften und ihre „Positionskämpfe" gedämpft wird. Dann zieht der Hang steil zur Schulter empor, und der schöne Eisgrat bildet eine Himmelsleiter zum Ostgipfel (3882 m). Auf den Übergang zum wenig höheren Mittelgipfel hat schon mancher verzichtet. Ein Balanceakt im Schnee über diesen Abgründen? Zum Palü, diesem Star unter den Bergen – er hat ja auch schon Filmruhm erlangt –, kommt nämlich auch mancher Unberufene. Die Nähe der Bergbahn trägt wohl ihren Teil dazu bei, die Tour zu unterschätzen. Solides Westalpenkönnen sollte jedoch die Voraussetzung für diesen Gipfel sein. Und den Könner reizt natürlich die Überschreitung und der Abstieg über den Fortezzagrat. Man kann auch über die Bella-Vista-Terrasse den Piz Bernina erreichen.

Talort: Pontresina (1805 m), berühmter Bergsteigerort im Oberengadin.

Charakter: Große Gletschertour, ausgesetzte Firngrate, gefährliche Wächten.

Der Ostanstieg: Von Pontresina mit dem Auto ins Berninatal und mit der großen Seilbahn zur Diavolezza (2973 m, private Hütte). Auf einem Steig östlich um den Piz Trovat in die gleichnamige Fuorcla. Jetzt auf der wohl immer ganz dick ausgetretenen Spur fast eben auf dem Persgletscher zum großen Eisbruch. Zwischen gewaltigen Spalten und Abbrüchen ins obere Becken und über die von Querspalten durchzogenen Hänge zur Schulter. Über eine steile Firnkante auf den Ostgipfel. Erst breiter, dann scharfer Schneegrat zum höchsten Punkt (gefährliche Wächten!).

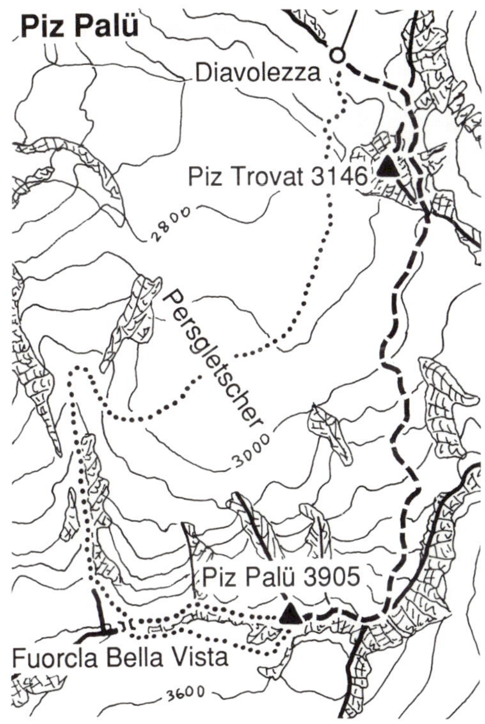

Die Überschreitung: Entweder – einfacher und schneller – beim Hauptgipfel nach Süden hinab auf den Fellariagletscher und hinüber in die Fuorcla Bella Vista (3688) oder über den Firngrat zum Palü-Westgipfel (3823) und dem Zackengrat (II) folgend in die Scharte. Von dort Querung zum Fortezza-Firnrücken. Über ihn und ein paar Felsstufen (bis II) auf den kleinen Fortezzagletscher mit einigen Spalten. Man erreicht die Isla Persa und von dort auf dem üblichen Weg über den Morteratschgletscher, den man unbedingt direkt überqueren muß!, die Bovalhütte. Von dort hinaus nach Morteratsch. Vom Gipfel bis ins Tal mindestens 5 Std.

Monte Cevedale, 3778 m

Der Häuptling der südlichen Ortlergruppe

Aufstiegszeit	Gipfelaufbau	Alternative
2¼ + 2½ Std.	Firnschneide	keine

Vergleiche mit besonders berühmten Vorbildern sind oft nicht nur lächerlich, sie blockieren auch eine echte, klare Vorstellung. So machen weder ein paar Seen aus Holstein noch die steilen Kalkfelsen auf dem Fränkischen Jura eine Schweiz. Auch die immer wieder aufgestellte Behauptung, die Ortlergruppe sei den Westalpen ähnlich, schafft nicht ein charakteristisches, sondern ein falsches Bild! Im Südteil des Gebietes, vor allem rund um den Monte Cevedale und im weiten Becken von Forno beherrschen die Gletscher zwar weitgehend die Landschaft, doch die Felsen bestehen – im

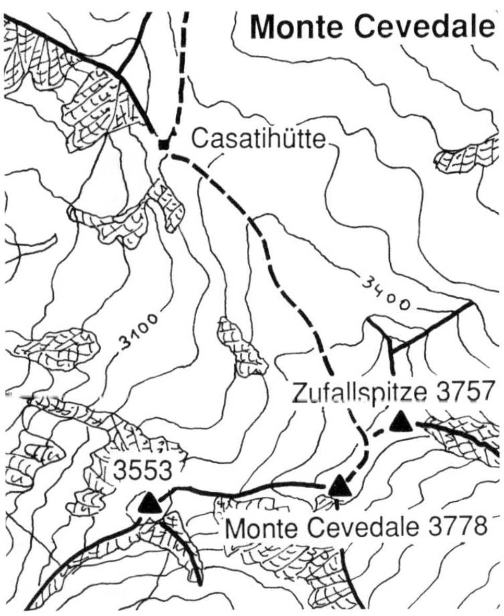

krassen Gegensatz etwa zu den Berner Alpen, dem Wallis und dem Montblanc – aus ausgesprochen morschen und damit stark zerfallenden Gesteinen. Aus dieser Tatsache leitet sich dann zwangsläufig auch der Stil der Touren ab: Hier führen die Gipfelrouten fast ausschließlich über Firn und Eis. Das berühmteste Beispiel liefert unser Cevedale, der zusammen mit seinem Zwilling Zufallspitze an ein breites, weißes Zelt erinnert. Von der Casatihütte aus folgt man einem sanften, sehr breiten Gletscherrücken, von dem der Blick hindernislos in drei Richtungen schweift, doch immer wieder an der so hohen und kecken Königspitze hängen bleibt. Erst ganz am Schluß wird die Sache etwas alpiner; ein Schrund und ein steiler Hang bilden den Zugang zum Grat, eine Firnschneide führt auf den höchsten, seine Umgebung weit überragenden Gipfel. Es gibt wenige Berge dieser Höhe, die sich ähnlich schnell und leicht erreichen lassen. Gefährlich wird die Tour nur bei Sturm oder einem Schlechtwettereinbruch.

Talort und Zugang zur Casatihütte (3269 m) siehe Königspitze.
Charakter: Wanderung über weite Gletscherflächen, gefährliche Spalten auf dem Suldenferner.
Die Route: Von der Casatihütte auf stets dicker Spur auf Gletscherrücken und durch -mulden unter den Gipfelgrat. Rechts über den Schrund und über den kurzen Hang von etwa 30° Neigung auf den Grat und nach Südwesten auf den Gipfel.

Ortler, 3899 m

„Der höchste Spiz im Land Tyrol"

Aufstiegszeit	Gipfelaufbau	Alternative
2½ + 3½ Std.	Eishänge	Hintergrat

1774 wurde durch die Vermessungsarbeiten von Peter Anich der Großglockner als höchster Berg Österreichs entthront. Ortler hieß der neue Herrscher. Der von den Bergen begeisterte Erzherzog Johann gab den Auftrag zur Erstbesteigung. Doch erst 1804 gelang Josef Pichler, genannt der Pseyrer Josele, und zwei Gamsjägern der große Wurf. Ohne Pickel und Steigeisen durchstiegen sie die von bis zu 50° steilen Eisfeldern durchsetzten Hinteren Wandl – und das als Tagestour von Trafoi (1548 m) aus. Welcher Ortler-Gipfelstürmer von heute wäre zu dieser Leistung fähig?
Es gibt ein Ortler-Standardbild: Eine makellose, fast unwirklich hohe Eiskalotte über dunstigen Tälern. Zeigt man den Bergsteigern Fotos der anderen Seiten dieses ja kilometerbreiten Massivs, dann werden sie bei den zerborstenen, von langen Graten und steilen Rippen gestützten Wänden kaum den Ortler wiedererkennen. Und nochmals einen ganz neuen Eindruck gewinnt man bei seiner „persönlichen Bekanntschaft", etwa bei den Hüttenzugängen vom Langenstein aus. Dort beherrschen die Schuttmassen das Bild, selbst die Gletscherzungen verschwinden völlig unter dem Geröll. Der dolomithaltige Ortlerkalk ist nämlich extrem brüchig, er zerfällt zu reinstem Split. Auf den beiden üblichen Routen hat man zum Glück kaum darunter zu leiden, dort ist der Fels abgetreten, und zudem führen die Anstiege lange Strecken über Eis. Beim Weg von der Payerhütte wandert man über Gletscherflächen, die von einigen steilen Stufen gegliedert sind, durch eine große, eindrucksvolle Eislandschaft mit Riesenklüften und Abbrüchen. Dazu kommt ein herrlich freier Blick nach Norden. Eine völlig andere Landschaft zeigt der Hintergrat, hier sind die feinen Firnschneiden über hohen Abbrüchen das Charakteristische. So bringt eine Ortler-Überschreitung fast gegensätzliche Eindrücke.

Derartig grandiose Eisbrüche gibt es im Berninagebiet; in der Ortlergruppe ist vor allem der Suldenferner stark schuttbeladen. ▷

Talort: Sulden (1848 m), sehr beliebter Bergsteigerort mit eindrucksvollem Panorama.
Charakter: Dank der Sicherungen im Fels ohne Probleme, Gletscherhänge bis 35°, stark dem Wind ausgesetzt.
Normalweg: Von Sulden mit dem Lift auf den Langenstein (2330 m), Querung ins schuttgefüllte Marlttal unter der düster-beeindruckenden, 1200 m hohen Ortler-Nordwand und hinauf zur Tabarettahütte (2555 m, privat). Auf dem ordentlichen Steig durch die zerborstenen Hänge in die Bärenkopfscharte und längs des Grates zur Payerhütte (3020 m, CAI) in grandioser Lage. Rechts um die Tabarettaspitze in den Sattel über der Hohen Eisrinne und durch die gut gesicherten Felsen des Tschirfecks auf den Oberen Ortlerferner. Der stets dicken Spur folgend durchs Bärenloch zum Grat beim Lombardi-Biwak und über die weiten Gletscherflächen – in der Mitte eine Steilstufe – zum ganz kurzen Gipfelgrat.

◁ *Überschreitung des Biancogrates. Die Bergsteiger sind am Ende des Felsgrates, wo die berühmte Eisschneide beginnt.*

Hintergrat: Vom Langenstein zur Hintergrathütte (2661 m, privat, 1 Std.). Über Moränen, Schutt, Schneehänge und eine Rippe auf den Oberen Knott. Nun dem ausgeprägten, noch langen Grat folgend über Firn und Fels (bis II, ausgesetzt) auf den Gipfel. Aufstiegszeit ab Hütte 5 Std. Abstieg über die Payerhütte.

Königspitze, 3859 m

Gewaltiger Berg von echter Eleganz

Aufstiegszeit	Gipfelaufbau	Abstieg
2¼ + 4 Std.	steile Firnhänge	Cedecpaß

Wahrlich ein königlicher Berg! Den aufregendsten Anblick bietet die Nordwand an einem klaren Morgen, wenn die Sonne ganz schräg in die 600 m hohe Flanke fällt, die graubraunen Felspfeiler, die vielen Riffel in steilstem Eis – bis zu 60° – so plastisch herausmodelliert, und die überdimensionale Gipfelwächte, treffend als Schaumrolle bezeichnet, einen langen Schatten wirft. Und dieser halbrunde Berg mit seiner Königswand steht so richtig in Positur über dem als Ausflugsziel ungemein beliebten Tal von Sulden. Derartig auffallende Gipfel mit berühmten Namen heizen auch immer die menschlichen Emotionen an! Seit bald hundert Jahren streitet man sich, ob bereits 1854 der damals erst zwanzigjährige Geistliche Stefan Steinberger in einem Gewaltmarsch vom Stilfserjoch aus wirklich den Gipfel erstmalig bestieg oder ob es sich hier mehr um „Bergsteiger-Latein“ handelt. Wahrlich ein Problem von gewaltiger Bedeutung! Oder man feierte 1930 die Erstbegehung der Nordwand als großen Triumph, obwohl schon 1881 (!) Minnigerode mit seinen einheimischen Führern durch den linken Teil der Flanke gestiegen war. Und unter den zahlreichen Gipfelstürmern unserer Zeit gibt es nur allzu viele, die die Rast auf dem höchsten Punkt überhaupt nicht genießen können. Die Angst vor dem Abstieg zerrt allzu sehr an ihren Nerven. Es ist schon ein steiler Hang dort oben auf dem hohen, gewölbten Grat! Bei tiefen Stapfen in griffigem Firn geht's ja noch recht gut, doch die Stürme und eine pralle Südlage sorgen häufig für ein Ausapern. Blankes Eis bis 40° Neigung in ausgesetztem Gelände – nur ein wirklich erfahrener Steigeisen-Geher beherrscht das mit ruhiger Sicherheit. Gehören Sie dazu?

Foto der folgenden Doppelseite: Die zentrale Ortlergruppe mit der Königspitze und ihrer berühmten Nordwand, rechts Monte Zebru. ▷

Talort: Sulden (1848 m), sehr beliebter Bergsteigerort mit eindrucksvollem Panorama.

Charakter: Hoher, bis zu 40° steiler Südrücken, bei hartem Schnee oder gar Eis gefährlich.

Die Route: Von Sulden mit der Seilbahn zur Bergstation (2600 m) oberhalb der Schaubachhütte. Hinüber zum nahen Suldenferner und nach Süden durch spaltenreiche Mulden aufwärts, dann nach links in den Eisseepaß (3141 m). Drüben nur noch mäßig steigend zur Casatihütte (3269 m, CAI). Über den Geröllhang nach Westen hinab ins Kar und auf dem Cedecferner unter Schrötterhorn und Kreilspitze hindurch an den Fuß der Königspitze. Nun nicht ins Königsjoch, sondern links durch eine Rinne in Firn oder Fels auf die Untere Schulter. Gerade über den steilen Firnhang auf die Obere Schulter und auf dem Schneegrat zum Gipfel. Abstieg: Vom Südfuß der Kreilspitze 180 Höhenmeter Gegenanstieg in den Cedecpaß (3233 m) und drüben auf dem sehr spaltenreichen Suldenferner hinab zur Schaubachhütte.

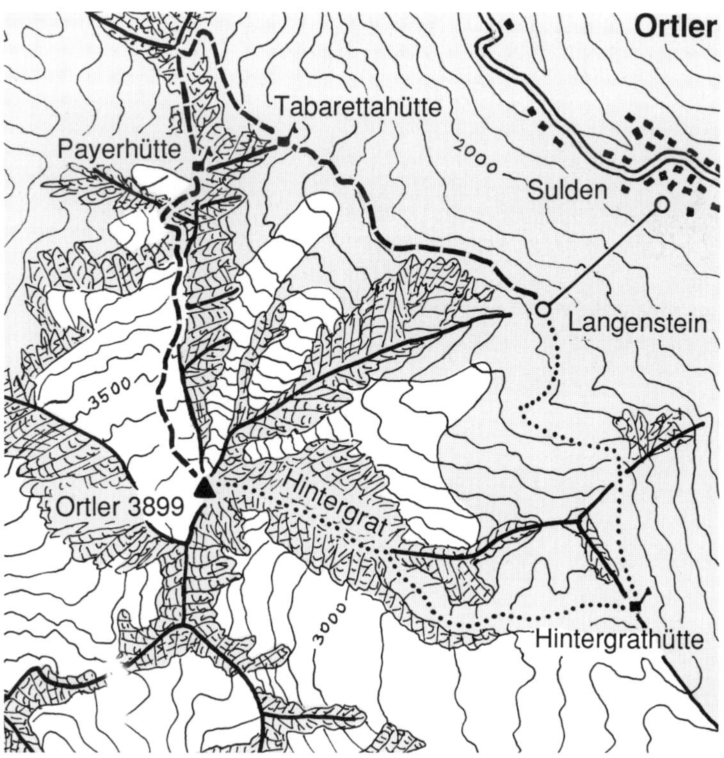

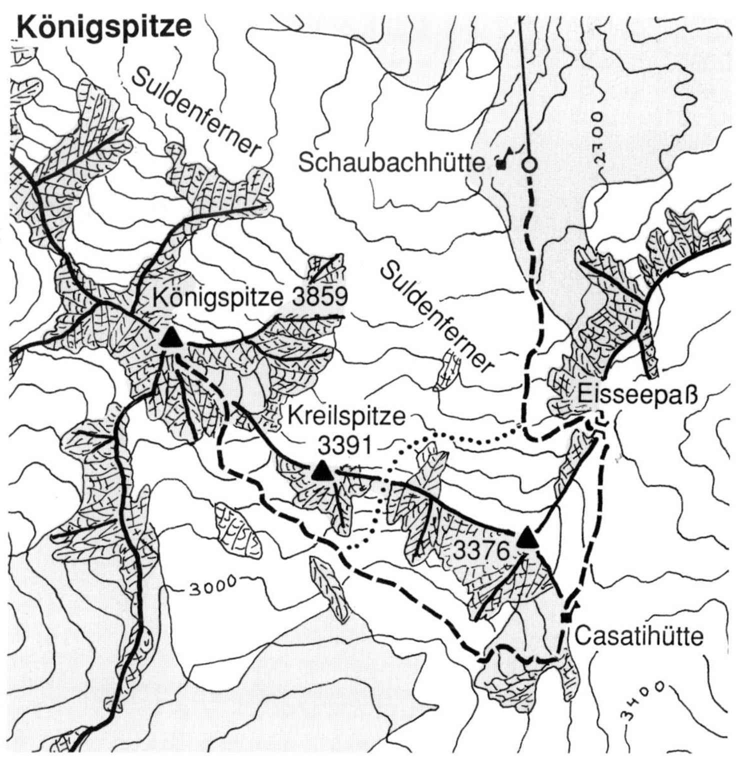

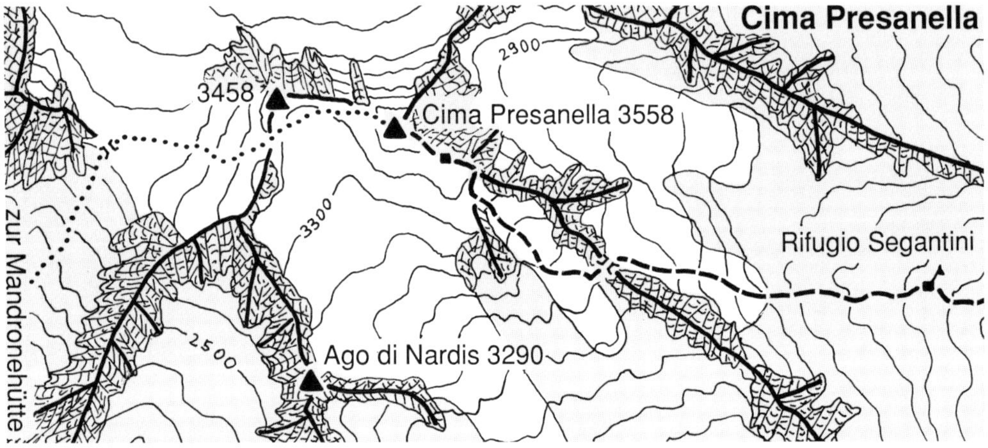

Cima Presanella, 3558 m

Der Eisberg unter südlicher Sonne

Aufstiegszeit	Gipfelaufbau	Abstieg
1½ + 4½ Std.	Felsrippe	Mandronehütte

In jeder Beziehung übertrifft die Cima Presanella den benachbarten Monte Adamello. Und wenn dieser bei den Bergsteigern trotzdem bekannter ist, gehört das zu den so häufigen, nicht erklärbaren Vorurteilen. Die gemeinsame, im linken Teil aus glattem Steileis, im rechten Teil aus eisverziertem Fels aufgebaute Nordwand von Presanella und Cima di Vermiglio bewundern die Autofahrer auf der Tonale-Paßstraße. Den Bergsteigern imponieren die ausgesprochen wild gezackten Nachbarberge wie die Cima d'Amola (3269 m) oder der Ago di Nardis (3290 m). Die Ähnlichkeit mit manchen Montblanctürmen ist dabei kein Zufall. Der helle Tonalit – nach dem Tonale benannt – gehört wie der Granit zu den Tiefengesteinen. Er zerfällt bei der Verwitterung zu gewaltigen scharfkantigen Quadern und schafft damit die bizarren Felsgestalten. Bei dem so abweisenden Anblick der Cima Presanella rechnet wohl jeder mit einer schwierigen Tour. In Wirklichkeit stellt einen der Anstieg vor keine ernsten Probleme, ja, man kann den Gipfel in idealer Weise überschreiten, um dann am nächsten Tag noch den Adamello zu besteigen. Genießer hängen zwei weitere Tage an und überqueren von der Lobbiahütte aus noch den Carè Alto (3462 m) und lernen so weite Teile der Adamello-Presanella-Gruppe recht gut kennen. Aber auch der Normalweg von der Segantinihütte bringt für sich allein

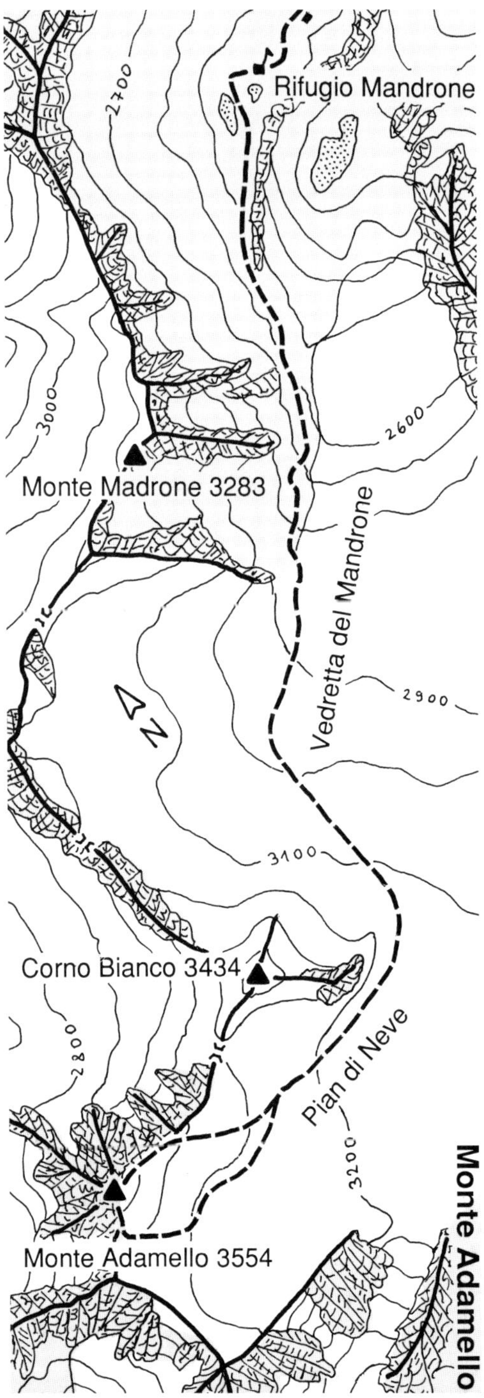

ein rundes Erlebnis. Viele schwärmen vom Blick auf die Brenta, sie zeigt sich am Morgen als kilometerlanger Scherenschnitt; und die Gipfelroute mit Gletschern, Fels, Firn und den immer umfassenderen Ausblicken sorgt für stete Abwechslung und Spannung.

Ausgangspunkt: Zwischen Madonna di Campiglio und Pinzolo Abzweigung einer Straße in die Val Nambrone.
Charakter: Hochtour über zwei Gletscher und teilweise brüchiges Felsgelände, I.
Normalweg: Mit dem Auto auf der Werksstraße noch in die Val d' Amola, dann auf dem guten Weg zum Rifugio Segantini (2373 m, CAI). Nach Westen über Moränen und Blockwerk zu den Resten des südlichen Amolagletschers und über einen steilen, oft eisigen Hang in die Bocchetta di Monte Nero. Über steile, zerborstene Felsen mit Hilfe von Sicherungen hinab auf den schmalen, östlichen Nardisgletscher. Hinüber zum Presanella-Südostgrat und über ihn – am Bivacco Orobica vorbei – zum Gipfel.
Abstieg zur Mandronehütte: Über den Firngrat (Wächten) in den folgenden Sattel und südlich unter der Cima di Vermiglio hindurch in die Sella di Freshfield. Jetzt nach Westen rasch abwärts über den Gletscher (Schründe) zum Passo di Cercen und weiter nach Süden über hohe, steile Hänge bis in 2250 m Höhe. Schließlich lange Querung zur Hütte (siehe Monte Adamello). Vom Gipfel ca. 4 Std.

Monte Adamello, 3554 m

Eine weite Gletscherwanderung

Aufstiegszeit	Gipfelaufbau	Alternative
2½ + 5 Std.	Gletscherhänge	keine

Mit dem Wort Adamello erschöpft sich bei vielen das Wissen über das südlichste Gletschergebiet der Ostalpen. Wie schaut diese Landschaft aus? Dazu gibt es nur eine Kurzantwort: vielgestaltig. Wir wollen drei typische Elemente herausgreifen. Erstens: die wilden, oft fast unberührten Täler. Wir lernen bei unserer Tour die Val Gènova kennen, die ihren Charakter von Felskanten, mächtigen Blöcken und reißenden Bächen erhält und deren besonderer Schmuck die Wasserfälle sind, etwa jener von Pedone, von Làres, vor allem aber der so wasserreiche, mehrstufige Fall von Nardis, auf den wir schon drei Kilometer oberhalb von Carisolo treffen. Zweitens: die absolute Ursprünglichkeit. Die von Felsabstürzen und Bachschluchten zergliederten Hänge überziehen noch echte Urwälder; manches fast unzugängliche Hochtal, manches Kar wird kaum je betreten. Hier gibt es dafür ganz andere Bewohner – die Adamello-Bären. Dies dürfte die einzige Alpenregion sein, in der die Braunbären in freier Wildbahn überlebten, und das, obwohl im Ersten Weltkrieg die Front vom Carè Alto quer durch die Val Gènova führte. Drittens: die hohen Gipfel, zu denen oft zwei geradezu gegensätzliche „Gesichter" gehören. Das beste Beispiel liefert hier der Monte Adamello selbst. Riesige Gletscher bedecken die Ostflanke, ja, in 3100 bis 3200 m Höhe erstreckt sich sogar eine kilometerweite, teilweise ebene Schneefläche, der Pian di Neve. Deshalb könnte man die Route von der Mandronehütte etwa so charakterisieren: Wanderung über teilweise spaltige, aber meist sanfte und sehr weite Firnflächen. Doch eben dieser Gipfel bricht nach Norden und Westen mit auffallend dunklen, bis zu 700 m hohen Steilwänden ab.

Die weiten Gletscherflächen zwischen Pian di Neve und dem Gipfel des Monte Adamello. ▽

Ausgangspunkt: Von Pinzolo durch die einsame Val Gènova 17 km bis zum Rifugio Bèdole (1641 m).
Charakter: Langer, meist flacher Gletscheranstieg.
Die übliche Route: Vom Parkplatz erst nach Norden in vielen Kehren auf ehemaligen Kriegswegen über die erste steile Geländestufe. Dann immer schräg durch die Hänge empor zum Rifugio Mandrone (Rifugio Citta di Trento, 2449 m, CAI). Durch die Hänge nach Süden und im Moränengelände immer rechts des Vedretta del Mandrone aufwärts. Oberhalb der Gletscher-Steilstufe dann über die weiten Firnböden links um den Corno Bianco herum und entweder gleich über den Monte Falcone und den überfirnten Ostgrat auf den Gipfel oder dorthin flacher über den Südwestrücken.

Wildspitze, 3768 m

Der höchste Berg in Nordtirol

Aufstiegszeit	Gipfelaufbau	Alternative
1½ + 3½ Std.	Firngrat	Taschachferner

Die Wildspitze besteigt man fast immer von Westen, wo sie mit ihren beiden gleichhohen Firngipfeln an ein Zelt erinnert. „Man" können hier viele, sehr viele sein; der Hauptgipfel der Ötztaler Alpen, ja von ganz Nordtirol gilt eben etwas bei den Gletscher-Bergsteigern! Die meisten gehen den kürzesten Weg über die Breslauer Hütte. Bei gutem Schnee paßt das Prädikat „einfach", bei blankem Eis am Schartenhang des Mitterkarjochs – reine Südseite – und am etwas ausgesetzten Gipfelgrat werden die Steigeisen zum wichtigen Freund und Helfer. Doch irgendwie fehlt dieser Route das Packende, das Grandiose, sie wirkt eher nüchtern-zweckmäßig.
Da hinterläßt das Bild Taschachferner und Wildspitze schon einen ganz anderen Eindruck, es würde durchaus zu den großen Eisregionen der Westalpen passen! Steile Wände, breite Spalten, gewaltige Brüche schaffen eine faszinierende Gletscherlandschaft. Bei der Route über die Petersenspitze kann sie der gute Bergsteiger selbst kennenlernen. Das Nacheinander von spaltenreichen Hängen, Gletscherböden, Eiskuppen, schmalen Firngraten, der Charakter, die Länge der Tour, die Höhe der Berge schaffen eine wirklich große Bergfahrt. Wer sie souverän meistert, Freude statt Angst empfindet, sich am Schluß nicht mühevoll zum Wildspitz-Gipfel hinaufschleppt, der ist auch für mittlere Westalpenziele reif.

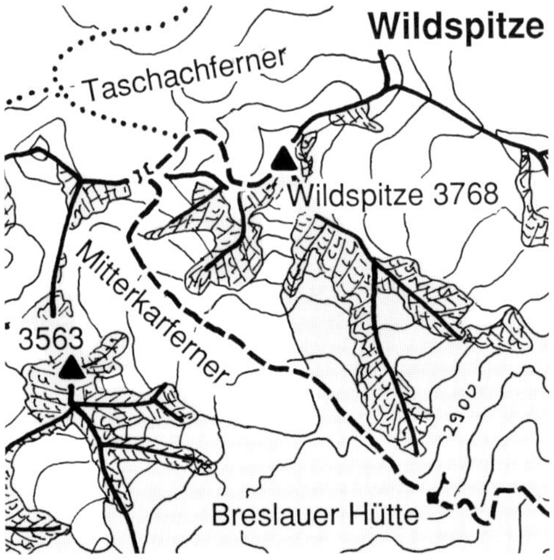

Talort: Vent (1895 m), Bergsteigerort im innersten Ötztal.
Charakter: Hochtour, meist ohne Probleme, zwei steilere Passagen, sehr beliebt.
Die übliche Route: Von Vent mit dem Sessellift zur Bergstation und auf dem breiten Hüttenweg über meist begrünte Hänge zur Breslauer Hütte (2844 m, DAV). Im Block- und Moränengelände auf den Mitterkarferner und durch seine sanften Mulden unter das Mitterkarjoch (3470 m). Steil (im Spätsommer auch aperes Eis) in den Sattel empor. Auf dem obersten Taschachferner nördlich um die erste Steilstufe und durch ein Bekken zum Westgrat. Über ihn auf Schnee, evtl. auch auf Eis oder über Fels zum Gipfelkreuz.
Petersen-Anstieg: Vom Taschachhaus (2432 m, DAV, 2 Std. ab Mittelberg im Pitztal) erst auf einem Steig, dann über Gletscherflächen mit Spalten zum Urkundsattel und weiter ins Taschachjoch. Über breite Rücken und einen schärferen Grat stets im Firn auf die ***Petersenspitze*** (3482 m). Kurz hinab und zwei Kilometer fast eben zum üblichen Wildspitzanstieg. 5 Std. ab Taschachhaus, keine technischen Schwierigkeiten.

Weißkugel, 3738 m

Eisgipfel über kilometerlangen Gletschern

Aufstiegszeit	Gipfelaufbau	Alternative
¾ + 4½ Std.	Firngrat	Langtaufers

Die meisten Alpinisten schaffen in sich Bilder und Vorstellungen bekannter, begehrenswerter Berge und sind dann manchmal erstaunt, daß die wirklichen Eindrücke ganz anders ausfallen. Die Weißkugel gehört zu den typischen Beispielen. Ihre Nordseite ist das besondere Glanzstück; sie zeigt sich als steile, 500 m hohe Pyramide mit glatten Eiswänden und einer schnurgeraden, Licht und Schatten trennenden Kante. Ein gewaltiger, eleganter, unnahbarer Berg! So kennt sie jeder – aus einem ganz einfachen Grund: Nur aus diesem Blickwinkel ist die Weißkugel wirklich fotogen und nur diese Aufnahmen werden gedruckt. Bei diesem Bild ahnt niemand auch nur das mindeste des eigentlichen Problems: Die Anstiege führen über weite, ja ewig weite Gletscherflächen. Wer je an einem warmen Sonnentag bei weichem Schnee über den Hintereisferner talaus gewandert ist, wird den Begriff „Gletscherschleiche" nie wieder vergessen. Acht Kilometer meist auf flachen Böden erscheinen endlos, werden zur echten Tortur. Deshalb kann man für die Weißkugel eigentlich nur die Südtiroler Routen empfehlen. Durch das Schnalstal und mit Hilfe der Seilbahn erreicht man die „Schöne Aussicht" mühelos durch einen Abstiegsbummel. Von dort führt die kürzeste Route zum Gipfel. Sie ist unkompliziert und allenfalls ein großer Schrund unter dem Hintereisjoch und die letzten ausgesetzten Felsmeter sorgen für ein wenig Kitzel und Aufregung. Mit den eindrucksvollsten Bildern von zerklüfteten Gletschern geradezu gefüttert wird hingegen der Bergsteiger auf dem Langtaufererferner; das macht diese zwar ebenfalls flache und langgestreckte Route doch spannend und abwechslungsreich.

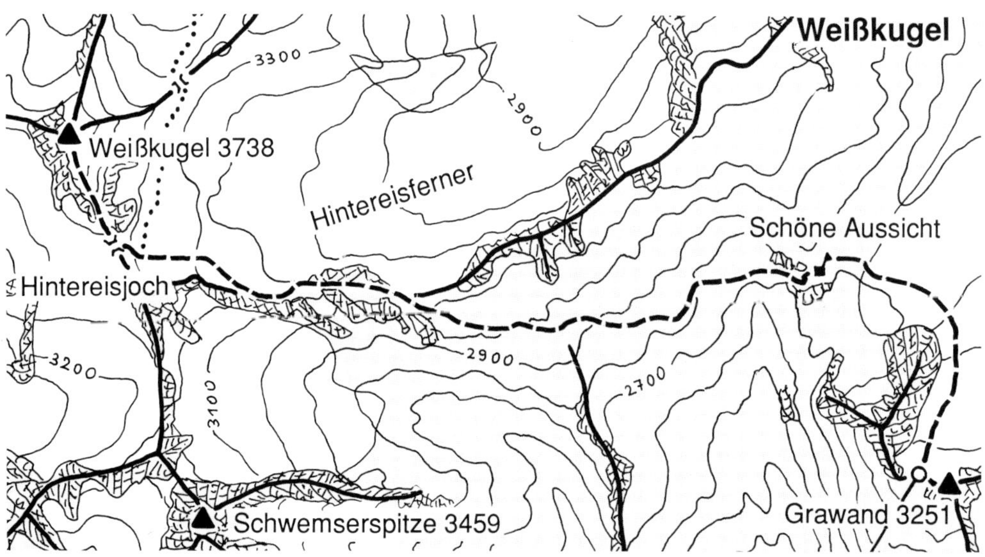

Blick von Nordosten auf die Cima Presanella und die Cima di Vermiglio, darunter der Presanellagletscher, hinten ganz klein der Monte Adamello über dem Vedretta del Mandrone. ▷

Ausgangspunkt: Aus dem Vinschgau durch das Schnalstal nach Kurzras (2004 m).
Charakter: Bergfahrt in großer Höhe, kurze Gletscherbegehung mit Spalten und Schrund.
Die Route: Mit der Seilbahn zur Grawand und Gletscherabstieg zur privaten Hütte Schöne Aussicht (2842 m). Nach Westen kurz abwärts, dann auf einem Steiglein durch Mulden und über Böden, schließlich steiler auf den Kamm beim Teufelsegg. Auf ihm ein Stück empor, dann rechts ins oberste Becken des Hintereisferners. Über den Schrund und steil ins Hintereisjoch (3460 m). Über eine Firnstufe, anschließend auf dem breiten Schneerücken zum Südgipfel und ganz kurz im ausgesetzten Fels (I+) zum Kreuz hinüber.
Von Langtaufers: Von Melag in gut 2 Std. zur Weißkugelhütte (2544 m, CAI). Stets auf der linken Seite in einem weiten Bogen über den spaltenreichen Langtaufererferner ins Weißkugeljoch. Querung unter das Hintereisjoch und weiter wie oben. Von der Hütte mindestens 5 Std.

Watzespitze, 3532 m

Kaunergrat-Felsberg mit Steilgletscher

Aufstiegszeit	Gipfelaufbau	Alternative
3½ + 2½ Std.	Felsgrat	keine

In den Zentralalpen zwischen Rhein und Großglockner fallen immer wieder einzelne Gipfel durch ihre mächtigen, wilden Felsaufbauten ins Auge wie die Wilde Leck, der Turnerkamp, der Große Eichham... Doch einen Kaunergrat gibt's nur einmal! Auf zwanzig Kilometer Länge steht hier ein gewaltiger, sehr individuell geformter Felsberg hinter dem anderen. Zehn Gipfel stechen besonders hervor und werden dennoch von einem elften, eben der Watzespitze, ganz weit und auffallend überragt. Ihre Prunkseite stellt sie über dem Plangeroßtal so richtig zur Schau, um die Ankommenden gleich in Begeisterung – oder Angst? – zu versetzen. Zwei gewaltige Felspfeiler rahmen den Steilgletscher mit seinen Abbrüchen ein. Dort muß man sich einen Weg suchen, Steilstufen überlisten, sich zwischen den Spalten hindurchschlängeln. Eine eindrucksvolle, spannende Route! Klar, daß hier eine solide Schneedecke hilfreich ist, der Frühsommer eher gute Bedingungen bietet als der Herbst, zumal die so hoch gelegene Kaunergrathütte schon im September ihre „Fensterläden schließt". Die Watze gehört zu den wenigen Bergen, die im Lauf der Jahre schwieriger geworden sind. Die einstige Mächtigkeit des Gletschers glich die Stufen besser aus! Sonst wäre es wohl auch Alois Ennemooser 1869 nicht gelungen dort emporzusteigen. Diese Tour war ein Husarenstück zum Schmunzeln in der alpinen Erstersteigungsgeschichte. Vom Kuraten und Ötztaler-Erschließer Franz Senn lediglich zur Erkundung ausgeschickt, stieg er – ganz alleine – gleich bis zum Gipfel hinauf. Neider zweifelten die Tour auch prompt an (zu Unrecht!). Außerdem betonte man damals noch sehr die „erste touristische Besteigung". Ja, die menschlichen Schwächen trieben schon immer die eigenartigsten Blüten!

Talort: Plangeroß (1612 m) im obersten Pitztal.

Charakter: Anspruchsvolle, hochalpine Bergfahrt, zerrissener Steilgletscher, im Fels bis II.

Große Gletscherwelt in den Ötztaler Alpen mit dem Marzellferner und der Hinteren Schwärze; schräg von rechts die Aufstiegsrampe. Links vorne die Mutmalspitze, ein schöner, großer, aber selten bestiegener Berg.

▽

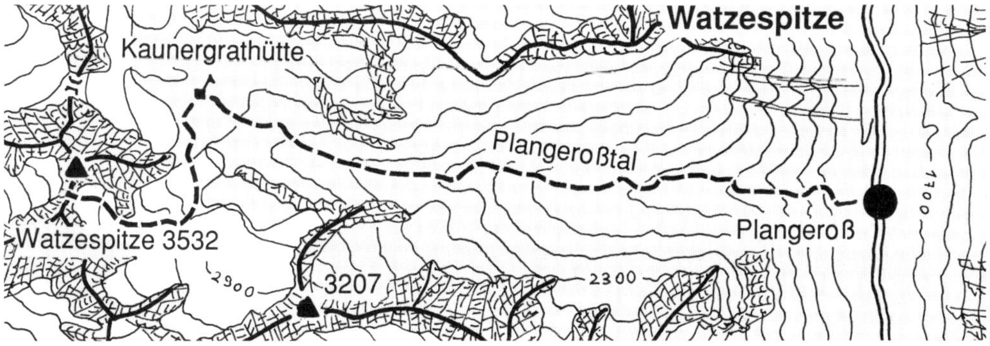

Die Route: Unterhalb der Häuser über die Pitze. Über eine bewaldete Steilstufe, dann im schüsselförmigen Tal zur zweiten Stufe. Oberhalb im Moränengelände etwas nach rechts zur Kaunergrathütte (2817 m, ÖAV). Leicht abwärts nach Süden über Schutt und Schnee zum südlichen Ast des Steilgletschers. Von links über die erste zerrissene Stufe. Nach dem folgenden Becken am linken Rand über die sehr steilen, ebenfalls spaltenreichen Hänge in die oberste Mulde. Über den Bergschrund und steil auf Schnee oder plattigem Gestein in die tiefe Gratlücke. Über den Südgrat noch genau 100 Höhenmeter im Fels auf den Gipfel.

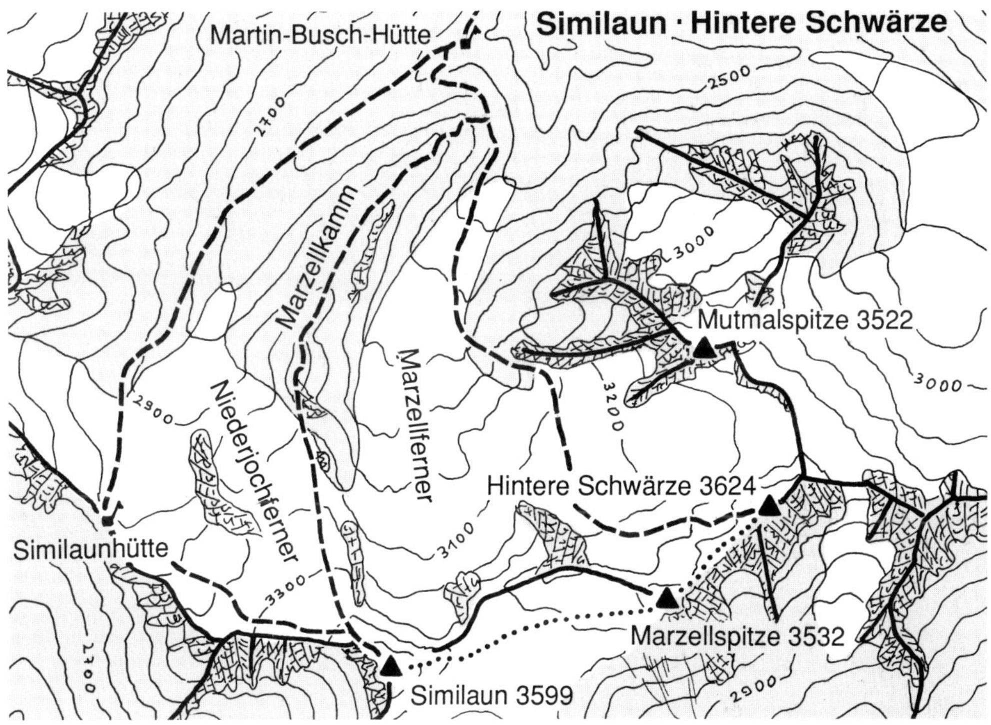

Hintere Schwärze, 3624 m

Großer, wenig bekannter Eisberg

Aufstiegszeit	Gipfelaufbau	weitere Gipfel
2¼ + 4½ Std.	Firnhänge	Similaun

Zu den Nachbarbergen Similaun und Hintere Schwärze startet man nicht nur von der gleichen Hütte, der Kräftige und Erfahrene besteigt sogar beide an einem Tag. Das wird dann zu einer Tour, die schon an die Westalpen erinnert! Man wandert über drei verschiedene Gletscher und turnt über einen spannenden Grat, der – je nach Jahreszeit – mehr oder weniger kühn mit Schnee verziert ist. Und dann muß man schon etwas können, um schnell und sicher von der Stelle zu kommen. Auf der üblichen Route hingegen erreicht man die Hintere Schwärze doch leichter als erwartet, nur während der letzten 15 Minuten wird das Gelände steil, und auf dem kurzen Gipfelgrat hat das Ausgesetzte schon manchem das Fürchten gelehrt. Sie ist außerdem der Hauptgipfel im östlichen Teil der Ötztaler Alpen, ein ausgesprochen schöner und interessant geformter Berg. Vor allem von Osten zeigt er sich als ganz feine Spitze mit steilster Felsflanke nach Süden und mit einer 300 m hohen Eiswand im Norden. Trotzdem ist die Hintere Schwärze den Bergsteigern ungleich weniger bekannt als der Similaun; das sorgt aber auch für mehr Ruhe auf den Wegen und am Gipfel.

Talort und Zugang zur Martin-Busch-Hütte siehe Similaun.

Charakter: Große Gletschertour, Spalten; nur ein kurzer, aber ausgesetzter Gipfelaufbau.

Die übliche Route: Von der Martin-Busch-Hütte noch drei Minuten talein, dann links über den Bach, auf einem Weg um den Rücken des Marzellkammes und kurz hinab auf die Zunge des Marzellferners. 200 Höhenmeter auf ihr empor, dann vom Ostufer über steile Geröll- oder Schneehänge auf den flachen Gletscherboden westlich der Mutmalspitze. Nur mäßig steigend quer über den Eisstrom auf die Marzellspitzen zu und auf der markanten Gletscherrampe nach Osten empor. Über einen kurzen Steilhang auf den Grat und nach links über Felsen auf den Gipfel.

Große Rundtour: Wie beim Similaun beschrieben über den Marzellkamm auf dessen Gipfel. Meist im Schnee steil über den Osthang hinab, dann über den anfangs ebenen Grafferner auf die ***Mittlere Marzellspitze*** (3532 m). Stets dem scharfen Grat folgend über Fels (bis II) und Firnschneiden, die unbedeutende Östliche Marzellspitze (3550 m) überschreitend, auf die Hintere Schwärze. Von Gipfel zu Gipfel je nach Verhältnissen 3 bis 4 Std.

Similaun, 3599 m

Eisdom für jedermann?

Aufstiegszeit	Gipfelaufbau	Abstieg
2¼ + 3½ Std.	Firnschneide	Niederjoch

Das Aussehen des Similauns und die Tour zu diesem hohen Eisdom zeigen so recht das Typische in den Zentralalpen

Österreichs. Am besten läßt es sich vielleicht an meiner gut dreißigjährigen „persönlichen Bekanntschaft" erklären. So war die 400 m hohe, makellos weiße Nordostflanke einst das Ideal einer Eiswand. Inzwischen sind häßliche Felsinseln ausgeapert – Veränderung und Vergänglichkeit der „ewigen Berge"! Wieviel Schönheit geht verloren, wenn das Eis auf den Graten und in den Wänden verschwindet und einem meist ungemein morschen Fels Platz macht! Doch eine andere Eigenschaft hoher Firnberge blieb dem Similaun erhalten: die so unterschiedlichen Bedingungen. Die Route von der Similaunhütte über die Flächen des Niederjochferners war meine erste Tour zu einem hohen Gipfel; verblüffend einfach und mühelos ließ er sich über den Westgrat „erstapfen". Zwanzig Jahre später bummelten wir vom Marzellkamm kommend über das weite Gletscherdach mit dem so hindernislosen Blick nach Westen wieder einmal zur Schulter am Similaun hinauf. Wir waren fröhlich und unbeschwert im Bewußtsein einer Tour ohne Probleme. Doch nach dem ersten Knick im Gipfelgrat ging schlagartig der Spaß in eine ernste, ja heikle Aufgabe über. Die Schneide war an diesem Tag wirklich messerscharf, bestand aus blankem Eis, auf das der Wind die kühnsten Verzierungen gezaubert hatte. Bis zur Dicke eines halben Meters klebte zu den wunderlichsten Figuren geformter Neuschnee auf dem Eisgrat – Meisterarbeit eines Zukkerbäckers. Da empfindet man das Ausgesetzte plötzlich so stark, links die wilde Nordostwand, rechts steilste Hänge...

Talort: Vent (1895 m), Bergsteigerort im innersten Ötztal.
Charakter: Weitgehend problemlose Gletschertour, Gipfelgrat ausgesetzt, manchmal schmal und scharf.
Über den Marzellkamm: Am Ortsende von Vent über den Niedertalbach und über einen Lifthang zu einer Geländeecke. Nun auf dem Jeepsträßchen immer hoch über dem Bach talein zur Martin-Busch-Hütte (2501 m, DAV). Noch drei Minuten weiter, dann links über den Bach und nach Südosten leicht aufwärts um den Bergrücken zur Wegverzweigung. Steil empor auf den erst breiten, dann schmalen Marzellkamm, die Felsen tief links umgehend zum höchsten Punkt (3147 m). Über das weite Gletscherdach des Niederjochferners zum Gipfelgrat und auf ihm, das letzte Stück evtl. scharf und ausgesetzt, zum Kreuz.

Abstieg übers Niederjoch: Über den Gipfelgrat zurück, dann nach Westen immer nahe dem linken Gletscherrand zu einem Absatz. Über einen Sporn auf die tieferen Schneeflächen und zur Similaunhütte (3017 m, privat). Genau nach Norden über einen Seitenarm des Niederjochferners, dann auf dem Steig hoch oben in den westseitigen Hängen talaus, hinab in den Boden und zurück zur Hütte.

Zuckerhütl, 3507 m

Der höchste und ungewöhnlichste Stubaiberg

Aufstiegszeit	Gipfelaufbau	weitere Gipfel
1½ + 3 Std.	steiler Firnrücken	Wilder Pfaff

Mancher große Gipfel trägt auf dem felsigen Unterbau eine Firnhaube, doch die Aufteilung von Schwarz und Weiß mit einem senkrechten Trennstrich ist etwas ganz Originelles. Das Zuckerhütl zeigt einen makellosen Gletschermantel auf der Nordseite, während nach Süden eine wilde Felswand 500 m tief abbricht. Das ergibt jenen so typischen Halb-und-halb-Zuckerhut, wie ihn viele Fotos zeigen. Die Bahnen des Gletscherskigebietes haben sich schon recht nahe an das Zuckerhütl herangeschoben, die Tour damit auf ein „gemütliches" Maß reduziert. Das lockt allerdings auch so manchen an, der sich besser etwas Einfacheres ausgesucht hätte. Beobachtet man am Gipfelaufschwung das Zaghafte und Ängstliche mancher Seilschaft, so erwartet man eine Tour von gewaltigen Schwierigkeiten. Sicher ist dieses letzte Stück steil und etwas ausgesetzt, doch bei ordentlichem Schnee steigt der Könner in 15 Minuten hinauf, während er bei Blankeis links in die Felsen ausweicht. Der rasche Zugang läßt den Unternehmungslustigen ganz automatisch nach zusätzlichen Möglichkeiten suchen. Und da drängen sich zwei Überschreitungen geradezu auf, die Pfaffenschneide und der Wilde Pfaff. Hat die Sonne den Schnee aus den Felsen geputzt, dann sind das vergnügliche Touren ohne größere Probleme, sie servieren zudem einen „unendlichen" Blick, bleibt man doch stets auf dem allerhöchsten Kamm zwischen Norden und Süden. Noch eine Warnung vor den vielen Pfaffen: Bitte genau auf die Bezeichnungen achten, damit einem keine Fehler durch Verwechslungen unterlaufen.

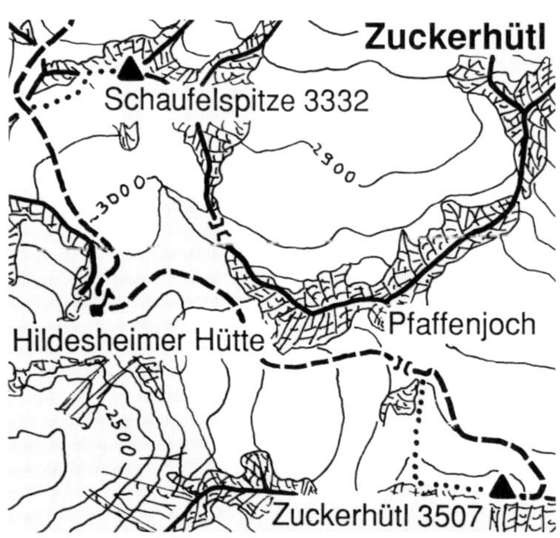

Normalanstieg zum Similaun, links die Nordwand. ▷ Auf dem Gletscher gehört der Pickel natürlich in die Hand und nicht auf den Rucksack!

Ausgangspunkt: Durch das gesamte Stubaital zur Mutterbergalm, Talstation der Seilbahn (1721 m).
Charakter: Gletschertour, Spalten, Gipfelhang steil, sehr viel begangen.
Die übliche Route: Mit den Bahnen zur Bergstation (2870 m) und neben der Piste über den Schaufelferner ins Bildstöckljoch (3128 m). Nach Süden in einen ganz nahen zweiten Sattel (3149 m, Abstecher auf die ***Schaufelspitze,*** 3332 m, 45 Min., einfach und lohnend). Über den rechten Teil des Gaiskarferners zur Hildesheimer Hütte (2900 m, DAV) in schöner Lage. In einem Bogen um das oberste Gaiskar auf den Pfaffenferner und ins Pfaffenjoch (3213 m). Nördlich unter dem Zuckerhütl hindurch, dann vor dem Pfaffensattel rechts empor und über den Rücken, am Schluß steil auf den Gipfel. Bei Eis weicht man in die felsige Ostflanke aus.

Die große Überschreitung: Die Route führt vom Pfaffenjoch über die Pfaffenschneide (Fels bis II, Firn, ausgesetzt) aufs Zuckerhütl. Nach dem Abstieg in den Pfaffensattel Überschreitung des ***Wilden Pfaffs*** (3456 m, Westseite einfach, Ostgrat im Fels, I) in die Pfaffennieder mit der Müllerhütte. Abstieg über die spaltenreiche Fernerstube zur Sulzenauhütte (2191 m, DAV) und weiter zur Grawaalm. Gesamtzeit ca. 6 Std.

Ruderhofspitze, 3474 m

Felsspitze mit langen Graten

Aufstiegszeit	Gipfelaufbau	Alternative
2¾ + 4 Std.	Firn- und Blockgrat	Felsgrat

Man kann es schon verstehen, daß jahrzehntelang die Ruderhofspitze zum Standardprogramm der bayerischen und Tiroler Bergsteiger gehörte. Vom Westen und Osten gesehen als fein zugespitzter Felsdreikant, von Norden und Süden als schöner Eisberg ragt sie hoch über ihre Nachbarn empor und bildet ein echtes Pendant zum Schrankogel. Warum wurde jedoch fast immer die Route über die Franz-Senn-Hütte gewählt? Sie zieht sich so in die Länge, daß trotz des schönen Gletscherbruches am Alpeinerferner statt erwartungsvoller Spannung eher ein „Wie-lange-dauert-es-denn-noch" aufkommt. Immer noch weit, doch schon um eine Stufe spritziger sind die Möglichkeiten über dem Hochmoos, an dessen Rand mit malerischem Blick etwa auf den Habicht die Neue Regensburger Hütte liegt. Bei gutem Schnee findet der im Steilgelände Sichere hier gleich zwei Routen. Er kann über den Grawawandferner aufsteigen, dann durch eine steile Firnrinne stapfen, um schließlich über einen Schneebuckel und einen kurzen Grat den bekannten Gipfel zu erreichen. Noch etwas spannender ist die Nordostrippe mit der steilen Firnflanke, man fühlt sich dort schon fast wie in einer Eiswand. Später im Jahr dann, wenn die Schneeverhältnisse nicht mehr so günstig sind, bietet sich der Nordwestgrat als Felstour an. Das ist aber keine spielerische Genußkletterei wie etwa im Kalk des Wilden Kaisers; grobes Blockwerk, zerborstener Gneis, Schutt und Schnee wechseln einander ab.

Ausgangspunkt: Von Neustift im Stubaital bis zur Brücke unmittelbar vor Falbeson (1212 m).
Charakter: Interessante Hochtour, 80 m hohe Firnrinne von etwa 35°, nur bei ordentlichem Schnee sinnvoll.
Die Route: Direkt bei der Brücke beginnt der gute Hüttenweg. In vielen Kehren durch Wald auf eine Schulter, dann flach zur Falbesoner Ochsenalm und über eine Stufe zur Neuen Regensburger Hütte (2287 m, DAV). Über das ebene Hochmoos, dann über Wiesen und Blockböden talein, wo sich am Fuß der Felsen hinter der Moräne der Falbesonersee verbirgt. Jetzt nach Süden über Schnee und einen etwas unangenehmen Schotterhang in die Grawagrubennieder. Dahinter auf dem Grawawandferner bergauf, durch die abschließende Schneerinne steil auf einen nach Süden ziehenden Sporn. Im Firn auf den Grat und zum Gipfel hinüber.
Der Nordwestgrat: Man erreicht über den gesamten Hochmoosferner die gleichnamige Scharte (3231 m). Über den langgestreckten Grat auf den Gipfel (II, brüchig).

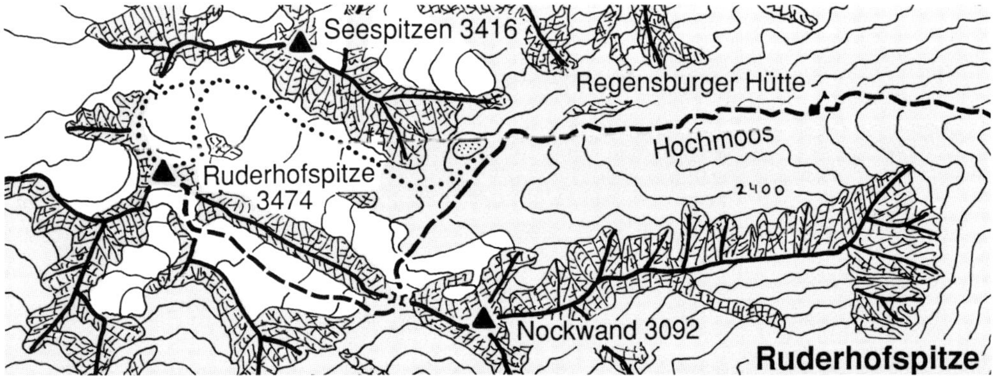

Schrankogel, 3497 m

Der Fels-Eis-Riesenkegel mit Bergweg

Aufstiegszeit	Gipfelaufbau	Alternative
2¼ + 4½ Std.	Blockgrat	Ostanstieg

Beim Schrankogel muß man sich entscheiden: entweder mehr Schönheit und Spannung oder ein problemloser Anstieg. Ausnahmsweise geht es hier nicht um die Route, sondern um die Jahreszeit. Nehmen wir als Beispiel den September 1987. Da konnte man dem Steiglein und den Markierungen folgend über die sehr langen Gras- und Blockhänge zum obersten Südwestgrat – fälschlich auch als Westgrat bezeichnet – hinaufsteigen und über die Schneide den Gipfel ansteuern, ohne durch ein einziges Firnfeld behindert zu werden. Der fehlende Schnee ließ aber auch die felsigen Gipfel rundum in einem fast toten Einheitsbraun erscheinen. Ungleich eleganter, lebendiger, individueller wirken die gleichen Berge in den kräftigen weißen Verzierungen des Juli. Dann zeigt auch der Schrankogel-Ostgrat eine feine, makellose Firnschneide; vom Schwarzenbergjoch aus bietet er damit einen wirklich faszinierenden Anblick. Natürlich erfordern die Anstiege in dieser Zeit mehr Können, und sie sind stark von den gerade herrschenden Schneeverhältnissen abhängig.
Der Schrankogel ist nach Westen aus dem Hauptkamm hinausgerückt, und so dominieren seine bis zu 1220 m hohen Abstürze vor allem über dem Sulztal, durch das der Gipfelstürmer zur Amberger Hütte hinaufsteigt. Seine schöne Nordost-Eiswand hingegen „versteckt" er weitgehend vor den Blicken; wer steigt schon aufs unbekannte Schrandele (3392 m), obwohl dieser Dreikant zu den formenschönen Stubaibergen gehört?!

Talort: Von Längenfeld im Ötztal auf einer Bergstraße nach Gries im Sulztal (1569 m), Parkplatz hinter dem Ort.
Charakter: Steiganlage zum Gipfelgrat, dann Blockkletterei, I, evtl. auch scharfer Firngrat.
Die Südroute: Von Gries durch das freundlich-malerische Sulztal auf einem

Fahrweg zur Amberger Hütte (2136 m, DAV). Direkt unter dem Haus über den Bach, erst flach talein, bald jedoch schräg aufwärts durch die Hänge ins Schwarzenbergtal und zur Wegverzweigung. Blick auf den zerklüfteten Bockkogelferner! Über Gras, dann lange über Schuttgelände auf den Südwestgrat, im Blockwerk und evtl. im Schnee über die nun ausgeprägte Schneide zum Gipfelkreuz.

Ostgrat: Wie oben zur Verzweigung und auf der Moräne zum Ostgratfuß. Über den im Mittelteil steil aufsteigenden Grat zum Gipfel. Das letzte Stück ist mehr oder weniger als Firnschneide ausgebildet, sehr ausgesetzt. Fels bis II. Bei gutem Schnee viel spannender und interessanter, aber auch anspruchsvoller als die übliche Route.

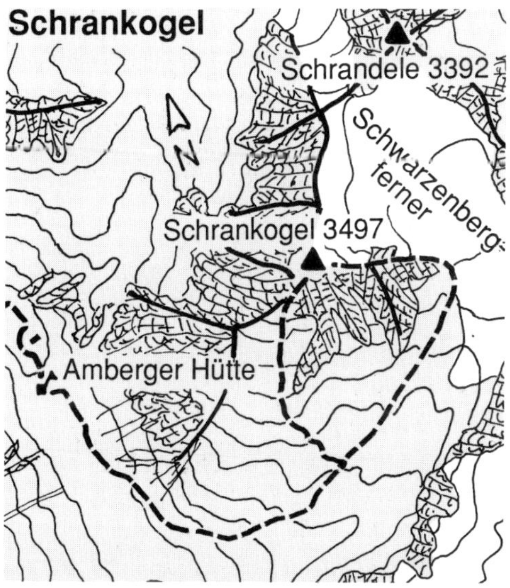

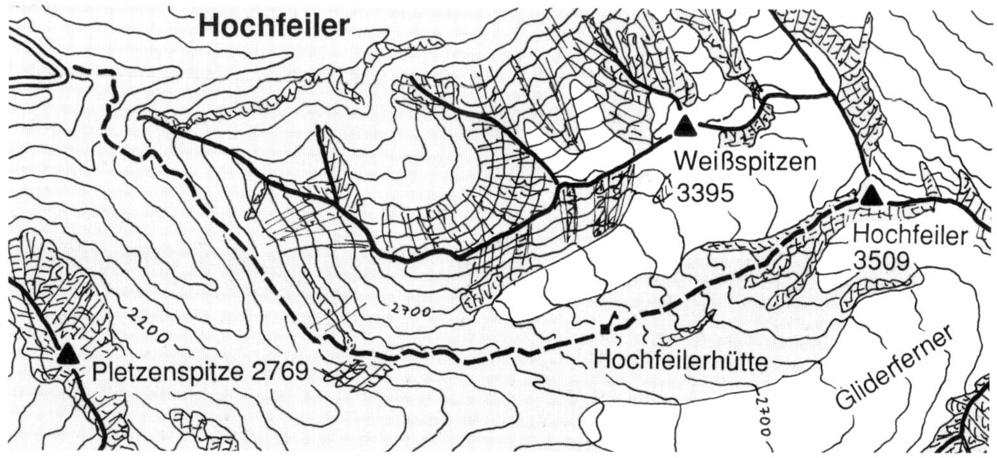

Hochfeiler, 3509 m

Hauptgipfel der Zillertaler Alpen

Aufstiegszeit	Gipfelaufbau	Alternative
2¾ + 2¼ Std.	Blockhänge	keine

1967 flog die Wiener Hütte im wahrsten Sinne des Wortes in die Luft. Damals waren die politischen Unruhen in Südtirol auf ihrem Höhepunkt. So wurde es auf dem Hochfeiler still und einsam, allenfalls stieg hin und wieder eine Seilschaft von der Eisbruggjochhütte aus über den Gliderferner zum Zillertaler Hauptgipfel hinauf. Denn auf der österreichischen Seite gibt es nur wirklich anspruchsvolle Routen, an die sich ganz selten ein Bergsteiger wagt. Um so großartiger ist der Anblick, den der Gipfel von Nordosten bietet. Über dem ungemein zerklüfteten Schlegeiskees wächst die 350 m hohe Nordwand empor, das Ideal einer Eisflanke mit auffallend schrägen Felsstreifen als Verzierungen.

Seit dem Neubau der Hütte ist auch der Hochfeiler wieder begehrt, so mancher nimmt die 1800 Höhenmeter ab Pfitscherjochstraße auf sich, obwohl der Anstieg selbst – um ganz ehrlich zu sein – keine drei Sterne verdient. Gras, Geröllflächen, zur Auflockerung vielleicht ein Schneefeld – so präsentiert sich das Gelände zwischen Hütte und Gipfelgrat. Und auch im letzten Abschnitt schlägt das Herz allenfalls wegen der großen Höhe und der grandiosen Ausblicke – auch in die Dolomiten! – schneller. Ganz zum Schluß folgt dann aber doch noch etwas Faszinierendes: Vor allem bei viel Schnee präsentiert sich der Ostgrat als wilde Firnschneide à la Westalpen. Und man kann so viel von der Nordwand sehen, um gehörigen Respekt zu bekommen. Zwei Gesichter eines Berges!

Wer mit offenen Augen reist, wird auch schon bei Anfahrt und Zugang zweierlei bewundern: Die relative Ursprünglichkeit des gesamten Pfitschtales und die eigenartigen, schroffen Formen der Schieferberge, wie sie zum Beispiel die Weißspitzen zeigen.

Ausgangspunkt: Durchs Südtiroler Pfitschtal bis zu den Höfen von Stein und weiter zur zweiten Kehre der Paßstraße (1720 m).

Charakter: Hochtour ohne Gletscher.

Die Route: Von der Straßenkehre kurz ins Oberbergtal, dann rechts über den Bach und nach Süden auf den Bichl. Hoch an den steilen Hängen empor, erst dann talein und weit hinauf zur neuen Hochfeilerhütte (2710 m, AVS). 500 m hohe Hänge aus Gras, Geröll und Schnee leiten zum Westsüdwestgrat, der nun zum Gipfel führt.

Olperer, 3476 m

Plattenburg über dem Sommerskigebiet

Aufstiegszeit	Gipfelaufbau	Alternative
2¼ Std.	Felsgrat	Geraer Hütte

Gerade im Vergleich mit anderen Zentralalpengebieten, etwa den Ötztaler Gletscherbergen, fallen die wilden Formen, der so scharfkantige Fels im höchsten Teil des Tuxer Hauptkammes mit Olperer, Fußstein, Schrammacher (3410 m) und Co. besonders auf. Die Wände sind ausgesprochen steil und glatt, kein Wunder also, daß der Liebhaber hier Kletterrouten bis zum Schwierigkeitsgrad VI findet. Je nach Standpunkt zeigt sich der Olperer selbst als Dreikant oder Trapez, doch stets fallen seine plattigen Steilwände ins Auge. Und bei diesem Anblick mag man es kaum glauben, daß eine der beiden Normalrouten über den Nordgrat führt. Ohne die überdimensionalen Eisenklammern wäre das auch eine ernste Kletterei, und eine sehr ausgesetzte noch dazu. Aber trotz der Hilfen muß man die Route noch immer als Zweier einordnen. Etwas einfacher erreicht man den mächtigen Gipfel über den Ost-

◁ *Blick vom Schrankogel-Ostanstieg auf die Ruderhofspitze, in der Tiefe vorne der Schwarzenbergferner, dahinter der Alpeinerferner.*

Die Watzespitze im Kaunergrat mit ihrem wilden Hängegletscher von Osten gesehen. ▷

grat mit seinem charakteristischen Schneegupf. Dort ist der Fels nicht ganz so steil, die Tiefe nicht so unmittelbar. Trotz der vielen Spalten hat das Sommerskigebiet die Gefrorene Wand erobert, die – entgegen allem Sprachempfinden – auch Tuxer Gletscher genannt wird. Damit rückt der Olperer in den Bereich der Spritztouren. Doch im Innersten schmerzt es, durch diesen Trubel, diese geschundene Bergwelt einen so schönen Gipfel zu besteigen. Natürlich könnte man auch im Valsertal starten, einen der schönsten Talschlüsse Tirols bewundern, in der Geraer Hütte – mit sehr wildem Panorama! – übernachten, um am nächsten Tag über den zerrissenen Olpererferner und den plattigen Nordgrat den Gipfel zu erreichen. Doch so müßte man 2100 m Höhenunterschied bewältigen!

Talort: Hintertux (1493 m), durch den Gletscherskibetrieb geprägter Ferienort.

Charakter: Trotz Sicherungen Kletterei bis II, teilweise ausgesetzt, bei Neuschnee oder gar Eis gefährlich.

Überschreitung: Mit den drei Sesselbahnen bis in 2980 m Höhe. Flach über den Gletscher in den Riepensattel und über den Ostgrat teilweise im Firn auf den Gipfel. Abstieg über den steilen Nordgrat in die Wildlahnerscharte.

Von Innervals: Mit dem Auto bis zum Ghs. Touristenrast (1345 m), dann erst durchs Tal, später über hohe Steilhänge

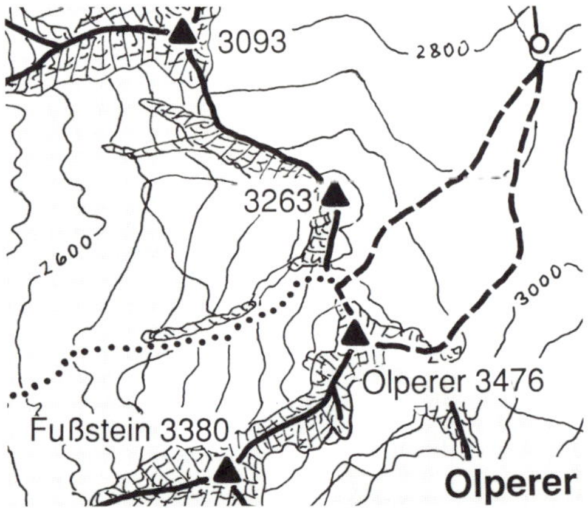

zur Geraer Hütte (2326 m, DAV, 3 Std.). Über die Böden zur Geländerippe am Wildlahnergrat und über den spaltigen Olpererferner in die Wildlahnerscharte. Über den steilen Nordgrat auf den Gipfel (3½ Std. ab Hütte, II, Sicherungen).

Großer Möseler, 3480 m

Auffallender Gipfel über weiten Gletschern

Aufstiegszeit	Gipfelaufbau	Alternative
2½ + 3½ Std.	Firnkuppe	Waxeggkees

Zum Großen Möseler passen folgende Eigenschaftswörter – gewaltig, auffallend geformt, beliebt. Gleich von drei Seiten streben die Bergsteiger diesem Gipfel zu. Am einfachsten, aber auch am einförmigsten ist der Aufstieg von

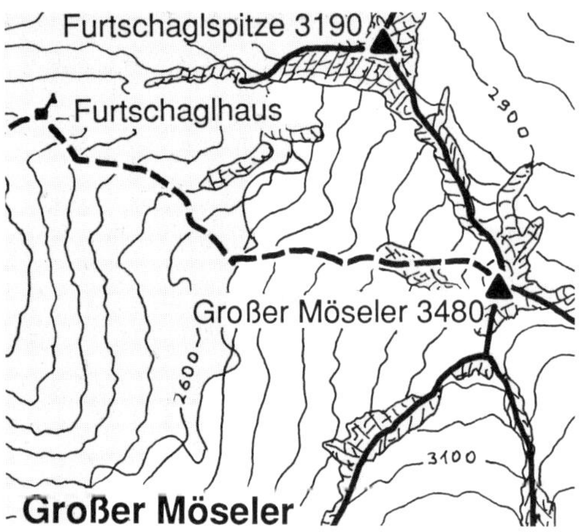

Süden, von der Nöfesjochhütte aus. Ganz anders das Furtschaglgebiet! Mit dem zerklüfteten Schlegeiskees und der Hochfeiler-Nordwand gehört es zum wirklich Grandiosen. Zielstrebig geht's von der Hütte zum Gipfel empor, erst über die unvermeidlichen Gras-, Block- und Moränenhänge, dann ein Stück über den Gletscher, wo manche Spalte den geraden Weg verlegt, anschließend durch eine hohe Schrofenflanke. So erreicht der Aufsteigende den eigenartigen Schneegupf, der der Möseler-Westseite ihr unverwechselbares Aussehen gibt. Das ist dann noch ein begeisternder Gang auf dem allerhöchsten First.

Nicht nur eine, sondern gleich drei weitere Steigerungen bietet die Nordostseite. Die erste jedoch wird niemand zum Positiven rechnen: Für diese Route braucht man etwa sechs Stunden! Dafür zeigt der Möseler mit den eisgeschmückten, bis zu 500 m hohen Felswänden von dieser Seite sein schönstes und imponierendstes Aussehen. Doch die wesentliche Prägung erhält die Tour durch das Waxeggkees. Zahlreiche, teilweise gewaltige Spalten, Kanten mit hohen Abbrüchen und regellos zerklüftete Gletscherlabyrinthe schaffen eine Eislandschaft großen Stils. Es gehört Können, Erfahrung, Fingerspitzengefühl dazu, hier eine gute Spur zu legen. Das ist eine spannende, ja, aufregende Tour, ein echter Anreiz für den Unternehmungslustigen.

Ausgangspunkt: Von Mayrhofen im Zillertal auf interessanter Straße durch den gesamten Zemmgrund zum Schlegeissee (1782 m, Maut).

Charakter: Abwechslungsreiche Hochtour ohne echte Probleme, jedoch spaltiger Gletscher.

Die Route: Vom hintersten Parkplatz am Westufer des Sees entlang zu seinem Südende. Hier über den Bach. Noch gut 1 km im Talboden, dann nach Osten in Kehren über die steilen Hänge zum Furtschaglhaus (2293 m, DAV). Erst nach Süden über den Furtschaglbach, dann längs der Moräne zum Gletscher hinauf. Als Ziel dient der Fuß des Westgrates. Hinter einem Felsköpfchen in die Schrofenflanke und neben einer Rinne in leichter Kletterei (I) zum Firnbuckel. Über ihn auf den Gipfel.

Über das Waxeggkees (in Stichpunkten): Vom Breitlahner im Zemmgrund in 2¾ Std. zur stattlichen Berliner Hütte. Aufstieg durchs Garberkar und über dem Westteil des Waxeggkeeses in die Östliche Möselerscharte und südlich des Grates zum Gipfel.

Hochgall, 3435 m

Herrliche Berggestalt in der Rieserfernergruppe

Aufstiegszeit	Gipfelaufbau	weitere Gipfel
2 + 4 Std.	Felsgrat	Überschreitung

An einem klaren Septembertag erreichte eine Gruppe von sieben Bergsteigern von der Kasseler Hütte kommend die Wollbachspitze im Zillertaler Hauptkamm. Man war von der kristallklaren Aussicht begeistert und wäre sich doch beinahe ernsthaft in die Haare geraten. Im Süden, keine 20 Kilometer entfernt, ragte ein herrlich geformter Eisberg gewaltig in den Himmel, den es sozusagen gar nicht geben dürfte. Man rätselte herum und stritt sich dann heftig, ob das die Marmolata sein könnte.

Die Rieserfernergruppe (nicht Riesenferner!) im Süden der Zillertaler Alpen und der Venedigergruppe ist vielen vollkommen unbekannt. Dabei gehört ihr Hauptgipfel, der Hochgall, zu den markantesten Berggestalten der gesamten Ostalpen. An anderer Stelle, etwa im Stubai, wäre dieser Gipfel sicher ein ausgesprochenes Modeziel. Seine Imponierseite kehrt er nach Nordosten. Aus dem obersten Gletscherbecken wächst eine 300 m hohe Wand empor, die einst im makellosen Weiß leuchtete, inzwischen aber leider stärker und stärker von Felsrippen und -inseln durchsetzt ist.

Beim Südtiroler Anstieg herrscht der Fels; es gibt Blockwerk und Platten und dabei einige „schön" ausgesetzte Stellen. Bei dieser langen Kletterei im Schwierigkeitsgrad II überschreitet man das Graue Nöckl und den Nordwestgrat; bei einigen heiklen Stellen helfen Sicherungen. Jeder kann sich selbst ausmalen, wie gefährlich diese Tour bei Neuschnee oder gar Vereisung werden würde. Auch auf der Osttiroler Seite, also von der Neuen Barmer Hütte aus, gibt es einen „Normalweg". Er ist sehr den herrschenden Verhältnissen unterworfen, und er stellt noch etwas höhere Anforderungen. Eine prickelnde Aufgabe bietet vor allem der schmale sehr ausgesetzte Gipfelgrat. Eine Überschreitung des Berges mit der Rückkehr über das Lenksteinjoch in Reintal wird deshalb jeden Könner locken.

Ausgangsort: Rein (1595 m), kleiner Ferienort im gleichnamigen Tal, einem Nebenast des Tauferertals.

Charakter: Anspruchsvolle Tour auf einen der markantesten Berge der Ostalpen, langgestreckte Kletterei bis II.

Vom Reintal: Unterhalb von Rein über den Bach und im Lärchenwald über eine hohe Stufe. Später auf freien Höhen nach Südosten zur Hochgallhütte

(2273 m, CAI). Auf einem Steiglein über Schuttböden, schöne Gletscherschliffe und Schnee an den Fuß des Grauen Nöckl. Über die Westrippe auf dessen Gipfel und auf dem scharfen Verbindungsgrat (Sicherungen) zum Hauptmassiv hinüber. Hier entweder rechts über die blockige Kante oder links im ausgesetzten Firn weiter empor, dann auf dem nun plattigen Grat (Sicherungen) auf einen Vorgipfel. Über eine kurze, aber ausgesetzte Schneide zum höchsten Punkt.

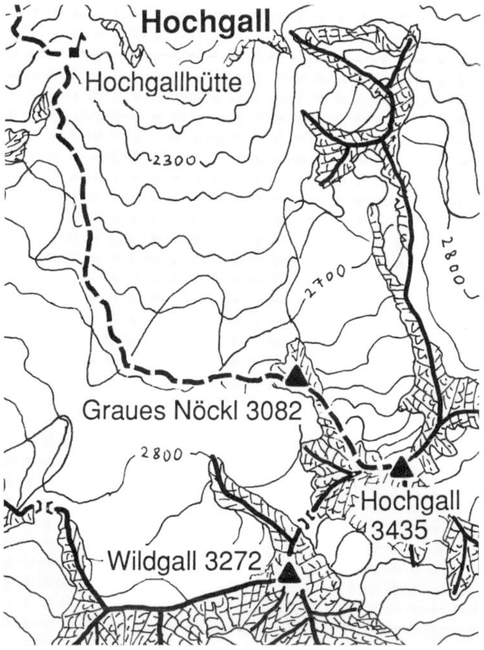

Großvenediger, 3674 m

Der Gletscherberg

Aufstiegszeit	Gipfelaufbau	weitere Gipfel
3 + 3 Std.	Firnhänge	Rainerhorn

Schauen Sie sich einmal den Venediger auf der Karte an! Es ist schon auffallend, welch riesige Gletscher diesen Tauerngipfel umlagern, und zwar auf allen vier Seiten. Natürlich wird dadurch auch das Eis zum Typischen bei der Besteigung. Doch nicht steile Firnhänge oder scharfe Grate zwingen den Gipfelstürmer zur Vorsicht, die zahlreichen Spalten bergen die eigentliche Gefahr. Das Schlatenkees, das man von der Prager Hütte aus – alldings nur im oberen, harmloseren Teil – begeht, bietet den Anblick der reinsten Eis-Zyklopen-Landschaft. Geradezu unscheinbar hingegen wirkt der Venedigergipfel von dieser Seite, der letzte Anstieg bietet ja auch keine ernsten Schwierigkeiten, man muß allenfalls auf die Riesenwächte achten, denn im Norden, Westen und Süden gibt es auch am Venediger große und steile Wände.

Vor allem von Norden, etwa aus den Kitzbüheler Alpen, springt der breite, flache, aber die Umgebung weit überragende Firndom des Venedigers mächtig ins Auge. Das regte natürlich die Fantasie unserer Vorfahren an, lockte ungewöhnlich früh die ersten Bergbegeisterten. Zu ihnen zählte bekanntlich Erzherzog Johann; doch der von ihm eingeleitete Versuch im Jahre 1828 mußte fast zwangsläufig in der zu schwierigen Nordwestflanke scheitern. In der Folge war der gesamte Pinzgau wie elektrisiert von dem Wunsch nach einer Besteigung. Bei dem Unternehmen 1841 starteten nicht weniger als vierzig Personen, und Ignaz von Kürsinger verstand es, den Erfolg in entsprechende Worte zu kleiden. Zwei Kostproben: „Wir stiegen hinan über den Grat zwischen ungeheuren Abgründen, aus deren Tiefe die Keesklüfte wie Gräber heraufgähnten" und „nie, solange die Welt steht, hat ein Menschenfuß seinen schauerlichen Rücken betreten, nie ein Mensch die schauerliche Stille auf seiner eisigen Geisterburg je gestört".

Ausgangspunkt: Im oberen Matreier Tauerntal (Felbertauernstrecke) zum Tauernhaus (1512 m). Bis 8.30 Uhr und ab 17.00 Uhr mit dem Auto noch bis Innergschlöß (1691 m).

Charakter: Tour über einen spaltenreichen Gletscher auf einen hohen Gipfel.

Der Ostanstieg: Rechts des Baches in großartiger Landschaft in den Talschluß und über eine sehr hohe Steilstufe zur Alten und weiter zur Neuen Prager Hütte (2796 m, DAV). Kurz oberhalb auf das Schlatenkees und stets nach Südwesten ins oberste Gletscherbecken. Hinauf zum Südostgrat und auf den Gipfel.

Die Hohe Route: Von der Rainerscharte über das Rainerhorn (3560 m), die Schwarze Wand (3511 m) und den Hohen Zaun (3467 m) – grandiose, unschwierige Überschreitung des meist überfirnten Kammes – und Abstieg zur Badener Hütte (2608 m, DAV, 3½ Std. ab Venediger). Rückkehr nach Innergschlöß über das Löbbentörl.

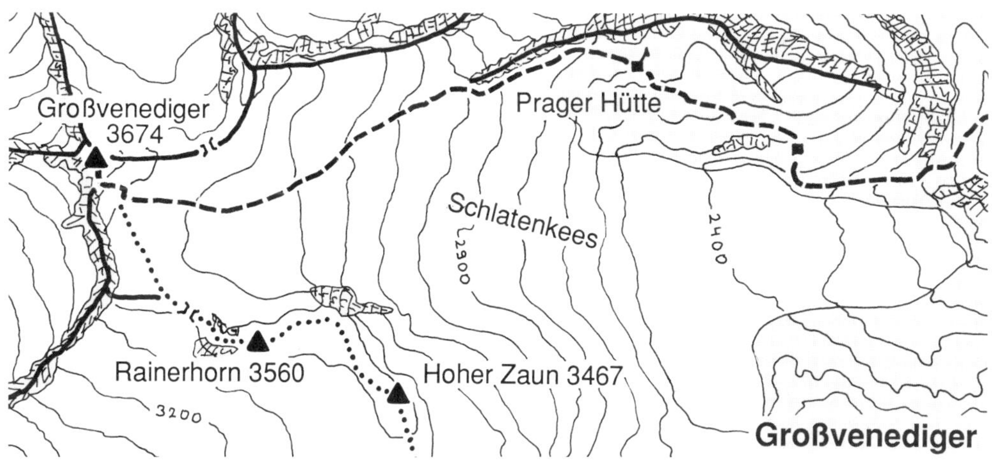

Dreiherrenspitze, 3499 m

Westlicher Eckpfeiler der Venedigerberge

Aufstiegszeit	Gipfelaufbau	weitere Gipfel
3 + 4 Std.	Firnhänge	Rötspitze

Man kann zwei Grundtypen von Bergsteigern unterscheiden. Die einen streichen einen begehrenswerten Gipfel gleich wieder von ihrer Wunschliste, wenn es dort keinen allgemein bekannten Anstieg gibt. Andere regt dies erst richtig an, und sie finden – erstaunlicherweise – nahezu immer eine gute und befriedigende Lösung. Ein ganz typisches Beispiel bietet die Dreiherrenspitze, der höchste und schönste Gipfel der westlichen Venedigergruppe. Über den beiden nächstgelegenen Hütten, der Warnsdorfer und jener in der Birnlücke, präsentiert er sich als wilder Geselle – und zwar mit einer 400 m hohen, ausgesprochen steilen Wand über dem zerrissenen Krimmlerkees und wild gezackten Graten und Hängegletschern über dem allerinnersten Ahrntal. So bleibt für den Anstieg nur die Südseite mit dem weiten Umbalkees, wo allerdings die Essener Hütte 1935 und 1958 restlos von den Lawinen hinweggefegt wurde. Also ein Problem ohne Lösung? Zum Glück gibt es noch das urige Hüttchen am Lenkjöchl und den Zugang über das Hintere Umbaltörl. Auch diese Route zieht sich in die Länge, mehrmals wird der Aufstieg durch Querungen unterbrochen. Aber als echter Panoramaweg bietet er sehr viel Abwechslung; erst ist der Blick nach Westen frei, nach dem Törl schaut man dann quer über das Umbaltal auf die schönen Gletschergipfel um die Malhamspitzen (3373 m). Bei guten Verhältnissen bleiben die Schwierigkeiten gering, denn das Althauskees ist nicht sonderlich steil, die folgende Felsrippe bereitet trotz des brüchigen Gesteins keine Probleme, und der letzte Abschnitt über den freien, abgerundeten Schneerücken so hoch über allen Tälern wird dann sowieso noch zur unvergeßlichen Höhenpromenade.

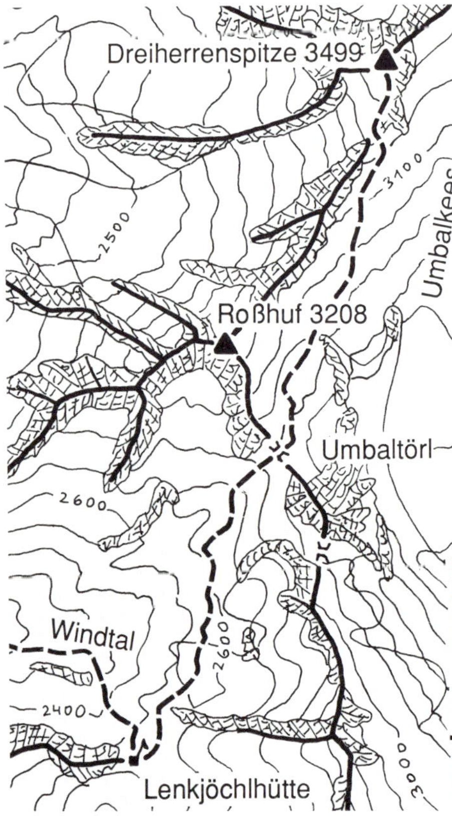

Dreiherrenspitze

◁ *Spalten am Aufstieg vom Furtschaglhaus zum Großen Möseler. Dahinter das wilde Schlegeiskees mit der Hochfeiler-Nordwand (links der Mitte) und der Hochfernerspitze.*

Ausgangspunkt: Im Südtiroler Ahrntal nach Kasern (1595 m) und noch 1,4 km weiter nach Heiliggeist (1619 m).
Charakter: Hochtour in wenig begangenem Gelände; bei guten Bedingungen ohne echte Schwierigkeiten.
Die Route: Bei Heiliggeist über den Ahrnbach und schräg empor zur Labesebenalm. Im Windtal nach Osten bis in den Talschluß, dann nach Süden zur Lenkjöchlhütte (2589 m, CAI) im gleichnamigen Sattel. Auf bescheidenem Steiglein kurzzeitig leicht abwärts nach Norden auf eine Rippe im Gelände, dann quer über eine Gletscherzunge und weiter bis vor den Ahrnerkopf. Links unter seinen Felsen hindurch ins Hintere Umbaltörl (2849 m, Grenze!). Schräg über die steinigen Hänge, dann auf dem Althauskees aufwärts bis unter P 3355. Entweder auf dessen brüchiger Südrippe oder rechts daneben in sehr steilem Firn empor. Über den runden Gletscherbuckel zum Grat und auf den Gipfel.
Ein Tip: Oberhalb der Lenkjöchlhütte gibt es einen zweiten ganz großen Berg, die Rötspitze (3495 m, 3 Std.).

Wiesbachhorn, 3564 m

Eishelm über dem Mooserboden

Aufstiegszeit	Gipfelaufbau	Alternative
2½ + 2½ Std.	Firnschneide	keine

Den eindrucksvollsten Anblick bietet das Wiesbachhorn vom Hocheiser (3206 m). Wer also einen Tag „übrig" hat, dem sei der 4-Stunden-Anstieg vom Mooserboden auf diesen Tauerngipfel empfohlen. Erst von dort oben kommt die überragende Höhe unseres Gipfels so richtig zur Geltung. Er zeigt sich als schmale Eispyramide, von der nach links die 500 m hohe Nordwestwand abstürzt. Bei der ersten Begehung 1924 durch Rigele und den Nanga-Parbat-Mann Welzenbach gab es im oberen Drittel der Firnflanke noch einen Wulst mit einer Neigung bis 70°. Technisches

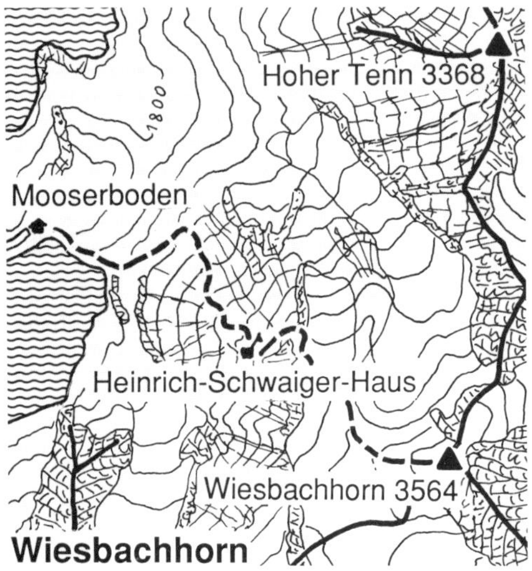

Klettern im Eis erregte damals großes Aufsehen! Doch der einst so prächtige weiße Mantel ist heute dünn und sogar löchrig geworden. Jeder Bergsteiger mit etwas Gefühl für Schönheit und Eleganz muß die Vorstellung erschrecken, der Kaindlgrat etwa, dieses formvollendete Halbrund aus Firn, das dem üblichen Anstieg seinen besonderen Pfiff gibt, könnte sich in einen rostbraunen, charakterlosen Schuttgrat verwandeln. Wer Freude an „technischen Wunderwerken" hat, wird die Stauanlagen, Straßen, Aufzüge und Leitungen bestaunen. Der übliche Bergsteiger empfindet die Zufahrt zum Mooserboden mit dem zweimaligen Umsteigen eher als Hindernislauf. Dennoch: der obere Stausee mit seinem Panorama von Felsgipfeln und steilabstürzenden Gletschern bietet schon ein prächtiges Bild.

Ausgangspunkt: Vom Ferienort Kaprun talein bis zum Alpenhaus Kesselfall (1043 m).
Charakter: Interessante Grattour in Fels und Firn, teilweise steile und etwas ausgesetzte Schneide.
Kaindlgrat: Mit Bus, Schrägaufzug und einem weiteren Bus zum Staudamm am Mooserboden (2040 m). Über die zweite Mauer an den Bergfuß, ein Stück nach links, dann in zahllosen Kehren rasch empor zum Heinrich-Schwaiger-Haus (2802 m, DAV) in ganz freier Lage. Auf deutlichen Spuren auf Geröll und im Fels mit Sicherungen auf den Oberen Fochezkopf (3159 m). Über den hier ausgesetzten Kaindlgrat, eine ausgeprägte, teilweise steilere Firnschneide, zu den Böden oberhalb. Auf Schnee, im Spätsommer vermehrt über Eis und ausgeapertes Felsgelände noch 400 m hoch empor zum höchsten Punkt.

Großglockner, 3797 m

Der höchste Gipfel Österreichs

Aufstiegszeit	Gipfelaufbau	Alternative
2¾ + 3½ Std.	Felsschneide	Stüdlgrat

Ohne Zweifel – der Großglockner wird seiner Würde als König in der österreichischen Bergwelt durchaus gerecht. Über die eher behäbigen Gipfel wie etwa den Johannisberg ragt er mehr als 300 m heraus, er bildet zusammen mit der Glocknerwand (3722 m) eine scharfe, wilde, von steilen Eisrinnen verzierte Felsmauer mit Wänden bis zu 600 m Höhe. Der harte, widerstandsfähige Grünstein konnte von der Verwitterung nicht so stark abgetragen werden wie die Schiefer – hier Bratschen genannt – etwa am Fuscherkarkopf.
Es kann gar nicht anders sein – der Groß-

Großglockner (von links der Anstieg) und der Zakkenkamm der Glocknerwand.
▽

glockner ist Philosophie, Legende, Traum, Hoffnung... Man plant, fiebert, irgendwann bricht dann der große Tag an. Aber er bringt wohl kaum die erwartete Freude, ja, je strahlender die Sonne vom Himmel lacht, desto mißmutiger zeigen sich die Gesichter der Bergsteiger. Dieser scheinbare Druckfehler ist bittere Wahrheit! Auf der Adlersruhe – welch toller Name! – thront in 3454 m Höhe die Erzherzog-Johann-Hütte als einmaliger Lug-ins-Land. In ihr stehen 186 Plätze zur Verfügung, die dennoch nicht immer ausreichen. Ein „Stockwerk" tiefer beherbergen drei weitere Hütten mit zusammen nochmals 230 Plätzen ebenfalls meist Glockner-Aspiranten. Ein „sechsspuriger Fußweg" wäre notwendig, um all die Seilschaften zu kanalisieren! Und was bietet der Glockner in Wirklichkeit? Nach dem Anstieg über den steilen Firn des Glocknerleitls und ein paar Platten erreicht man erwartungsvoll den Kleinglockner (3770 m). Ganz nahe ist nun das Ziel, doch der Verbindungsgrat verdient die Bezeichnung „messerscharf", denn rechts schießt die Pallavicinirinne, die berühmteste Eiswand der Tauern, 600 m in die Tiefe, links bricht der Fels etwa gleichhoch ab. Der Übergang über diese Glocknerscharte wird zur Seiltänzer-Akrobatik, falls die vorhandenen Drahtseile noch unter dem Schnee begraben sind. Und diese Scharte müssen nun die zahllosen Bergsteiger passieren!
Nur einer der üblichen Anstiege ist „glocknerschartenfrei", der Stüdlgrat (ca. 4 Std. ab Stüdlhütte), eine mehr als 500 m hohe Felstreppe, die von Südwesten direkt zum höchsten Punkt hinaufzieht. Das relativ feste, griffige Gestein macht die Kletterei – bis III – zu einem Vergnügen, das dann jedoch die auch hier häufigen „Staus" beeinträchtigt. Und noch etwas: Es muß nicht immer der am häufigsten begangene Aufstieg sein; wir zumindest wollen eine der Südrouten beschreiben.

Ausgangspunkt: Von Kals in Osttirol auf guter Mautstraße zum Lucknerhaus (1920 m).
Charakter: Sehr beliebte Hochtour, Gletscherbegehung, schmaler Gipfelgrat.

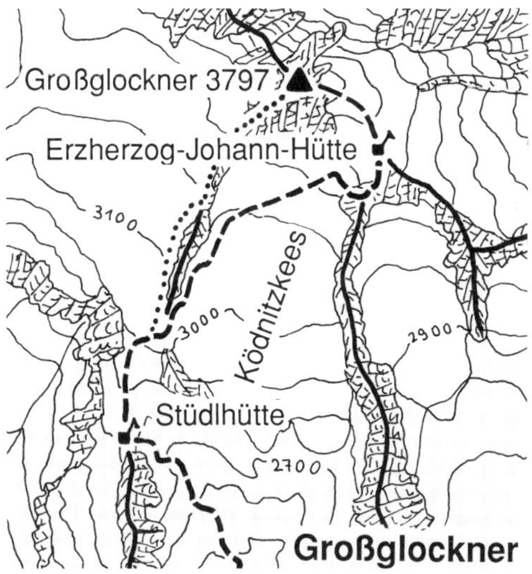

Die Route: Vom Lucknerhaus durchs Ködnitztal zur Lucknerhütte (2217 m) und über hohe, teilweise steile Hänge hinauf in die Fanotscharte mit der Stüdlhütte (2802 m, DAV). Über die Moräne empor, dann nach rechts in die „Schere" und drüben auf das Ködnitzkees. Erst links am Luisengrat entlang, dann diagonal über den Gletscher nach Osten zum Einstieg in die Felsen in 3250 m Höhe. Über die Rippe auf die Adlersruhe (3454 m, Erzherzog-Johann-Hütte, ÖAK). Weiter über Firn und Fels auf den Kleinglockner und auf dem scharfen Grat (Sicherungen) über die Glocknerscharte zum höchsten Gipfel.

Sonnblick, 3105 m

In der Goldberggruppe

Aufstiegszeit	Gipfelaufbau	Abstieg
1½ + 3 Std.	Felsgrat	Gletscherroute

Im 16. Jahrhundert war das Tal von Rauris berühmt. Doch nicht der Sonnblick und die anderen Gipfel des Gebietes wie das Schareck (3122 m) wirkten seinerzeit als Magneten. Hier gab es eines der stärksten Lockmittel überhaupt – Gold. Noch heute zeugen verfallene Gebäude und viele „Maulwurfshügel" von der eifrigen Schürfarbeit. Man muß sich Folgendes einmal vorstellen: Eine Tonne Erz lieferte 26 Gramm Gold, und welche menschliche Arbeitskraft war damals zum Ausbrechen des Gesteins notwendig! Man arbeitete bis in Höhen von 3000 m, und zwar im Sommer ***und*** im Winter.

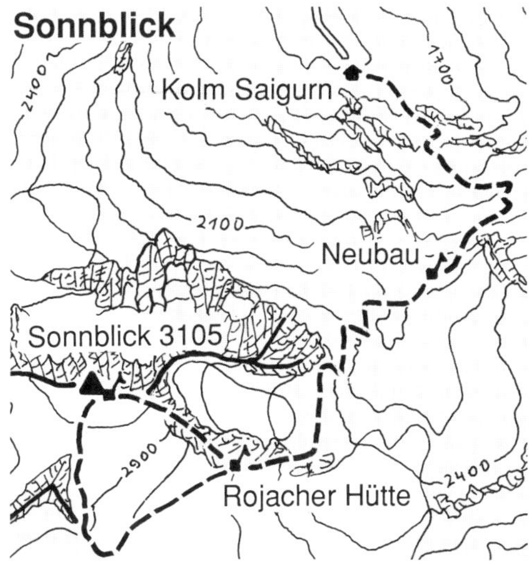

Sonnblick heißt der beherrschende Gipfel über dem Gebiet. Die knapp 500 m hohe Nordwand verhilft ihm – von dieser Seite – zu einem markanten Aussehen. Im Süden hingegen ziehen sanfte Gletscherflächen bis zum Gipfelgrat. Die relativ einfachen Anstiege und die Hütte auf dem höchsten Punkt – der erste Bau wurde schon 1886 errichtet – stempeln den Sonnblick ein wenig zum Jedermann-Berg. Der Aufmerksame wird dort oben dann mit einiger Verwunderung registrieren, daß die Goldberggruppe einen ganz anderen Hauptgipfel trägt; er heißt Hocharn (3254 m). Ihn kennen eher die Skitourenfreunde als die Sommerbergsteiger. Wahrscheinlich verhindern die recht weiten Anstiege eine größere Beliebtheit.

Ausgangspunkt: Mit dem Auto durch das gesamte Rauriser Tal bis Kolm Saigurn (1600 m).
Charakter: Aufstieg über einen teilweise gesicherten Fels- und Blockgrat, bis I+.
Die Felsroute: Hinter dem Naturfreundehaus auf eine erste Stufe, dann parallel zu den Wänden zum schönen Barbarafall. Nach Osten ausholend über steile Hänge zum Naturfreundehaus Neubau (2175 m). Über den Bacheinschnitt nach Westen, dann lange Zeit auf teilweise steilen Gras- und Geröllhängen zum kleinen, oft geschlossenen Rojacher Hüttchen (2718 m). Stets über den felsigen Südostgrat – einige Sicherungen – bis kurz unter den Gipfel. Über Firn nach links zum Zittelhaus und dem meteorologischen Observatorium.

Die Gletscherroute: Bei gutem Schnee rascher Abstieg an der Kleinen Fleißscharte vorbei bis unter die Obere Brettscharte. Jetzt scharf nach links und hinüber zur Rojacher Hütte.

Hochalmspitze, 3360 m

Der letzte der großen Tauerngipfel

Aufstiegszeit	Gipfelaufbau	Alternative
1½ + 3½ Std.	Blockgrat	Detmolder Weg

Das ist wahrlich ein würdiger Abschluß für unseren Streifzug durch die Zentralalpen Österreichs. Knapp 50 Kilometer östlich des Großglockners ragt noch eine eisbedeckte Pyramide gewaltig über ihre Umgebung auf, die Hochalmspitze. Sie ist bei den Kärntnern, Steirern, Wienern... mindestens ebenso berühmt und beliebt wie etwa der Piz Buin bei den Schwaben. Dieser aus der Entfernung eher breit und behäbig wirkende Berg gewinnt aus der Nähe immer mehr Profil, ja, er bricht nach Westen mit ausgesprochen wilden und rassigen Wänden ab. Diese steilen Plattenschüsse und die kantigen Felsen etwa am Detmolder Grat erinnern ein wenig an die Montblancgruppe.

Eine Süd-Nord-Überschreitung der Hochalmspitze, wie sie in entsprechenden Büchern angepriesen wird, erscheint beim ersten Hinsehen als interessanter Vorschlag, entpuppt sich aber rasch als Gedankenlosigkeit. Der autogebundene Mensch unserer Zeit muß sich entscheiden: entweder Gößgraben und Gießener Hütte oder Kölnbreinsee

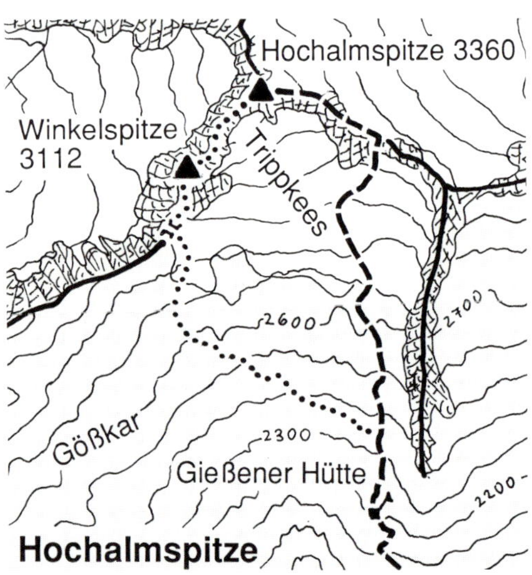

Riesenspalten am Venediger, das typische Bild auf dem Schlatenkees; darüber die Schwarze Wand und links hinten der Hohe Zaun. ▷

und Osnabrücker Hütte! Denn niemand wandert gerne stundenlang über Straßen, die er auch befahren könnte. Dem Geschickten bietet sich eine ungleich sinnvollere Überschreitung an. Er übernachtet in der schmucken Gießener Hütte und begeht dann den sogenannten Detmolder Weg über den Südwestgrat. Es gibt dort so manches zu bewundern, Gletscherschliffe beim Zugang, die wilden, fast senkrechten Plattenschüsse an der Lassacher Winkelscharte, immer schönere und freiere Ausblicke vom Grat. Je nach der Schneelage wartet der Zugang zur obersten Schneide mit Firn, Eis oder wackeligem Blockwerk auf; das ist eine spannende, manchmal auch etwas unangenehme Stelle. Ungetrübten Spaß macht der letzte Grat aus grobblockigem Fels, bei dem Sicherungen über die steilen, ausgesetzten Stellen hinweghelfen.

Ausgangspunkt: Von Malta durchs Maltatal und den Gößgraben zum Parkplatz (1677 m) knapp unter dem Gößkar-Stausee.

Charakter: Auf dem markierten Normalweg problemlose Hochtour, Kletterei bis I, größere Firnfelder.

Südostanstieg: Entweder auf dem Fahrweg oder auf dem abkürzenden Steig zur Gießener Hütte (2203 m, DAV). Genau nach Norden über Gras, Moränengelände, Schneefelder und die Reste des Trippkeeses unter den Sattel neben den Steinernen Mannln, senkrecht aufgerichtete Felstafeln. Steil im Schnee zu den Felsen und in reizvoller Kletterei über die Plattenstufe (Sicherungen) in die Scharte. Auf und rechts neben dem Block-, Fels- und Schneegrat auf die Schneeige Hochalmspitze (3348 m) und hinüber zum Hauptgipfel.

Detmolder Grat: Auf einem Steig in die Lassacher Winkelscharte und über einem Blockhang auf die Winkelspitze (3112 m). Rechts der Schneide über eine Schnee- und Blockstufe (ausgesetzt, sehr brüchig), dann auf dem gut gesicherten Felsgrat auf den Gipfel.

Auf die Dolomiten hat schon mancher geschimpft; unzählige Menschen sind dort unterwegs, das allgegenwärtige Geröll behindert die Aufstiege, die Angst vor Gewittern, Steinschlag, vereisten Rinnen ist wohlbegründet. Und trotzdem – wer einmal in diesem Felsgarten unterwegs war, erliegt seinem Zauber und kommt immer wieder. Und das ist wirklich keine Phrase! Verschiedene Gründe sorgen für diese Faszination. Kein anderes Gebirge verwöhnt mit einer ähnlichen Vielfalt an besonders wilden und markanten Formen, mit einem so eindrucksvollen Nebeneinander von sanft und senkrecht. Und der Besucher, selbst der einfache Bergwanderer, bleibt nicht wie ein Zuschauer außerhalb. Dank der Straßen, Bahnen, Hütten, Wege, Klettersteige... dringt er mitten in diese bizarre Felsenwelt ein, erlebt sie ganz nahe und unmittelbar!

Viele große Dolomiten- und Brentagipfel verlangen echte Kletterei. Dem Gebietsneuling wird dabei vor allem das Steile und Ausgesetzte zu schaffen machen. In den strengen und oft wild-einsamen Julischen Alpen hingegen sind alle großen Ziele mit Steigen, Drahtseilen usw. erschlossen.

◁ *Das berühmte Ball-Band am Monte Pelmo.*

Im Rosengarten mit der Vajolethütte und den Vajolettürmen (auffallend der spitze Winklerturm). ▷

Name	Höhe	Gehzeit in Std.	Charakter
Brentagruppe			
Cima Brenta	3150 m	2 + 3½	gewaltige, gebänderte Felsburg, Schrofen
Cima Tosa	3173 m	¾ + 2½	Brenta-Hauptgipfel, eine Kletterstelle, II
Westliche Dolomiten			
Rosengartenspitze	2981 m	3	breite Felsmauer, steil und schwierig
Vajolettürme	2805 m	3½	eleganter Turm, anspruchsvolle Kletterei
Sass Rigais	3025 m	3	Aussichtsloge mit Klettersteigen, einfach
Langkofel	3181 m	¾ + 4½	Riesengipfel mit ausgedehnter Felswildnis
Marmolata	3342 m	2½	Eisberg mit Felswand, spannende via ferrata
Cima della Vezzana	3193 m	3	Pala-Dreitausender, relativ unschwierig
Östliche Dolomiten			
Civetta	3220 m	¾ + 4½	berühmte Kletterwand mit drei Felssteigen
Monte Pelmo	3168 m	1¾ + 4¾	gewaltiges Einzelmassiv, langes Felsband
Monte Cristallo	3221 m	5	Felsberg mit Bändern, Rissen, Kaminen...
Drei Zinnen	2998 m	3½	berühmt, beliebt, steile Kletterei bis III
Julische Alpen			
Prisojnik	2547 m	3	zerklüftetes Massiv, wilder Klettersteig
Triglav	2864 m	5 + 1¼	Hauptgipfel Jugoslawiens, viele Routen

Südliche Kalkalpen

Cima Brenta, 3150 m

Mächtiger Gipfel über dem Bocchetteweg

Aufstiegszeit	Gipfelaufbau	Alternative
2 + 3½ Std.	Felsgrat	Benini-Klettersteig

Das eine Extrem ist so unbefriedigend wie das andere! Unzählige Klettersteig-Begeisterte bevölkern den berühmtesten aller Eisenwege, den Sentiero delle Bocchette, tasten sich etwas ängstlich auf den Felsbändern über himmelhohen, senkrechten Wänden entlang, turnen über lange Leitern, bestaunen die allerwildesten Felsberge wie den Riesenturm Campanile Basso, auch Guglia di Brenta genannt, und schimpfen manchmal über den allzu lebhaften Andrang. Doch nur die wenigsten dieser „Durchquerer" besteigen einen der zahlreichen Brentagipfel. Und damit fehlt der Tour doch etwas Wesentliches, mangelt es am letzten Pfiff. Geradezu unsinnig wäre jedoch das andere Extrem: Man erstürmt sozusagen im Sauseschritt die Cima Brenta und verschwindet anschließend sofort wieder aus dem Gebiet!

Diese wuchtige, quergestreifte, auf der Nordseite auch eisverzierte Felsburg, die in der Mitte der langgestreckten Berggruppe aufragt, lädt zu einer Kombination Klettersteig und Gipfeltour geradezu ein. Der recht anspruchsvolle Sentiero delle Bocchette Alte klettert von der Bocca di Tuckett über den Cima-Brenta-Nordgrat sowieso bis in etwa 3000 m Höhe empor. So verringert sich der Abstecher vom Garbariband zum Gipfel – nun sagen wir einmal zu einem Löwensprung. Das Wort Katzensprung würde diese – nicht gesicherte! – Kletterei bis II– doch allzu sehr verniedlichen. Zum Schluß noch zwei Tips. Wegen der im Sommer oft überquellenden Hütten liegt es nahe, den großartigen Zugang vom Grostèpaß über den Benini-Klettersteig zu benützen. Und natürlich kann man beim Rückweg auf dem Bocchetteweg auch nach Süden über den Spallone di Massodi (2998 m) zur Alimontahütte absteigen (wesentlich weiter).

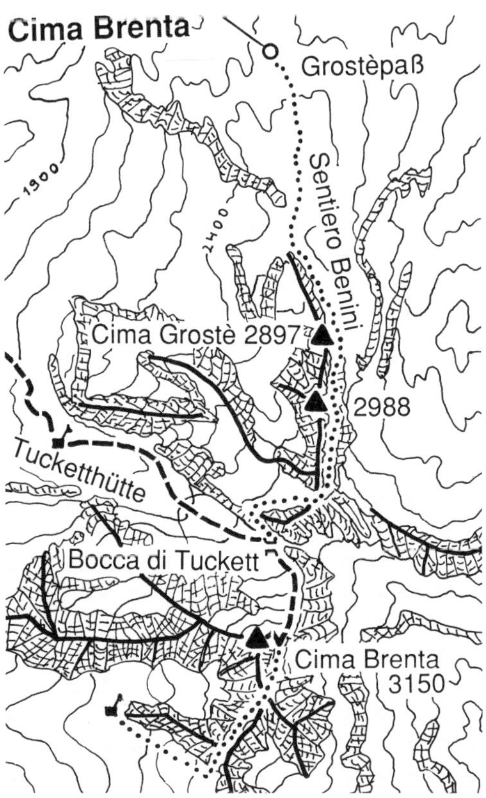

Talort: Madonna di Campiglio (1522 m), bekannter Ferienort zwischen Presanella- und Brentagruppe.

Charakter: Bis zum Garbariband sehr gut gesicherter Klettersteig mit einigen steilen und ausgesetzten Stellen, dann Steigspuren im Geröll, Kletterei in Schrofen bis II–, kurze, ausgesetzte Firnschneide.

Die Route: Von Madonna di Campiglio nach Vallesinella (1522 m). Auf breitem Weg empor zur großartig gelegenen Tucketthütte (2268 m, CAI). Auf einem Steig, dann über Firn (Eis) in die Bocca di Tuckett (2656 m). Den gesicherten Sentiero delle Bocchette Alte folgend über Geröll und steile Felsabbrüche zum Garbariband. Von seinem Ende über Felsstufen und durch Rinnen ein gutes Stück empor auf ein Köpfchen. Über eine kurze Firnschneide und weiter auf den nahen Gipfel.

Die Klettersteige: Von Madonna di Campiglio mit den Bahnen zum Grostèpaß. Dann auf dem Sentiero Benini zur Bocca di Tuckett und wie oben auf die Cima Brenta (5½ Std.). Abstieg über den Südteil des Sentiero delle Bocchette Alte zur Alimontahütte (2600 m, privat).

Im Herzen der Brenta, links die Wände der Cima Brenta Alta, dann der Campanile Basso (Guglia di Brenta); quer durch die Wände führt der Sentiero delle Bocchette Centrale, einer der berühmtesten Klettersteige. ▷

Cima Tosa, 3173 m

Höchster Gipfel der Brenta

Aufstiegszeit	Gipfelaufbau	Alternative
3¾ + 2½ Std.	Firn- und Schutthänge	Klettersteige

Den südlichen Teil der Berggruppe mit ihrem Hauptgipfel Cima Tosa kann man nur auf grandiosen Routen erreichen – es gibt gar nichts anderes! Beim Weg von der Brenteihütte ins Obere Brentatal „drohen" die bis zu 800 m hohen Wände von Crozzon di Brenta, Cima Tosa und Cima Margherita, eine Mauer von zwei Kilometern Breite. Steuert man hingegen die Tosahütte von der Alimontahütte (siehe Cima Brenta) über den Sentiero delle Bocchette Centrale, einen der eindrucksvollsten Klettersteige überhaupt, dann zeigt die Brenta ihr anderes Gesicht: In der Sfulmini-Gruppe beherrschen die Türme und Zacken mit dem Campanile Basso (2877 m), einem Finger von 250 m Höhe, das Bild.

Der Tosa-Ostanstieg führt erstaunlich lange durch Schutt- und Schneekare, die hohen Wandfluchten über dem Ansteigenden wandern wie Kulissen vorbei. Sie würden ausreichen, um fünf Gipfel zu wilden Felsgestalten zu formen. Hier gehören sie alle zu einem einzigen Berg! Das sind die Cima-Tosa-Ausmaße! Erst in 2850 m Höhe schiebt sich ein Felsriegel in den Weg. Neben einem Kamin klettert man über diese kurze Stufe. Dann setzen sich Geröll, Schrofen und Schnee fort und führen schließlich auf den höchsten Punkt, auf keine kühne Dolomitenzinne, sondern auf eine sehr weite Kuppe.

Ausgangsort: Madonna di Campiglio und Vallesinella siehe Cima Brenta.

Charakter: Hochalpine Wanderung mit einer Kletterpassage (II), Schneefelder.

Die Route: Von Vallesinella durch Wald steil aufwärts zum Ghs Casinei. Nochmals durch Wald bergan, dann quer durch die Hänge nach Süden in aussichtsreichem Gelände auf dem Sentiero Bogani zur herrlich gelegenen Brenteihütte (2120 m, CAI). Weiter in das Obere Brentatal und die wild eingeschnittene Bocca di Brenta (2522 m, Schneefelder, Sicherungen), hinter der die Tosahütte (Pedrottihütte, 2496 m, CAI) liegt. Südlich unter der Cima Brenta Bassa hindurch ins Kar östlich der Cima

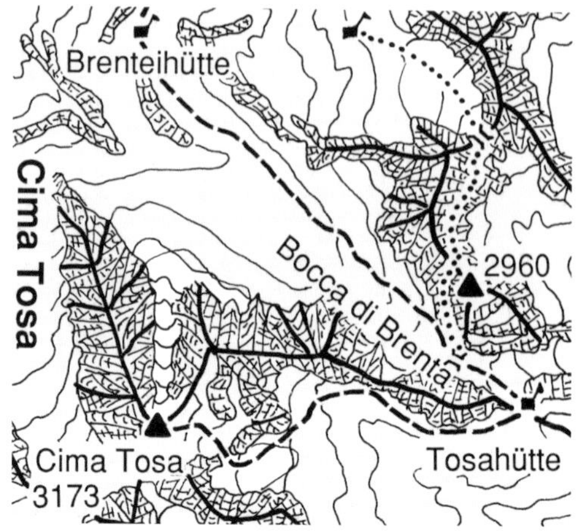

Tosa. Über Geröll und Schnee auf Steiglein nach Westen empor, an der Schmalstelle über den Felsriegel (II) nach Norden in die folgende Mulde. Weiter zum Grat und Gipfel.

Rosengartenspitze, 2981 m

Ein berühmter Dolomitenberg

Aufstiegszeit	Gipfelaufbau	Alternative
3 Std.	Felsgrat	keine

Was darf es sein? Die Rosengartengruppe serviert jedem das ideale Ziel! Der reine Wanderer bewundert die Berge von der Scalieretspitze (2889 m)

Cima-Tosa-Südostflanke mit den Mulden, durch die der Normalweg führt.
▽

aus, der Trittsichere und Schwindelfreie erobert den Hauptgipfel, den 3004 m hohen Kesselkogel, und die Kletterer finden alle Schwierigkeiten von II bis ad finitum in dem nicht nur festen, sondern auch besonders griffigen Fels. Und da wir uns nicht zwischen den beiden Extremen entscheiden konnten – hier eine gewaltige, breitgelagerte und hohe Felsmauer, die Rosengartenspitze, dort die schlanken zu Filigran zersplitterten Türme von Vajolet – stellen wir beide Möglichkeiten vor. Auf jeden Fall muß der Kletterer inmitten all der Schaulustigen in das Gartl hinaufsteigen, wo nach der Sage einst alles von den üppigen Rosen König Laurins überzogen war. Für uns ist nichts außer Geröll geblieben. Aber die Bergsteiger kommen ja aus anderen Gründen, sie wollen die Kletterei an der Rosengartenspitze genießen, sich in dem Erfolgserlebnis baden, eine der ganz großen Dolomitenzinnen zu erobern. Beim Blick vom Santnerpaß auf die Westwand macht sich leicht der Eindruck breit, „Ist das alles?". Doch Vorsicht! Man wird überrascht sein, wie steil und ausgesetzt sich der Fels dort oben dann wirklich zeigt.

Ausgangspunkt: Von Welschnofen oder auch von Tiers auf der Nigerpaßstraße zur Talstation des Laurinliftes (1743 m).
Charakter: Erst vielbegangener Klettersteig, dann 170 m im steilen Fels, bis II+, ausgesetzt.
Die Route: Mit dem Tonnenlift zur Bergstation bei der Rosengartenhütte (2337 m, CAI). Ein Stückchen empor, dann unter den Wänden nach Norden. Über die 350 m hohe Felsstufe auf gut gesichertem Steig – dazwischen eine schneegefüllte Schlucht – in den Santnerpaß (2741 m, privates Hüttchen). Rechts aufwärts zu den Felsen. Durch einen Kamin in einen Kessel, dann in der linken Wand weiter empor. Wo das Gelände zu steil wird, wieder nach rechts in die Schlucht und durch sie auf den Nordgrat. Auf und links neben der Schneide auf den Gipfel.

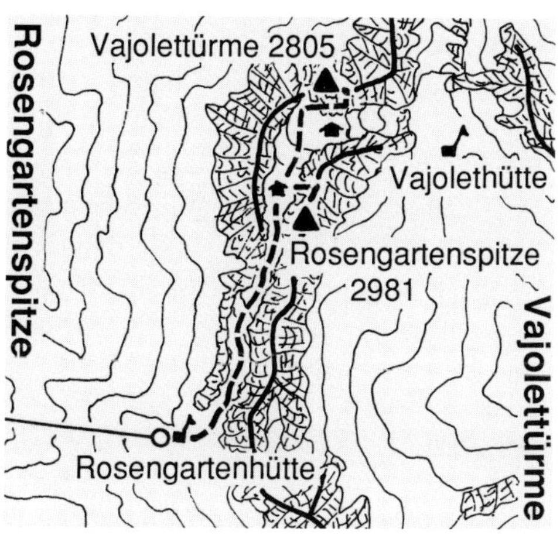

Vajolettürme, 2805 m

Superziele für Kletterer

Aufstiegszeit	Gipfelaufbau	Alternative
3½ Std.	Felswand	keine

Das ist Pflicht: jeder muß einmal die wenigen Minuten aus dem Gartl zum Laurinspaß hinaufsteigen. Hier zeigen sich die drei südlichen Vajolettürme nicht nur als ungemein schlanke Nadeln, man ahnt auch die 500 m hohe, nahezu senkrechte Nordwand. Man mag es gar nicht glauben, daß die Verwitterung derartig schmale Felsgestalten herausmodellieren kann; das spricht eigentlich jedem Prinzip von Abtragung und Schwerkraft Hohn.
Der mittlere und höchste der drei Zakken, der nach seinem Erstbegeher Stabelerturm genannt wird, hat noch die massigste und breiteste Gestalt, ihm kann man auch am einfachsten aufs Haupt steigen. Aber: einen Dreier muß der Kletterer sicher beherrschen, und zudem darf ihn das Steile und Ausgesetzte – das nun einmal zu den Dolomiten gehört – nicht schrecken. Doch gute Tritte und Griffe gleichen das wieder aus.

Ausgangspunkt und Zugang: Bis zum Santnerpaß siehe Rosengartenspitze.
Charakter: Kurze, aber steile Kletterei, III, Route viel begangen.
Normalweg: Vom Santnerpaß durchs Gartl sanft abwärts gegen den Laurinspaß. Dann nach rechts unter dem Delago- und dem Stabelerturm hindurch in die Rinne, die zwischen letzterem und dem Winklerturm herabkommt. Durch die Rinne, einen langen Kamin und über Felsstufen zum Ostgrat. Wieder links in der Wand durch Kamine auf einen deutlichen Vorbau und über eine letzte Stufe auf den Gipfel. Abstieg teilweise durch Abseilen.

Sass Rigais, 3025 m

Der Modeberg der Geislergruppe

Aufstiegszeit	Gipfelaufbau	Alternative
3 Std.	Schrofenflanke	Überschreitung

Wir wollen keineswegs die Nichtkletterer mit unseren so anspruchsvollen Zielen wie der Rosengartenspitze, den Vajolettürmen oder dem Langkofel aus den Dolomiten vertreiben. Auch für sie gibt es eine Fülle reizvoller Gipfel in diesem Jedermanns-Gebirge. Als nordwestlicher Vorposten imponiert die Geislergruppe mit einem guten Dutzend scharf

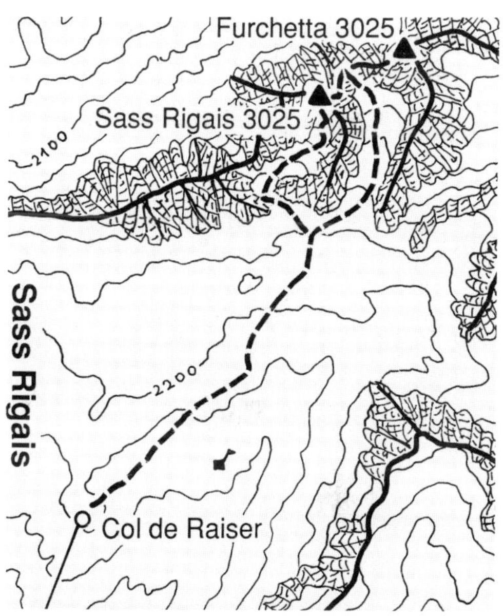

geschnittener Felsberge. Vor allem ihre Nordwände über dem Villnößtal bieten einen wilden Anblick. Der Sass Rigais mit dem auffallend runden Gipfelkopf teilt sich die Herrschaft mit der viel schlankeren, genau gleich hohen Furchetta. Eine lange, steinschlaggefährliche Schrofenflanke schreckt an letzterem die Interessierten ab, während zwei angelegte und gesicherte Steige den anderen zu einem richtigen Modeziel aufgewertet haben. Eine Sass-Rigais-Überschreitung gehört zu den Genußtouren; der Zugang ist mühelos, der Anstieg durchs Wasserrinnental verwöhnt mit imposanten Felsbildern, der Blick aus der tiefsten Scharte in die nordseitige Schlucht läßt sich mit „grausig-eindrucksvoll" charakterisieren, während – zumindest für den Trittsicheren – der Ostanstieg mit seinen Drahtseilen und Stiften zum spannenden, doch undramatischen Spiel wird. Vom Gipfel wandert der Blick dann völlig hindernislos in alle Richtungen; zum Panorama gehören nicht nur die Dolomiten, auch die großen Gipfel der Zillertaler, der breite Eisdom des Ortlers...

Ausgangsort: St. Christina (1427 m), beliebtes Ferienziel im Grödnertal.
Charakter: Bergwege, an den wenigen Steilstellen gut gesichert, Trittsicherheit notwendig.
Der Südwestanstieg: In St. Christina zur Talstation im Cislestal. Mit dem Lift zur Bergstation am Col de Raiser (2125 m), dann auf dem Weg nach Nordosten über die Böden an den Felsfuß und links in die Mittagsschlucht. In halber Höhe durch eine Seitenschlucht nach rechts, durch die man die teils grasbedeckte, teils schrofige Südwestflanke erreicht. Über sie und den obersten Südgrat auf den Gipfel.
Überschreitung: Wie oben an den Felsfuß. Jetzt in das Wasserrinnental und hinauf zur abschließenden Scharte. Links über Geröll und Schrofen auf eine Schulter und in eine Lücke. Jetzt den guten Sicherungen durch die Wand folgend, dann flacher zum Gipfel. Etwa gleiche Zeit, doch anspruchsvoller als der Südwestanstieg.

Langkofel, 3181 m

Wahrzeichen des Grödnertals

Aufstiegszeit	Gipfelaufbau	Alternative
¾ + 4½ Std.	Felswand	keine

Mit dem Langkofel ist das so eine Sache! Schon das Anschauen bringt manche Überraschung. Dem Autofahrer auf der Sellapaßstraße präsentiert er sich als eineinhalb Kilometer breite und bis zu 1000 m hohe Riesenfelsmauer. Doch über dem Grödnertal verliert der Name ***Lang***kofel seine Berechtigung; dort beherrscht ein hoch aufgerichteter Dom mit vielen Pfeilern und Streben das Bild. Und die Südwestseite schließlich stellt gewissermaßen ein alpines Kuriosum dar. Sie ist vollkommen in Schluchten und Rinnen, in Rippen, Türme und Zacken aufgelöst; ein wahrlich verwirrendes Durcheinander! Wenn Nebelfetzen durch die Wand ziehen, tritt diese Struktur erst richtig plastisch hervor, sehr zur Verblüffung des Betrachters. Doch das eigentliche Kuriosum ist das Kar des Langkofelgletscherchens inmitten dieses Wirrwarrs – der Daumenabdruck eines Riesen!
Durch diese 800 m hohe Felsflanke führt der Normalanstieg; stundenlang steigt und klettert der Begeher zwischen Wänden und Türmen, durch Schluchten und Rinnen bergwärts. Gewaltig, faszinierend, beeindruckend – und doch ist der Nimbus, mit dem man die Route ausgestattet hat, überzogen. Wenn da von zwölf Stunden für Auf- und Abstieg geredet wird, dann demonstriert das nicht die Länge dieser Tour, sondern mangelnde Geschicklichkeit. Der Langkofel eignet sich nun einmal nicht für Anfänger, Ängstliche, Unsichere... Ein geübter Blick für den richtigen Durchschlupf in kompliziertem Gelände, eine perfekte Trittsicherheit, die das Seil auf weiten Strecken unnötig macht – und schon kommt man auch in einer derartigen Riesenflanke rasch und zügig von der Stelle. Alle anderen haben am Langkofel nichts verloren! Vor einem aber muß sich auch der Erfahrene fürchten: Quellwolken und sogar Gewitter gehören zum Dolomiten-Sommer. Wer im Nebel die Abstiegsroute verliert, gerät hier fast zwangsläufig in ausweglose Situationen! Deshalb bricht man nur bei stabilem Wetter und so früh wie möglich auf.

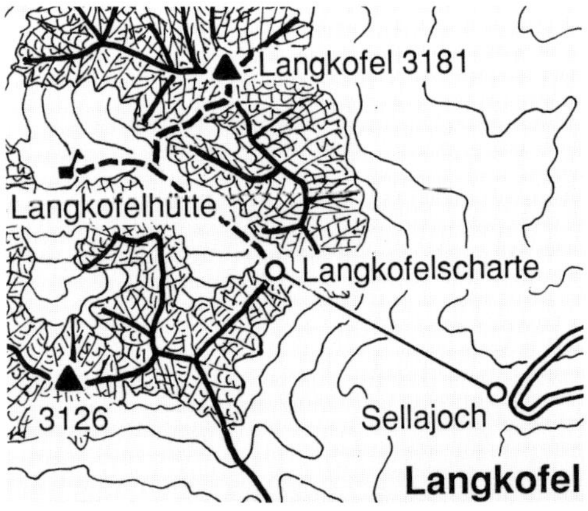

Ein Detail beim üblichen Anstieg durch die riesige, von Schluchten und Rinnen zerfurchte Südwestflanke des Langkofels.

Ausgangspunkt: Aus dem Grödner- oder dem Fassatal auf der Paßstraße zum Sellajoch (2214 m).
Charakter: Anspruchsvolle Bergfahrt durch eine 800 m hohe Flanke, Steigspuren, Kletterei bis II, evtl. Schnee und Eis in den Rinnen.
Die Route: Vom Sellajoch mit dem Lift in die Langkofelscharte (2679 m, Hütte). Durch das eindrucksvolle Langkofelkar zwischen hohen Wänden über Geröll und Schnee hinab zur Langkofelhütte (2252 m, CAI). Der Einstieg in die Südwestflanke befindet sich genau gegenüber, links des Bacheinschnittes, der aus dem Gletscherkar herabkommt. Beschreibung im Dolomiten-Kletterführer, Band 1a, Bergverlag Rudolf Rother, München.

Marmolata, 3342 m

Der Dolomiten-Gletscherberg

Aufstiegszeit	Gipfelaufbau	Abstieg
2½ Std.	Klettersteig	Gletscherweg

Im Stubai etwa würde der Marmolatagletscher, da ihm alle markanten Formen fehlen, überhaupt nicht auffallen. Doch zwischen und über den Dolomiten-Felsburgen bildet dieser wallende, weiße Mantel schon einen imponierenden Kontrast. Man darf jedoch – sozusagen – nicht allzu genau hinschauen, denn die Bahnen, Lifte, Hütten stempeln das Gebiet bei der Punta di Rocca, dem Marmolata-Ostgipfel, schon arg zum Rummelplatz. Drüben, auf der Punta di Penia, dem höchsten Punkt, treffen sich trotzdem nur Bergsteiger, so anspruchsvoll sind die Anstiege; sie kann niemand in Rock und Halbschuhen schaffen! Die kürzeste Route und die geringsten Hindernisse bietet der Gletscherweg, den der Vernünftige trotz der dicken Spuren nicht ohne Seil begeht. Schließlich wäre auch in den Dolomiten ein Spaltensturz nichts angenehmes. Mehr aber noch lockt hier, im Reich der Kletterberge, eine bekannte via ferrata, der Eisenweg über die plattige Flanke neben dem

Westgrat. Drahtseile wie Geländer, Stifte und Klammern helfen in den einst von den Gletschern abgeschliffenen, oft von feinem Schutt bedeckten Felsen. Bei der Höhe von 3000 m und der Westlage sind die Drahtseile am Morgen nicht nur „saukalt", es gibt auch immer wieder Schnee oder Eis. Man erreicht den Beginn des Klettersteigs in der Marmolatascharte rasch vom Fiacconi-Sessellift. Doch dem Genießer bietet der Umweg durchs Contrintal eine Fülle zusätzlicher Eindrücke: Steil und malerisch ragen die Felsen über dem Contrinhaus auf, und beim Zugang zeigt die Marmolata ihr anderes Gesicht, die kilometerbreite, rostrote, scheinbar senkrechte Südwand.

Ausgangspunkt: Talort ist Canazei (1465 m) im Fassatal. Die Tour beginnt entweder kurz oberhalb von Alba (1500 m) oder am Südufer des Fedajasees (2053 m).

Charakter: Gut gesicherter Klettersteig, bei trockenem Fels von mittlerer Schwierigkeit, auf dem Gletscher Spalten.

Der Westgrat-Klettersteig: Entweder vom Fedajasee mit dem Lift auf den Pian dei Fiacconi (2580 m). Schräg nach

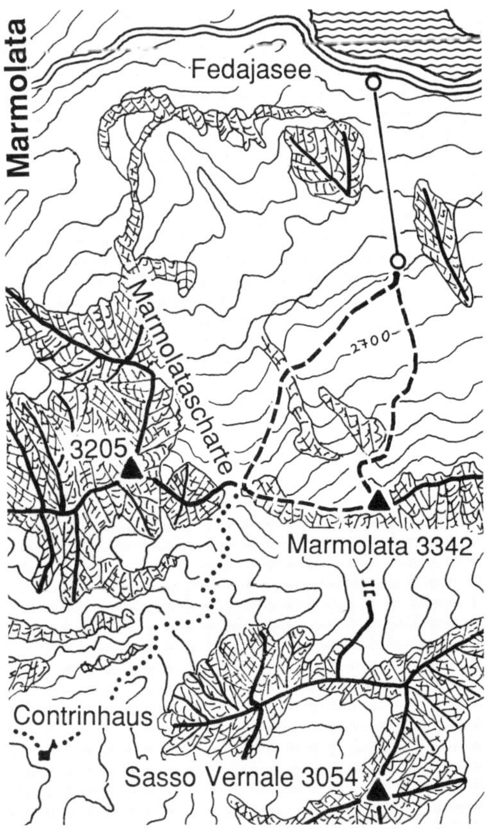

Westen über den Gletscher in eine Lücke, die in eine Felsrippe eingeschnitten ist. Dahinter dann über den Vernelgletscher (evtl. blankes Eis) in die Marmolatascharte (2910 m). Oder von der Lift-Talstation bei Alba durch das Contrintal zum Contrinhaus (2016 m, CAI, 1¼ Std.). Über Hänge und Karböden, schließlich steil im Geröll und mit einer Leiter in die Scharte (2½ Std. ab Hütte). Nun fast immer etwas nördlich der Kante über einige gut gesicherte Steilstufen empor, das letzte Stück auf einem Firnrücken zum Gipfel mit kleiner Hütte.

Abstieg: Nach Norden über den Firnrükken hinab, dann rechts durch einen Schrofengürtel auf den eigentlichen Marmolatagletscher und ziemlich gerade hinab zum Pian dei Fiacconi.

Civetta, 3220 m

Die Riesenfelsmauer

Aufstiegszeit	Gipfelaufbau	weitere Gipfel
¾ + 4½ Std.	Schrofenflanke	Rundtouren

Volle fünf Kilometer ziehen sich die mauerglatten Nordwestwände des Civettakammes vom Torre Coldai bis zum Torre Venezia hin. Die – wirklich guten – Kletterer schwärmen von den zahllosen, oft äußerst schwierigen Routen. Doch das Zentrum der Wand, die an der Civetta selbst 1200 m hoch ist, beeindruckt mit ihrer sehr, sehr langen und ernsten Kletterei noch heute die Alpinisten, obwohl die Erstbegehung durch Solleder und Lettenbauer schon gut ein halbes Jahrhundert zurückliegt.

Aber auch beim „Normalbergsteiger" hinterläßt die Civetta allertiefste Erlebnisse, falls er den Berg auf den Klettersteigen von Alleghesi und Tissi überschreitet. Es gibt dort zahlreiche steile und ungemein ausgesetzte Stellen; nur den Dolomiten-Erprobten packt dabei kein Gruseln. Aber auch er muß den Schwierigkeitsgrad II beherrschen, wird der Alleghesi-Eisenweg doch mehrmals von ungesicherten Felspassagen unterbrochen.

Aber damit erschöpfen sich die Möglichkeiten noch nicht, es gibt gewissermaßen noch eine dritte und eine vierte Stufe. Der Tivanweg bietet den einfachsten Anstieg zur Civetta. Weite Kare und eine gigantische Welt aus Fels sorgen auch dort für starke Eindrücke. Trotz der mäßigen Schwierigkeiten darf die Tour wegen ihre Länge und der großen Höhe – Schneefelder! – niemand unterschätzen. Und schließlich sei noch der Wanderweg von der Vazzolerhütte zum Coldaisee empfohlen, der die Terrassen und Kare im Westen des Massivs quert. Bei der Tour lassen sich in voller Ruhe all die berühmten Kletterwände bestaunen.

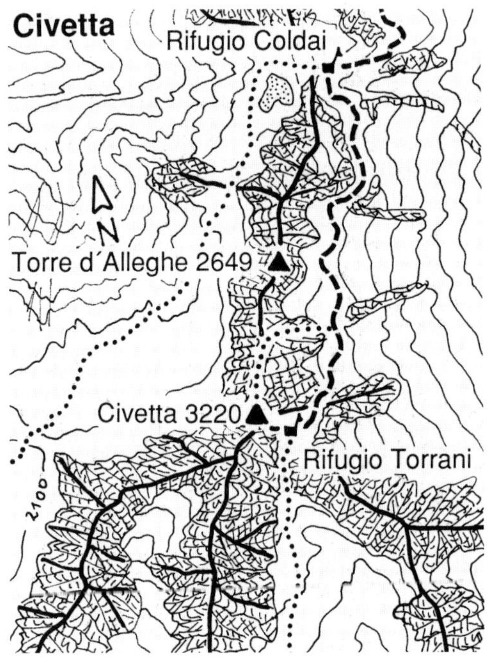

Ausgangspunkt: Aus dem Fiorentinatal über den Staulanzapaß oder direkt aus dem Zoldotal nach Palafavera und auf einem Almsträßchen zur Casera di Pioda (1816 m).

Tivanweg: Auf breitem Weg zum Rifugio Coldai (2135 m, CAI). In nur mäßiger Steigung – mehrere kurze Abstiege – nach Süden quer durch drei Kare in ein viertes östlich der Civetta. Über Geröll, Schnee und Schrofen mit Sicherungen weit empor zum kleinen Rifugio Torrani (2984 m, CAI). Im Felsgelände zum Gipfel.

Zwei Rundtouren: Auf dem Tivanweg bis zum Kamm hinter dem zweiten Kar. Jetzt auf dem sehr steilen und ausgesetzten Alleghesi-Klettersteig über einen langen Felssporn unter die Punta Civetta und längs des Grates zum Civetta-Hauptgipfel. Rückweg auf der

Die hohen Marmolata-Südwände, das andere ▷ „Gesicht" des Dolomiten-Gletscherberges.

Tivanroute oder Weiterweg von der Torranihütte über den noch anspruchsvolleren Tissi-Klettersteig in den Van delle Sasse und hinüber zum Rifugio Vazzoler (1714 m, CAI, Übernachtung) mit großartiger Bergkulisse. Wanderweg Nr. 650 zur Forcella di Colrean und am Coldaisee vorbei zur Coldaihütte (2½ Std. ab Vazzolerhütte).

Monte Pelmo, 3168 m

Der Dolomiten-Einzelgänger

Aufstiegszeit	Gipfelaufbau	Alternative
1¾ + 4¾ Std.	Schrofenflanke	keine

Viele der großen Felsgruppen entstanden als Koralleninseln im einstigen warmen Dolomitenmeer. Die weicheren Gesteine rundum fielen der Verwitterung zum Opfer, und so wuchsen diese Massive – im Verhältnis zur absinkenden Umgebung – immer höher empor. Nur damit läßt sich eine so vollkommen isoliert aufragende Felsburg wie der Monte Pelmo erklären. Stände er in einer langen Kette, wäre auch er nur ein Berg unter vielen. Eigenartigerweise fällt nämlich das Elegante, das Ungewöhnliche einer Bergform den meisten nur dann auf, wenn sie diesen Gipfel für sich alleine betrachten. Ein ganz typisches Beispiel: die Fünffingerspitze über dem Sellajoch ruft beim Anschauen auf einem guten Foto stets ein „ah" hervor, in der Natur jedoch übersehen sie viele. Und genau das kann dem Monte Pelmo, dem Riesenfelsdom, dem absoluten Einzelgänger, nie passieren!

Wenn die deutschsprachigen Bergsteiger dort trotzdem nicht allzu häufig sind, liegt das an dem doch recht umständlichen Zugang durchs Zoldotal. In die Südostflanke des Pelmo ist ein gewaltiges Hochkar eingelagert, in dem sich lange die Schneefelder halten. Es bricht nach unten mit einer 400 m hohen Wand ab. Doch zum Glück gibt es das Ball-Band, das nach dem Pelmo-Erstbesteiger John Ball benannt ist, und das ein einmaliges Kuriosum darstellt. Auf

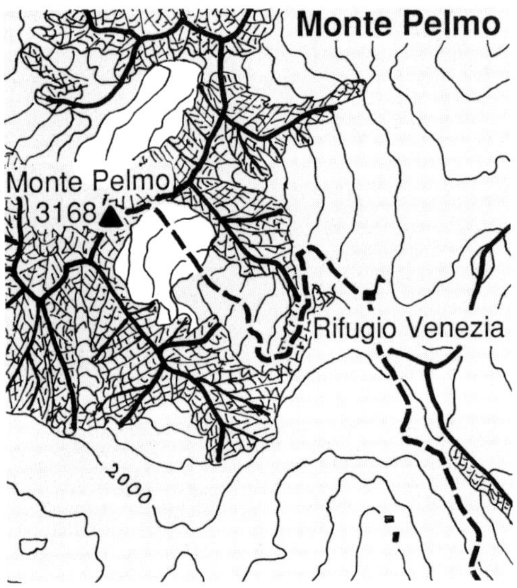

600 m Luftlinie, das ergibt mit allen Rippen und Schluchten etwa einen Kilometer Gesamtlänge, läuft es quer durch die Wände. Berühmt wurde die Kriechstelle, der Passo del Gatto; die obere Wand springt soweit vor, daß nur ein Durchschlupf für il gatto, die Katze, bleibt.

Ausgangspunkt: Von Forno di Zoldo durch ein Nebental in den Bergort Zoppè (1461 m).
Charakter: Lange Tour in großer Höhe, ausgesetztes Band, Kletterei bis I+, Schneefelder.
Die Route: Wo in Zoppè die Straße scharf nach rechts umbiegt, auf einem Steig gerade empor, dann auf einem Kriegssträßchen durch die Westflanke des Monte Penna zu einem Einschnitt und zu dem direkt dahinter gelegenen Rifugio Venezia (1950 m, CAI) mit herrlichem Blick etwa auf den Antelao (3263 m). Über Schutt zum Wandfuß hinauf und links über Schrofen auf das Ball-Band. Quer durch die gesamte Wand – zwei ausgesetzte Schmalstellen – zum Hochkar Vallon. Den guten Steigspuren folgend im Geröll, über Schrofen und durch Schnee zum Gipfel.

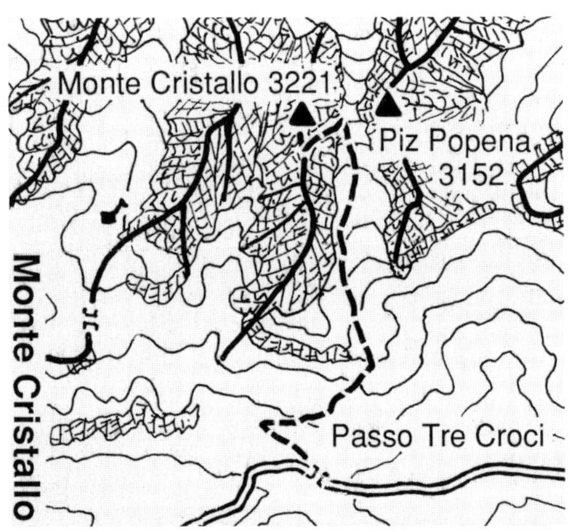

Monte Cristallo, 3221 m

Hoch über Cortina

Aufstiegszeit	Gipfelaufbau	Alternative
5 Std.	Felsgrat	keine

Vier gewaltige Bergmassive umgeben in einem weiten Halbrund den Talkessel von Cortina. All diese Gipfel würden in unser Buch passen, und sie gehören zu den lockenden Zielen für jeden guten Bergsteiger. Da wären als erstes die Tofanen, von denen wegen der Bergbahnen jedoch nur die Tofana di Rozes (3225 m) mit dem sehr eindrucksvollen Lipella-Klettersteig als richtige Tour übrigblieb. Die vom Misurinasee aus so gerne fotografierte Punta Sorapiss (3205 m) wird wegen des reichlich umständlichen Zugangs relativ selten bestiegen. Ein besonders stolzes Ziel ist der Antelao, mit 3263 m der zweithöchste Dolomitengipfel, mit seinem Riesenplattenschuß, der sich nur bei trockenem Fels gut begehen läßt.
Doch wir wollen hier sozusagen stellvertretend den Monte Cristallo vorstellen. Der Autofahrer am Passo Tre Croci staunt über die gewaltige Felsszenerie nördlich der Straße. Wie eine rostrote Riesenkulisse schiebt sich der Piz Popena (3152 m) mit seinem Südgrat vor, der Cristallo wirkt daneben relativ behäbig. Der Anstieg ist typisch für viele große Dolomitenberge: Sehr lange wandert man über Gras, zwischen Latschen und über die allgegenwärtigen gravas, die Schuttfelder, bergwärts, und doch ist der Felsaufbau dann noch 400 m hoch. Dort geht und klettert man – wie könnte es anders sein – über Bänder, durch Schluchten, Kamine…

Ausgangspunkt: Passo Tre Croci (1814 m) an der Straße von Cortina nach Misurina.
Charakter: Anspruchsvolle Hochtour, längere Kletterei, Stellen II.
Die Route: Vom Paß nach Norden empor, dann rechts ins Hochkar von Cerigeres. Auf dem Steig über Geröll, dann auf Schnee bis knapp unter den Cristallopaß. Links durch eine Schneerinne auf das Lange Band. Über Rinnen und Bänder zum Südgrat und über ihn auf den Gipfel; immer wieder Steigspuren. Beschreibung im AV-Führer „Cristallogruppe", Bergverlag Rudolf Rother, München.

Cima della Vezzana, 3193 m

und Cimone della Pala, 3185 m

Aufstiegszeit	Gipfelaufbau	Alternative
3 Std.	Schrofen	Klettersteig

Der Cimone, diese leicht „verdrehte" Flamme aus Fels, gehört zu den Foto-Größen: Es gibt kaum einen Bergkalender, der nicht das Motiv „Rollepaß und Cimone della Pala" druckt. Die Profifotografen können bis zur Segantinihütte mit dem Auto fahren, und so kommen sie mühelos zum Schuß. Auch der Nachbargipfel zeigt von dort ein wildes Aussehen; seine 600 m hohe Steilwand fußt auf einem jähen, oft schmutzig grauen Eisfeld. Doch er liegt etwas zurück und fällt deshalb weniger ins Auge. Das ist die Cima della Vezzana, der Hauptgipfel der Palagruppe, ein reizvolles Ziel für den Trittsicheren, der mit Schneefeldern und Schrofen zurecht kommt. Dieser für die einfacheren Dolomitentouren so typische Anstieg führt durch Kare und begeistert mit dem Blick auf grandiose Felsszenerien. Die Bahnen an der Rosetta verkürzen den Anstieg zur Tagesfahrt.
Die untere Sektion benützt man auch bei der ungleich anspruchsvolleren Cimone-Tour mit ihren beiden so ungleichen Hälften. Bis zur Schulter folgt man der via ferrata Bolver-Lugli, einem Klettersteig der Kategorie „steil und ausgesetzt". Doch einem richtigen Felstiger macht ja gerade das Wilde derartiger Steige Spaß. Und er muß über ihn sowieso ohne alle Probleme emporturnen, falls er den weiteren Gipfelaufstieg anpacken will. Bis III– geht nämlich die folgende Kletterei in dem steilen, zerklüfteten und doch ausgesetzten Fels.

Talort: San Martino di Castrozza (1466 m) südlich des Rollepasses.
Charakter: Hochtour mit Schneefeldern, Kletterei bis I.
Cima della Vezzana: Mit Lift und Seilbahn zur Bergstation an der Rosetta (2600 m). Hinüber zur Rosettahütte, dann etwa waagrecht im Westen um die Cima Corona in den Passo Bettega (2618 m). Leicht abwärts um eine Geländekante in die Val dei Cantoni und über Schnee und etwas Fels bis vor den Passo del Travignolo. Hierher auch von der Mittelstation der Bahn über den anspruchsvollen Klettersteig Bolver-Lugli zur Südostschulter des Cimone (mit Biwakschachtel) und über geröllreiche Schrofen zum Paß hinab. Gemeinsamer Weiterweg: Durch die schrofige Flanke erst nach rechts, dann wieder links zum Grat und Gipfel.
Cimone della Pala: Wie bei der Vezzana beschrieben auf die Schulter. Vom linken oberen Eck der Terrassen durch die Südflanke in eine Lücke; berühmt ist ein

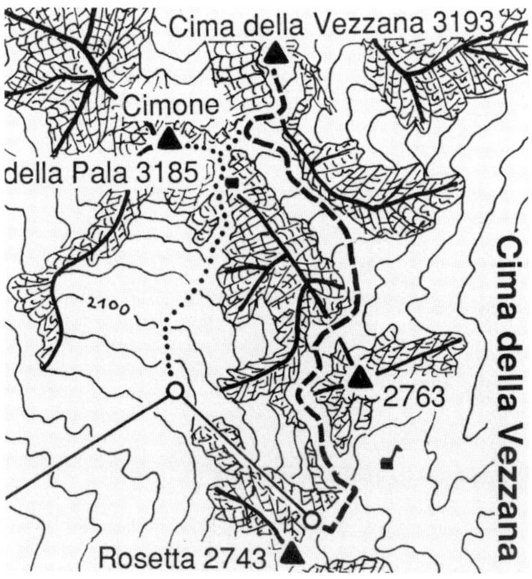

Felsloch, durch das man kriechen muß. Es folgt eine gesicherte 30-m-Wand, eine Felsstufe mit Kamin und eine Rippe. Schließlich über den ausgesetzten Grat auf den Gipfel. (Ab Mittelstation ca. 5 Std., Felshöhe ab Schulter gut 150 m, Kletterei bis III–, ausgesetzt.)

Drei Zinnen, 2998 m

Ausnahmegipfel in den Sextener Dolomiten

Aufstiegszeit	Gipfelaufbau	Alternative
3½ Std.	Felsflanke	keine

Auch in einem Felsgarten wie den Dolomiten sind die Drei Zinnen etwas Einzigartiges. Aber nicht die mauerglatten, leicht überhängenden Nordwände schaffen das Ungewöhnliche. Ausschließlich diese Trilogie, das so saubere Nebeneinander der drei Gipfel, sorgt für den überwältigenden Ein-

Cimone della Pala und Cima della Vezzana (links der Mitte) von Westen.
▽

druck. Für sich alleine wäre jeder der Zinnen schön und interessant – mehr jedoch nicht! Dazu kommt die völlig isolierte Lage. Über den weiten Flächen der Langenalm stehen sie wie auf einem Präsentierteller. Nichts beeinträchtigt diesen Anblick!

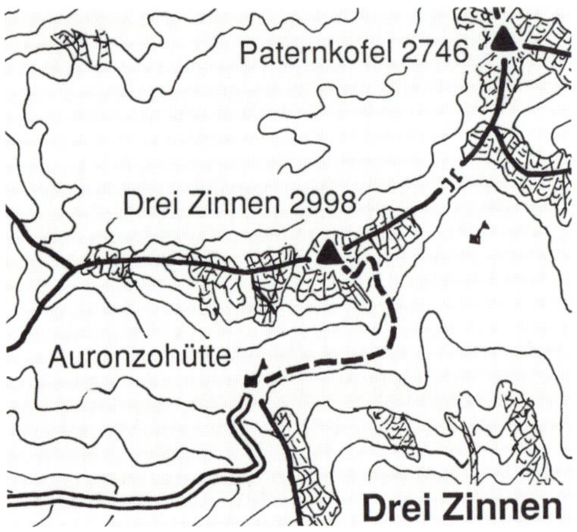

Wie alle berühmten Berge wühlen auch die Zinnen die Emotionen auf. Dem „Bergsteiger mit Geschmacksanspruch ist das Zinnen-Bild Kitsch par excellence." Puh, welche Überheblichkeit! Als ob eine formvollendete Berggestalt je Kitsch sein könnte! Dafür wird eine siebzehntägige (!) Wintererstbesteigung in der Großen-Zinne-Nordwand, bei der 450 Haken und zwanzig Bohrhaken geschlagen wurden, und die von einem großen Presserummel begleitet war, mit „Ehre, Ruhm und höchstem Verdienst" gewürdigt. Nun, in den Bergen lebt die Freiheit, und jeder soll das tun, was ihn persönlich lockt. Bei uns ist dies der Normalanstieg auf die Große Zinne, eine Kletterei bis III inmitten einer gewaltigen Felswelt aus tief eingeschnittenen Schluchten, Rinnen und Kaminen, aus glatten Wandstufen, vorspringenden Felskulissen und langen, breiten Felsbändern, die der Zinnen-Südseite das typische Aussehen geben. Ansich macht die Kletterei Spaß, das ist schöner, griffiger Dolomitenfels. Doch die recht zahlreichen „Mitkämpfer" sorgen für Staus und Steinschlag, während die vielen Vorgänger streckenweise das Gestein schon sehr abgeklettert haben, so daß zum Beispiel der berühmte Kamin recht glatt und damit schwieriger geworden ist.

Im Aufstieg zum Cimone della Pala, im Hintergrund die verkarstete Palahochfläche, über dem Gletscher die Cima di Fradusta. ▷

Ausgangspunkt: Von Misurina auf breiter, aber teurer Mautstraße zur Auronzohütte (2330 m).
Charakter: Kletterei durch eine 450 m hohe Flanke, mehrere Stellen III, sehr beliebt, Steinschlaggefahr.
Die Route: Von der Auronzohütte auf dem Fahrweg nach Osten zur Kapelle. Jetzt auf deutlichem Steig nach Norden in die Schlucht zwischen Großer und Kleiner Zinne. Durch sie empor zur Einmündung einer Nebenschlucht, die hinter einem Vorbau eingeschnitten ist. Den Markierungen und den deutlichen Spuren folgend in die Lücke hinter dem Vorbau. Über Wandstufen auf das Untere Ringband und dann sehr viel steiler, teilweise ausgesetzt, auf das Obere. Auf ihm nach links, schließlich durch Rinnen zum Gipfel. Die notwendige Beschreibung liefert der AV-Führer „Sextener Dolomiten", Bergverlag Rudolf Rother, München.

Prisojnik, 2547 m

Der Berg mit den zwei Fenstern

Aufstiegszeit	Gipfelaufbau	Alternative
3 Std.	Felsgrat	Klettersteige

Sicher geht es vielen Bergsteigern, die nördlich der Alpen zu Hause sind, mit den Julischen ähnlich wie mir. Ich wußte einst über das letzte ganz große Gebirge im Südosten der Alpen nicht viel mehr als den Namen des Hauptgipfels Triglav. Dann fuhr ich eines Tages auf der Rückreise von Jugoslawien durch das Tal der Soča, die den meisten wohl eher unter dem Namen Isonzo ein Begriff ist. Durch eine beeindruckend herbe Landschaft mit ärmlichen Dörfern ging es gegen Norden, und dabei wurden die Berge immer gewaltiger, eindrucksvoller, sie entwickelten sich zu wirklich riesigen Felsmassiven aus Kalk mit hohen Wänden, tief eingeschnittenen Schluchten, ausgedehnten Geröllströmen. Am Vršičpaß packte mich dann der Gipfelhunger – der Prisojnik mit seinen Wegen schien mir auch mit schlechter Karte

und ohne Führerbeschreibung ein akzeptables Ziel. Okno war immer wieder auf Felsen gepinselt. Was sollte dieses eigenartige Wort? Eines der gewaltigsten Felsenfenster überhaupt wird damit angekündigt, ein Durchbruch oben am Westgrat; ein ganzes Haus würde in diesen Hohlraum passen! Ein Klettersteig mündet im Okno, den ich dann später im Abstieg beging. Er führt mitten durch eine zerklüftete Riesenflanke und wartet immer wieder mit neuen, wilden Felsbildern auf. Besonders eindrucksvoll war eine schräge Verschneidung, in der „der Hintern über die

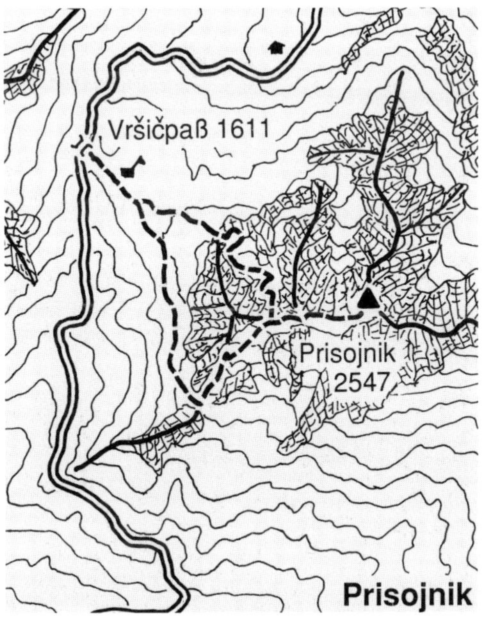

senkrechten Abbrüche hinaushing". Nur in den Dolomiten gibt es Ähnliches! Der Prisojnik ist das Idealziel, um erstmals Julierluft zu schnuppern. Wohl bei jedem echten Bergsteiger wird damit der Hunger geweckt. Und es gibt dann so manches Großartige, um ihn zu stillen – Montasch (2754 m), Wischberg, Mangart, Jalovec, Razor, Škrlatica (2738 m)...

Ausgangspunkt: Von Kranjska Gora auf guter Serpentinenstraße zum Vršičpaß (1611 m).
Charakter: Interessante Bergtour auf Steigen, Trittsicherheit trotzdem unbedingt notwendig.
Der einfachste Anstieg: Vom Paß über einige Köpfchen hinüber zum Bergfuß. Jetzt rechts durch die Flanke zu einer Gratrippe. Dahinter rasch aufwärts erst zwischen Latschen, dann über steiles Gras zum Grat bei dem gewaltigen Fenster (Okno). An ihm rechts vorbei und über den Schrofenkamm auf den Gipfel.
Die Klettersteige: Wie oben zum Bergfuß, dann an den Felsen entlang nach Norden ein gutes Stück hinab zum Einstieg. Durch die riesige, ganz stark gegliederte, in weiten Teilen schrofige Flanke. Zwischendurch eine fast senkrechte und sehr ausgesetzte Stufe. Schließlich durch die große, bröselige, steinschlaggefährdete Schlucht des Okno zum Grat und Gipfel (anspruchsvoller Klettersteig, 3½ Std. ab Paß). Der Weiterweg über den gut gesicherten Ostgrat zu einem zweiten Fenster und in die folgende Scharte ist ebenfalls interessant, seine Begehung zieht jedoch einen recht langen Rückweg nach sich.

Triglav, 2864 m

Der Liebling der Jugoslawen

Aufstiegszeit	Gipfelaufbau	Abstieg
5 + 1¼ Std.	gesicherter Grat	Bambergweg

In Jugoslawien ist der Triglav, der höchste Gipfel des Landes, so etwas wie ein Nationalheiligtum von großer Anziehungskraft. Doch im Gegensatz etwa zur Zugspitze blieb jeder Bergbahnbau aus, man beschränkte sich darauf, die von allen Seiten heraufkommenden Wege so reichhaltig mit Stiften, Drahtseilen usw. zu spicken, daß der Triglav den Spitznamen Igel bekam. Seine Besteigung sollte man im Vratatal beginnen, denn die Nordwand gehört zu den gewaltigsten Felsmauern im Kalk. Allerdings ist die übliche Angabe von 1500 m Höhe nicht korrekt. Die eigentliche Wand endet schon viel früher, und der Gipfel ist dann wie ein querstehendes Riff aufgesetzt. Auch die beiden Zugänge zur Triglavhütte klimmen über den großen Wandabbruch, der hier allerdings nicht mehr so hoch und steil ist. Trotz der guten Sicherungen bleiben das eindrucksvolle Routen! Und begeht man beim Abstieg den langen Bambergweg, eine Art Klettersteig, dann wird man nochmals mit gewaltigen Felsszenerien so richtig verwöhnt.

◁ *Das Riesenfelsenfenster am Prisojnik in den Julischen Alpen.*

Aufnahme der folgenden Doppelseite: Große Felslandschaft in den Sextener Dolomiten. Unverkennbar die Drei Zinnen, in der Mitte die Große Zinne, unser Ziel. Links der Paternkofel, ein Gipfel mit einfachen Klettersteigen.

Ausgangspunkt: Von Mojstrana im Tal der Save auf kleiner, sehr steiler Holperstraße durchs Vratatal zum Aljažev Dom (1015 m).
Charakter: Gesicherte Steige, Steinschlag, im Frühsommer steiler Schnee, viel begangen.

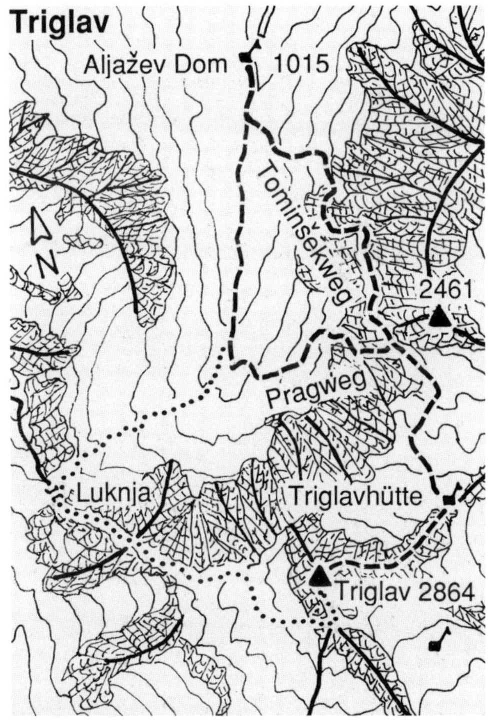

Die Route: Auf dem Tominšek- oder dem Pragweg durch die sehr hohe Felsflanke mit zahlreichen, gut gesicherten Stufen zum Hochplateau hinauf. Über Felsflächen und Schnee zur Triglavhütte (2515 m) auf Kredarica. Gipfelanstieg über den reich mit Sicherungen versehenen Ostgrat.
Bambergweg: Über den Südgrat in eine Scharte hinab, dann nach rechts durch die Flanke ins Kar westlich des Gipfels. In einem weiten Halbkreis zu den Plemenice und längs des Felsgrates gut gesichert in die tiefe Scharte von Luknja (1758 m). Nach Osten hinab ins Vratatal, dabei grandiose Blicke in die Nordwand. Etwa 4½ Std. ab Gipfel.

Westalpen

Die großen Westalpengipfel sind Traum und Krönung in jedem Bergsteigerleben. Wer je die Eisriesen von Berner und Walliser Alpen, im Montblancgebiet und im Dauphiné in der Morgensonne leuchten sah, wird zeitlebens ihrer Faszination erliegen. Erst die Kombination von Fels und Firn, der Kontrast von tiefen, warmen Tälern und gewaltigen, arktischen Bergen schaffen den unvergeßlichen Zauber.

Die einfachen Ziele wie Allalinhorn, Gran Paradiso und auch der Montblanc sind die Ausnahmen, schon der Mönch oder die Barre des Écrins erfordern die typischen Westalpenfähigkeiten: sicheres Steigeisengehen, Geschicklichkeit in kombiniertem Gelände, ausgezeichnete Kondition. Der Könner besteigt einen Viertausender mit der gleichen Ruhe und Selbstverständlichkeit wie ein anderer etwa den Großvenediger, obwohl die hohen Gipfel auch die größeren Anforderungen stellen. Die dünne Luft macht zu schaffen, der Rucksack ist schwer, man schläft in den häufig recht vollgepfropften Hütten nicht so gut... Allzu viele aber meistern die gestellten Aufgaben nicht mit jener Souveränität, die allein für Sicherheit bürgt, es mangelt ihnen an der Spritzigkeit, den Entscheidungen fehlt das Rasche, das Treffsichere. Nur der Unerfahrene läßt sich etwa am Bossesgrat des Montblanc – mit seinem freien Blick! – vom Unwetter überraschen. Das Einschätzen der Wetterlage, ein rechtzeitiges Umkehren, ein rascher Abstieg kennzeichnen den Westalpen-Fuchs.

Der Eiger nach einem Wettersturz, links der obere Mittellegigrat, im Schatten die Nordostwand, mit Sonne die berühmte Nordwand. ▷

Name	Höhe	Gehzeit in Std.	Charakter
Glarner und Urner Alpen			
Glärnisch	2914 m	3¼ + 3	Riesenfelsburg mit drei einfachen Gipfeln
Tödi	3614 m	4 + 6	Herrscher im Glarner Land, anspruchsvoll
Urirotstock	2928 m	3¼ + 2	2500 m über dem Urnersee, weit, einfach
Sustenhorn	3504 m	2½ + 2½	breiter Firndom, problemlose Gletschertour
Galenstock	3583 m	5	herausragender Eisberg, langer Anstieg
Berner Alpen			
Eiger	3970 m	2 + 4½	weltberühmt, ausgesetzte Kletterei im Kalk
Mönch	4099 m	3	Spritztour, Firnschneide über hohen Wänden
Jungfrau	4158 m	3½	Wahrzeichen im Berner Oberland, Eistour
Finsteraarhorn	4274 m	5 + 4	formvollendeter Felsberg, schöne Kletterei
Blümlisalphorn	3664 m	4½ + 3½	Berg mit aufregend schmalen Firngraten
Bietschhorn	3934 m	2¾ + 6½	gewaltig, lange, anspruchsvolle Kletterei
Walliser Alpen			
Matterhorn	4477 m	2 + 5	Traum und Mythos, sehr langer Klettergrat
Zinalrothorn	4221 m	4½ + 4½	Felsberg mit herrlichem Gestein, schwierig
Weißhorn	4505 m	4½ + 6½	besonders elegant, Traumberg für Könner
Nadelhorn	4327 m	3 + 3½	hoher, doch relativ einfacher Viertausender
Dom	4545 m	4½ + 5½	überragender Berg, große Gletschertour
Allalinhorn	4027 m	2¼	Firnhaube knapp über dem Bergbahngebiet
Monte Rosa	4634 m	2 + 6	zweithöchster Alpenberg, besonders weit
Montblanc de Cheilon	3870 m	3 + 3	abseits der Modeberge, mittlere Ansprüche
Montblancgruppe			
Montblanc	4807 m	4½ + 4	der König, grandios, einfach, anstrengend
Aiguille de Rochefort	4001 m	4½	rassiger Eisgrat in viertausend Meter Höhe
Grandes Jorasses	4208 m	4 + 6	berühmte Granitmauer, nur für Erfahrene
südliche Alpengruppen			
Gran Paradiso	4061 m	2½ + 4½	einfacher Viertausender in zentraler Lage
La Grande Casse	3855 m	2 + 5	Häuptling der Vanoise, steiler Gletscher
Barre des Écrins	4102 m	4 + 4	Liebling der Franzosen, große Eistour
La Meije	3983 m	2¼ + 4½	besonders nobler Felsberg, schwierig, lang
Monviso	3841 m	2¼ + 4½	am Rand der Poebene, riesige Blockflanke

Glärnisch, 2914 m

Die dreigipflige Festung über dem Glarner Land

Aufstiegszeit	Gipfelaufbau	weitere Gipfel
3¼ + 3 Std.	Firnhänge	Vrenelisgärtli

Im Berggebiet nördlich des Klausenpasses lockt so mancher schöne Gipfel: Chaiserstock, Schächentaler Windgällen (2764 m), Ortstock, der Höchturm, ein wilder Felsobelisk, der Bösfulen (2802 m)... Doch trotz aller Begeisterung – uns fehlt ganz simpel der Platz, sie vorzustellen. Doch ein Name darf in diesem Buch nicht fehlen, der Glärnisch. Das ist nicht einfach ein Berg, eher ein Phänomen, eine Riesenfelsburg mit 2300 m hohen Wänden und Steilhängen gegen das Glarner Land bei Schwanden. Wo findet man sonst in den Alpen noch derart mächtige Felsenfestungen! Man mag's kaum glauben, doch seine Besteigung bereitet keine sonderlichen Schwierigkeiten. Von Westen – aus dem Tal nicht zu sehen – zieht ein Gletscher mit mäßiger Neigung gegen die Grate empor. Die beiden Gipfel Ruchen (2901 m) und Bächistock (2914 m) erreicht man direkt vom Eis aus. Höhere Ansprüche stellt der dritte Glärnischgipfel, der Berg mit dem lustigen Namen und der besonderen Aussicht, das ***Vrenelisgärtli*** (2904 m). Er springt nach Nordosten vor und beschert damit „atemberaubende" Tiefblicke ins Tal der Linth und zum Klöntalersee. Der Verbindungsgrat vom Hauptkamm zu diesem Vorposten setzt sich aus Firn, Schutt und etwas Fels zusammen, das ist ein abwechslungsreicher Weg für den Geschickten und Trittsicheren. Und natürlich war es eine Sage, die für den ja wahrlich ungewöhnlichen Namen sorgte. Vor lauter Übermut (offensichtlich beschäftigte unsere Vorfahren diese Eigenschaft in besonderem Maße) wollte das junge Vreneli ausgerechnet auf dem Glärnisch einen Garten anlegen.

◁ *Blick quer über das Tal der Linth bei Glarus auf die gewaltigen Glärnisch-Nordostwände, links Vrenelisgärtli (Vorgipfel), rechts der Ruchen.*

Der Steingletscher im Gebiet des Sustenhorns, darüber beherrschend das Gwächtenhorn, über dem Firnsattel die beiden Hintertierberge. Durch das Gletscherbecken der Aufstieg zum Sustenhorn. ▷

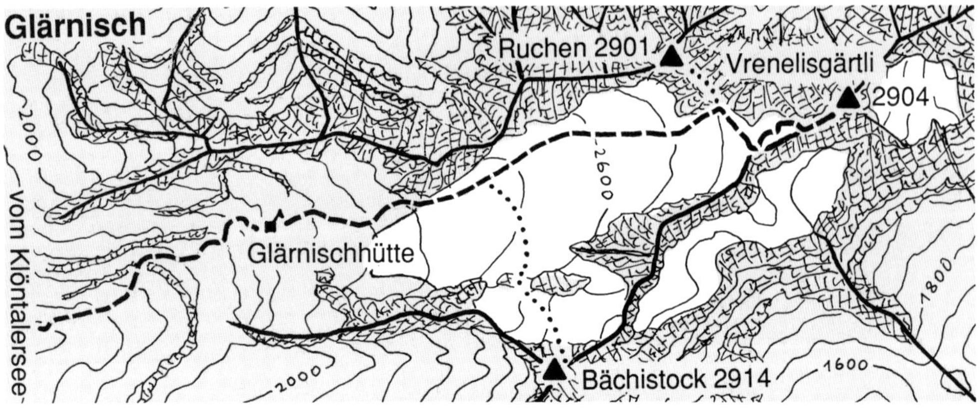

Trotz aller Warnungen stieg es dort hinauf – es wird jedoch in keiner Statistik als Erstbegeher geführt –, fand dann aber in gewaltigen Neuschneefällen den Tod.

Ausgangspunkt: Von Glarus auf einer Bergstraße zum langgestreckten Klöntalersee, der eindrucksvoll vom Glärnisch überragt wird, und nach Hinterklöntal (850 m).

Charakter: Meist sanfte Gletscherflächen, eine steile Stufe, einzelne Spalten.

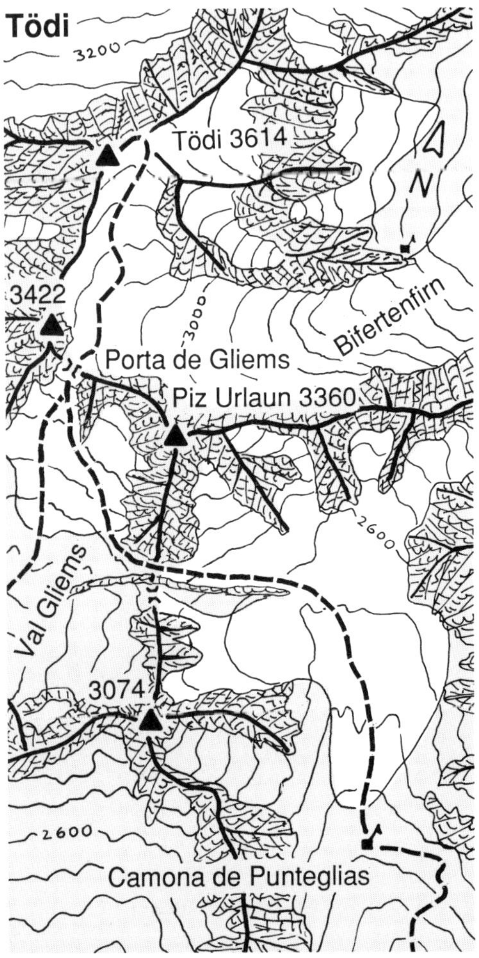

Der Bächistock: Vom See auf einem Straßli im Roßmattal zur Chäserenalp. Nun nach Osten über hohe Steilhänge zur Glärnischhütte (1990 m, SAC). Auf Gras und Schutt zum Glärnischfirn. Am linken Rand aufwärts, dann oberhalb der Spalten nach rechts und durch das breite Firncouloir zum Gipfel.

Vrenelisgärtli: Immer am Nordrand des Gletschers empor in den Sattel rechts des Ruchens und nach Südosten über den Firnrücken zur Gratverzweigung (2860 m). Auf der Klöntaler Seite steil und ausgesetzt in die Flanke hinab, dann auf einem Band zurück zum Grat und in den deutlichen Sattel (2799 m). Erst auf dem Firn, dann über Schutt und ein paar Felsen auf den Gipfel (2904 m, 3½ Std.). Beim Rückweg kann man noch leicht den Ruchen (2901 m, 20 Min.) über den Südostgrat erklettern.

Tödi, 3614 m

Die stille Berühmtheit

Aufstiegszeit	Gipfelaufbau	Abstieg
4 + 6 Std.	Gletscherhänge	Val Russein

Zwischen der Bernina und den Berner Alpen gibt es für den Tödi keine Konkurrenz! Von jeder Seite imponiert der völlig allein aufragende Quader, der im Norden und Osten eine unverwechselbare Eiskappe trägt. Eine Herausforderung für jeden Bergsteiger! Das empfanden schon unsere Vorfahren, so gab es bereits 1760 (!) die ersten Versuche, neunmal „berannte" dann der Pater Placidus à Spescha den Berg, sein größter Erfolg 1788 war jedoch nur der Stoc Grond (3422 m), ein südlicher Vorgipfel. Aber auch die endgültige Erstbesteigung durch die Bündner Curschellas und Bisquolm 1824 erfolgte für einen Berg dieser Größenordnung noch recht früh. Ja, es gibt am Tödi sogar einen „Alters-Rekord": Die Grünhornhütte wurde 1863 als erster SAC-Stützpunkt erbaut!

Und dennoch – kennen Sie einen Bergsteiger, der schon auf diesem stolzen Gipfel stand? Im Sommer haben alle Routen ihre Unannehmlichkeiten und Gefahren. Gewaltige Spalten und Eisschlag gehören zur Ostroute über den Bifertenfirn, brüchiger Fels und Steinschlag zum Westanstieg ab Planurahütte, eine umständliche Route, ein großer Bergschrund und ebenfalls Spalten charakterisieren den Südanstieg. Doch er bietet die großartigste Landschaft, die meiste Abwechslung, die eindrucksvollste Bergtour; so soll er hier vorgestellt werden. Wer würde schon in der völlig unbekannten Val Punteglias einen ungemein wilden Bergkessel erwarten mit hohen Wänden, Felspfeilern und Hängegletschern! Bifertenstock (3425 m) und Piz Urlaun (3360 m) heißen die höchsten Gipfel dort. Zwei Scharten muß man dann überschreiten, um das eigentliche Tödi-Massiv zu erreichen. Beständiges, vor allem nebeltreies Wetter, eine gute Kondition und Westalpenerfahrung gehören dabei zum unbedingt Notwendigen!

Ausgangsort: Trun (861 m) im Vorderrheintal. Evtl. mit dem Auto noch nach Caltgadira (980 m).

Charakter: Anspruchsvolle Hochtour, Spalten, evtl. unangenehmer Bergschrund; nur bei zuverlässigem Wetter begehen!

Der Aufstieg: Von Trun durch die Val Punteglias zur Camona de Punteglias (2311 m, SAC). Nach Norden in das geröllreiche Gletscherbecken von Punteglias und über den Westarm des Eisstroms in die obere Puntegliasscharte. Jenseits zum zweiteiligen Glatscher de Gliems. Über den Schrund und unangenehme Felsen (Drahtseil) in die Porta de Gliems (3260 m). Auf den nahen Bifertenfirn hinab und in der Mitte des Eisstroms (Spalten) 400 Höhenmeter empor in den abschließenden Firnsat-

tel. Links über den schmalen Schneegrat auf den Gipfel.
Will man nach der Besteigung ins Vorderrheintal zurückkehren, kann man direkt durch Val Gliems und Val Russein absteigen. Führer: „Glarner Alpen", herausgegeben vom SAC.

Sustenhorn, 3504 m

Ein einfaches und beliebtes Ziel

Aufstiegszeit	Gipfelaufbau	weitere Gipfel
2½ + 2½ Std.	Firnhänge	Gwächtenhorn

Lieben Sie Klettereien in Gneis und Granit, Türme, Nadeln, Zacken? Über dem Oberhasli, dem Meiental, bei Göschenen gibt es fünfzig, ja hundert bizarre Gestalten von abenteuerlichen, von wildesten Formen: Gelmerhörner, Fünffingerstöcke, Wichelplanggstock, Salbitschijen... Oder schätzen Sie mehr das Schauen und einfachere Touren? Dann fahren Sie doch einmal über die Pässe von Grimsel und Susten und bestaunen Sie die Zackenkämme – selbst aus der Autofahrer-Perspektive sind sie eindrucksvoll.
Und Ihr Gipfel – höher als alle Felstürme – bietet dann ganz andere, neue Eindrücke. Beim Aufstieg zur Tierberglihütte begeistern die Gletscher mit ihren hohen, zu Eiskaskaden zerborstenen Abbrüchen. Der Stützpunkt liegt oberhalb unmittelbar am Rand der nun sanften Firnbecken, aus denen jedoch nochmals Eiswände herauswachsen und zu den Gipfeln hinaufziehen. Von der Sustenstraße und vom Hotel Steingletscher imponierte so mancher Gipfel, nur das Sustenhorn „hielt sich zurück", trat nicht in Erscheinung; und selbst von der Hütte aus wirkt der breite Schneedom etwas unscheinbar. Um so mehr wundert sich der Aufsteigende, daß allmählich rundum alles in der Tiefe versinkt, selbst das zuerst so übermächtige Gwächtenhorn bleibt zurück. Da erkennt man erst die große Höhe dieses Gipfels! Ihr entspricht auch das schier endlose Panorama. Seine besonderen Glanzpunkte bilden Schreckhorn und Finsteraarhorn (4274 m) drüben in den nahen Berner Alpen.
Nach der kurzen Sustenhorntour bietet sich ein Bummel aufs ***Gwächtenhorn*** (3425 m) an. Eine einstündige Wanderung über den hohen, runden Eisrücken beschert den zweiten großen Gipfel des Tages.

Ausgangspunkt: Aus dem Haslital auf der Sustenpaßstraße bis zum Hotel Steingletscher (1863 m).
Charakter: Einfache Gletschertour, Spalten.
Das Sustenhorn: Zu Fuß (¾ Std.) oder mit dem Auto auf der Mautstraße zum Seeli unter dem Steinlimmigletscher. Erst über Moränen, dann im Felsgelände des Tierberglis zwischen den Gletscherabbrüchen hinauf zur Tierberglihütte (2797 m, SAC). Über die Firnböden bis vor die Sustenlimmi und links des Grates zum oberen Rücken und auf den Gipfel.
Zum Gwächtenhorn: Zurück zur Sustenlimmi. Nördlich um den Rotstock, dann in sehr schöner Panoramawanderung über den Firnrücken auf eine Schulter und weiter auf den nach Westen vorgeschobenen Gipfel.

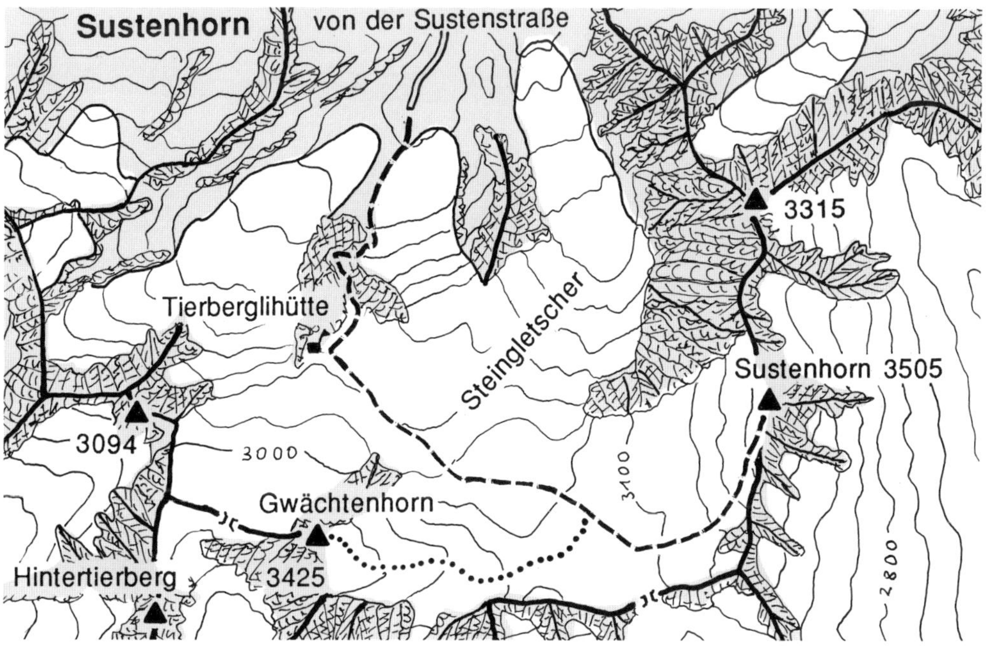

Urirotstock, 2928 m

Wahrzeichen über dem Urner See

Aufstiegszeit	Gipfelaufbau	weitere Gipfel
3¼ + 2 Std.	Schutthänge	Brunnistock

Die weite, tiefblaue Wasserfläche des Urner Sees, so wird der Südast des Vierwaldstätter Sees genannt, überragt um volle 2500 m (!) ein eigenwillig geformter Gipfel mit fast schwarzen Felsgraten und einem koketten Gletscher-Mäntelchen. Jeder kennt das Motiv und weiß den Namen dieses Stars unter den Bergen – Urirotstock. Einst kostete den Gipfelstürmer seine Begeisterung viel Schweiß und vielleicht einen Muskelkater, denn 2000 Höhenmeter in Auf- und Abstieg sind schon eine stolze Leistung! Doch, wo die Notwendigkeit besteht, gibt es stets eine Lösung, früher oder später. Heute beherbergt das private Gitschenhörelihüttchen die Bergwanderer, auch die Alpe Biwald bietet Lager an. Eine Aussicht der Superlative ist der wichtigste Lohn für die Mühe. Tief zu Füßen liegt der See, im Süden stehen schöne Eisgipfel wie der Titlis (3238 m) mit seinen Bergbahnen, und dahinter füllen die Viertausender des Berner Oberlands den Horizont.
Doch der Unternehmungslustige wird die abwechslungsreiche Gletschertour von der Rugghubelhütte über die Schloßstocklücke vorziehen. Da liegt dann auch der ***Brunnistock*** (2952 m) am Weg. Ist Ihnen schon aufgefallen, daß er den Urirotstock um 24 m überragt und damit den Hauptgipfel im Kamm bildet?

Ausgangspunkt: Vom Westufer des Urner Sees auf einem anfangs ein-

◁ *Blick von Südwesten auf den Galenstock im schneearmen Sommer 1987. Rechts der Aufstiegsgrat (in dieser Perspektive etwas verflacht). Im Vordergrund die herrlichen Plattenwände des Südlichen Gerstenhorns beim Grimselpaß, ein wenig besuchter Felsberg.*

drucksvoll aus den Felsen gesprengten Sträßchen – Tiefblicke wie am Gardasee – nach Isenthal und weiter bis Rüti (1009 m) im Großtal.

Charakter: Alpine Wanderung auf Bergwegen.

Der Aufstieg: Bei Rüti nach Osten in den Wald und auf breiten Wegen hinauf zur Alpe Biwald (1694 m, Lager). Hoch oben auf den Gras- und Schutthängen talein und über eine Stufe auf die Moräne des Blüemlisalpfirns. Knapp unterhalb die Gitschenhörelihütte (2300 m, privat, Schlüssel in Altdorf). Auf einem Steig über die steilen Hänge mit Schrofen (fixe Seile) zum Südfuß des Gipfels und links der Kante auf den höchsten Punkt.

Der Gletscherweg: Von Engelberg mit dem Lift nach Ristis (1590 m) und auf gutem Weg zur Rugghubelhütte (2294 m, SAC, 2½ Std.). Weiter auf einem Steig nach Osten in die Engelberger Lücke (2686 m). Problemloser Abstecher von 30 Min. auf den ***Engelberger Rotstock*** (2818 m). Querung des Schloßfirns in die Schloßstocklücke (2665 m). Links über die steile Stufe auf den Blüemlisalpfirn hinab. Abstecher auf den ***Brunnistock*** (2952 m) gut 1 Std. In etwa 2500 m Höhe Gletscherquerung, dann über den Grat auf den Urirotstock. Ca. 4 Std. ab Hütte; Spalten auf dem Gletscher.

Galenstock, 3583 m

Eisdom über dem Rhonegletscher

Aufstiegszeit	Gipfelaufbau	Alternative
5 Std.	Firnkuppe	keine

Zwischen Susten- und Furkapaß ragen die Urner Alpen am höchsten auf. Trift- und Rhonegletscher bilden gewaltige Eisbecken, aus denen relativ sanft der höchste Gipfel des Gebirges, der ***Dammastock*** (3630 m), herauswächst. Da es jedoch auf der harmlosen Westseite keinen Stützpunkt und deshalb nur ausgesprochen lange Zugänge gibt, wird er

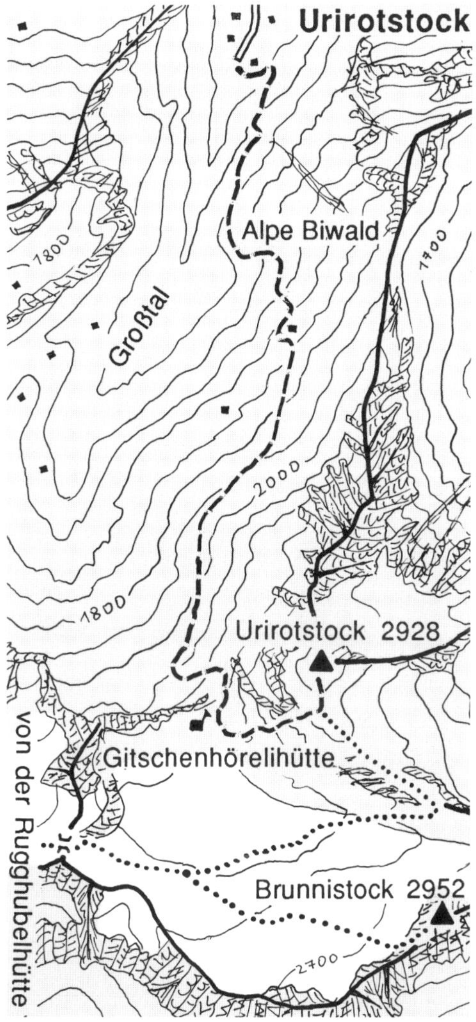

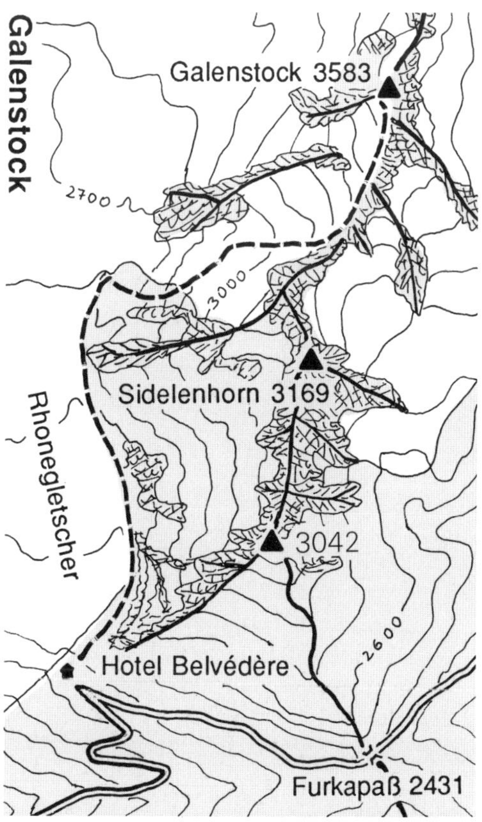

Aufnahme der folgenden Doppelseite: Das berühmte Dreigestirn des Berner Oberlands. Links der Eiger mit Nordwand und Westflanke (unser Abstieg), in der Mitte der Mönch, rechts die Jungfrau mit dem vorgelagerten Silberhorn, knapp rechts neben dem Bildknick das Jungfraujoch.

noch am ehesten vom Göscheneralpsee über die Dammahütte (von dort ca. 4 Std.; mäßig schwierig) bestiegen. Doch selbst seine steile Ostflanke ist wenig markant. Ganz anders der Galenstock, der etwas weiter im Süden den Hauptkamm gewaltig überragt! Schon aus dem Goms, wie das obere Tal der Rhone heißt, beherrscht diese Firnkuppe mit ihren steilen Felsabbrüchen das Bild. Man kann nur hoffen, daß die Eishaube nicht noch weiter abschmilzt. Der Galenstock würde damit seine ganze Eleganz einbüßen.

Die Tour beginnt am Ausflügler-Rummelplatz Belvédère und Rhonegletscher – beleuchtete Eisgrotte! – mit einer recht flachen Wanderung neben und auf der Gletscherzunge. Nach drei Kilometern geht's dann so richtig los; man erreicht über Schutt den stark zusammengeschmolzenen Galengletscher. Bei gutem Schnee stapft man von dort über Firnzungen direkt zur Eishaube hinauf, sonst ist die Schleife über den Galensattel vorzuziehen. Auch so bleibt eine steile Stufe als besondere Aufgabe; bei „Stapf-Schnee" bemerkt man sie kaum, Blankeis – reine Südseite! – hingegen gibt der Stelle gleich einen ganz anderen Anstrich.

Ausgangspunkt: Auf der Furkapaßstraße zum Parkplatz beim Hotel Belvédère (2274 m).

Charakter: Bei gutem Firn einfache, doch lange Hochtour mit einigen steilen Passagen.

Normalweg: Auf einem Steig hinauf zum hier fast ebenen Rhonegletscher. Am rechten Rand 3 Kilometer sanft aufwärts. Dann nach Osten über Schutt in das Becken des kleinen Galengletschers und gegen den abschließenden Galensattel. Links im Firn oder auf dem Felsgrat zur Eishaube. Über eine Stufe auf einen Absatz, dann auf dem hohen, freien Firngrat zum Gipfel empor.

Eiger, 3970 m

Der Traum- und Skandalberg

Aufstiegszeit	Gipfelaufbau	Abstieg
2 + 4½ Std.	schmaler Felsgrat	Westflanke

Die 1700 m hohe Eiger-Nordwand scheint einmalig auf der Welt zu sein! Genau 50 Jahre liegt die Erstbegehung zurück, ein halbes Jahrhundert angefüllt mit Geschichten, Träumen, Erfüllungen, mit Dramatik, Kampf und Tod, mit übertriebenem Ehrgeiz, Sensationsgier, Skandalen... Erst in der letzten Zeit wurde es stiller, obwohl noch heute mancher junge Kletterer glaubt: einmal Eiger-Nordwand, und ich bin etwas!

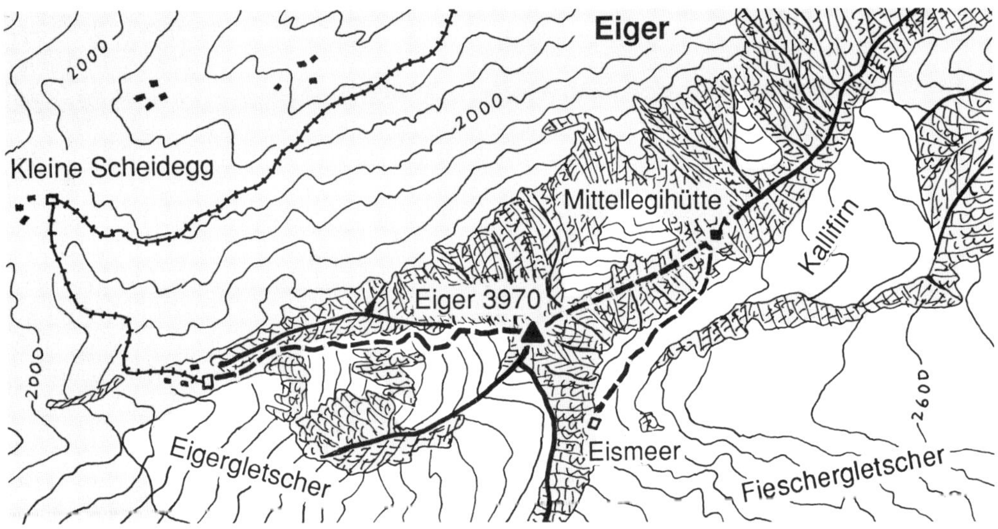

Fast möchte man sagen: armer Eiger. Viele vergessen völlig, daß es auch andere Routen gibt, vor allem den Mittellegigrat. Auch zu ihm paßt: eine einmalige Tour! Die Kletterei führt über einen ganz schmalen Grat oberhalb riesiger Abgründe, rechts die Nordostwand, links die fast senkrechte Südostwand. Auf der einen Seite gibt es einen Blick wie aus dem Flugzeug zu den Berner Vorbergen und hinaus bis ins Hügelland, auf der anderen Seite leuchten ganz nahe die eisüberzogenen Fiescherwände, ragt gewaltig das Schreckhorn (4078 m) in den Himmel. Doch auch hier sind die „aber", die Warnungen, ganz wichtig. Der splittrige Kalkfels wird bei Vereisung äußerst unangenehm, die Überwindung der zahlreichen Zacken und Türmchen raubt viel Zeit, der Abstieg zieht sich in die Länge, ist verwickelt, ermüdend und bei einfallendem Nebel kaum zu finden. So gehören rasches, sicheres Klettern und einwandfreies Wetter – die Eiger-Wetterstürze sorgten schon oft für Schlagzeilen! – zu den unabdingbaren Voraussetzungen.

Talort: Grindelwald (1034 m), als Eiger-Ort berühmter Ferienplatz im Berner Oberland.

Charakter: Eine der anspruchsvollsten Touren des Buches, Kletterei bis III in nicht immer zuverlässigem Kalk, sehr ausgesetzt, verwickelter Abstieg.

Mittellegigrat: Mit der Jungfraubahn zur Station Eismeer (3160 m). Über den Kallifirn (Stein- und Eisschlag), dann auf Felsbändern zur Mittellegihütte (3354 m, oft überfüllt) in großartiger Lage auf dem Grat. Immer der ausgeprägten Schneide folgend über Zacken und Türme, teilweise mit Hilfe von fixen Seilen, zum großen Grataufschwung. Rechts über griffarme Platten mit Hilfe der Seile empor. Dann auf der Firnschneide – oder links unterhalb – zum Gipfel.

Abstieg über die Westflanke: Auf Schnee und Fels steil über den Westgrat abwärts, dann in der Flanke weiter bis unterhalb der Abbrüche. Zurück zum Grat, bald jedoch wieder in der steinig-schrofigen Steilflanke und über die Begrenzungsfelsen des großen Couloirs hinab zu einem Eisfeld (Steinschlag). Schließlich links des Rotstocks zur Station Eigergletscher (2320 m). Führer: „Berner Alpen", Bergverlag Rudolf Rother, München.

Mönch, 4099 m

Der unterschätzte Viertausender

Aufstiegszeit	Gipfelaufbau	Alternative
3 Std.	Firngrat	Südwestgrat

Am – relativ – unschwierigen Mönch gibt es besonders viele zitternde, unsichere, kraftlose Bergsteiger. Er gilt als das einfachste der Berner Modeziele, dieser stolze und doch sooo schnell erreichbare Viertausender. Aber gerade darin liegt das Problem, oft sogar eine Gefahr. Ein Gipfel dieser Höhe mit steilem, überwächteten Firngrat, mit Kletterstellen im Schwierigkeitsgrad II erfordert immer Geschick und Können, und er wird nie zum Bergbummel. Die Bahnnähe prädestiniert den Mönch geradezu für die ersten Gehversuche im Viertausender-Bereich. Doch dabei übersehen viele eine Tatsache: Die – reichlich teure – Jungfraubahn überwindet 3400 Höhenmeter, und nur ein sehr gut trainierter Körper kann sich rasch genug auf die große Höhe umstellen, und so wurde fast zwangsläufig für manchen die scheinbar bequeme Tour zu einem mühevollen Emporschleppen.

Ungeduld ist im Gebirge nicht nur etwas Gefährliches, sondern auch eine Dummheit, wie man es am Mönch beobachten kann. Der Kluge wartet auf eine Bergtour, bis er dafür reif ist und die Verhältnisse passend sind. Gerade dieser schöne Eisdom bietet dem Könner echten Genuß – falls nicht zu viele Kriecher für Staus sorgen –, da hat man einmal Muße und Zeit, kann die Tiefblicke und die großen Berner Gipfel bewundern. Ihn lockt natürlich auch der Südwestgrat, eine Überschreitung ergibt immer eine reizvolle Steigerung. Von dort oben lassen sich etwa 15 Kilometer des Aletschgletschers überblicken, dieses arktischen Eisstroms, den längsten, den die Alpen zu bieten haben. Ein für Mitteleuropäer wahrlich ungewöhnliches Bild!

Ausgangspunkt und Zufahrt siehe Jungfrau.

Charakter: Kletterei bis II, steiler, ausgesetzter Firn(Eis)grat.

Normalweg: Vom Jungfraujoch durch das weite Gletscherbecken sanft aufwärts an den Fuß des auffallenden Felssporns (3620 m). Über Schutt und Fels empor, dann auf einem Firngrat und über eine Steilstufe auf die stark überwächte Gipfelschneide.

Südwestgrat: Großer, aus Fels (eine Stelle III) und Eis kombinierter Grat; mit kleinen Abweichungen über die Schneide, nur ein Aufschwung wird durch Querung zum benachbarten Sporn umgangen. Etwa 4 Std. vom Jungfraujoch. Abstieg über den Normalweg.

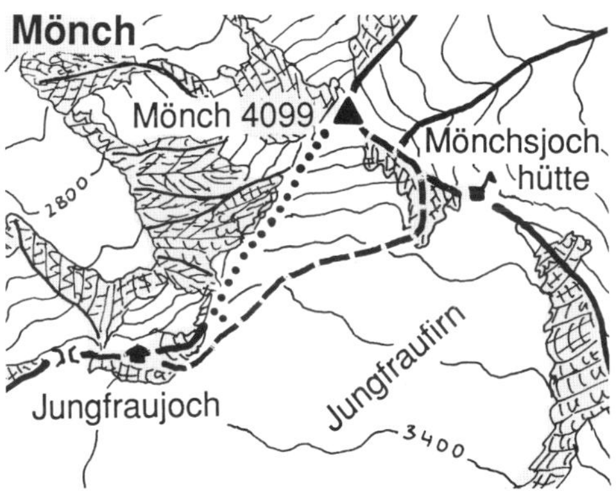

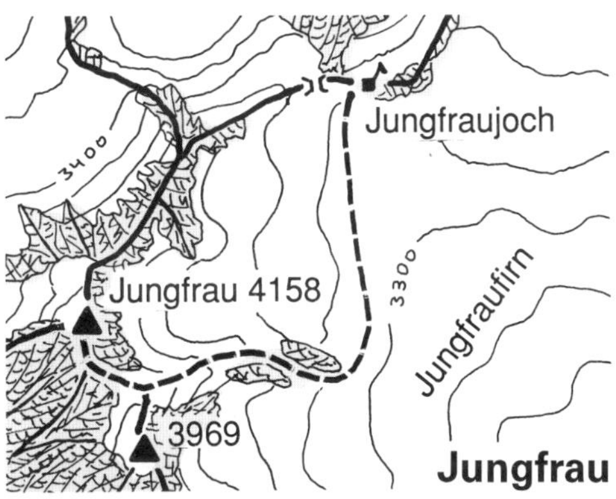

Jungfrau, 4158 m

Symbol einer ganzen Region

Aufstiegszeit	Gipfelaufbau	Alternative
3½ Std.	Felsrippe	keine

Das Wort Jungfrau wurde zum Markenzeichen einer ganzen Region. Bis hinaus zum mondänen Ferienort Interlaken leuchtet der Eismantel des dritthöchsten Gipfels in den Berner Alpen. Bei etwas dunstiger Stimmung wirkt die Gletscherbedeckung wie ein weißer Schleier; das mag zu der Bezeichnung Jungfrau geführt haben. Witzbolde gaben ihr dann einen Mönch zur Seite. Viel hat auch die Jungfraubahn zum Bekanntwerden des Namens beigetragen. Seit 1912 rattern die Wägen der Zahnradbahn bis in 3454 m Höhe. Die Bergfahrt ist ein teures Vergnügen, das sich weitgehend in den Tunneln im Inneren von Eiger und Mönch abspielt. Ob sich das viele Geld allein für diesen Bahnausflug auch wirklich lohnt? Anders ist das natürlich bei den Jungfrau-Eroberern. So wird dieses Unternehmen zur Tagestour!

Eine große Eislandschaft mit mächtigen Spalten, Wülsten und Wänden bietet das oberste Becken des Jungfraufirns. Einst schlängelte sich die übliche Route zwischen den Klüften hindurch, doch heute bildet der gewaltige Schrund unter dem Rottalsattel oft ein unüberwindbares Hindernis. Dann nutzt man den bequemen, aber etwas weiteren Weg über die Kranzbergegg. Nach kurzer Querung erreicht man auch so den Sattel, wo dann die gefährlichste Passage wartet. Den Weiterweg durch die Felsen kann man nur über ein recht steiles Firn- oder auch Eisfeld erreichen; wie eine Sprungschanze bricht es nach unten in die 1000 m hohe Südwestwand ab. Beim folgenden Anstieg tragen die eingebohrten Eisenstangen zur Beruhigung der Nerven und zu einem verläßlichen Sichern bei. Dieses letzte Stück ist wie ein Weg in den Himmel, so tief geht es ins Tal im Westen und Norden hinab. 3600 m Höhe liegen zwischen dem Gipfel der Jungfrau und Interlaken!

Talort: Grindelwald (1034 m), als Eiger-Ort berühmter Ferienplatz im Berner Oberland mit großartiger Bergkulisse.

Charakter: Relativ kurze, doch durchaus anspruchsvolle Hochtour, oft unterschätzt, im Fels bis Schwierigkeitsgrad II, ausgesetzt.

Normalanstieg: Mit der Zahnradbahn zum Jungfraujoch (3454 m) und durch den Sphinxstollen auf den Gletscher. Unter dem Eisbruch leicht abwärts zum Fuß der Kranzbergegg. Durch eine Felsrinne zu P 3411, links um die folgenden Felsen, dann über den langen Firnrükken. Nach rechts in den Rottalsattel (3885 m). Quer über den ausgesetzten Eishang nach links zu den Felsen und hinauf zum Gipfel.

Ein Hinweis: Im Hotel Jungfraujoch gibt es keine Schlafgelegenheiten mehr. Will man Jungfrau und Mönch besteigen, übernachtet man in der neuen, privaten Mönchsjochhütte (3629 m).

Finsteraarhorn, 4274 m

Der höchste Berner Gipfel

Aufstiegszeit	Gipfelaufbau	Alternative
5 + 4 Std.	Felsgrat	Fiescherhorn

Trotz Eiger und Jungfrau – für einen echten Bergsteiger ist ausschließlich das Finsteraarhorn der König im Revier. Als Felspyramide von schönstem Ebenmaß ragt es um mehr als Haupteslänge über die Umgebung auf. Dunkle, scharf herausgemeißelte Felsgrate und die riesigen Gletscherflächen sorgen für ideale

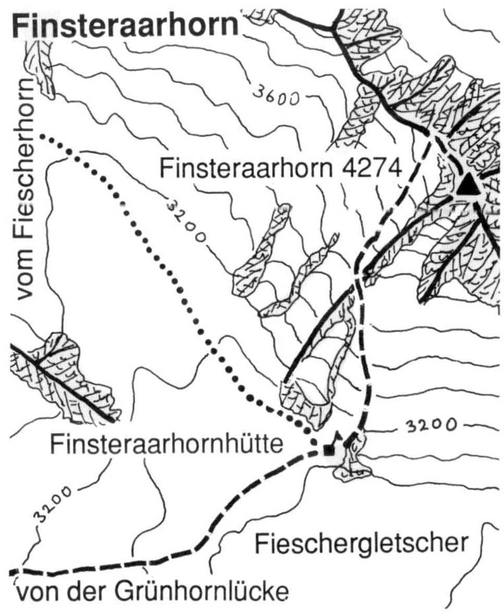

Kontraste. Auch beim Aufstieg herrscht sozusagen eine gute Regie: Rasch geht es über die kräftig geneigten Gletscherflächen aufwärts, bald wird der Blick nach Süden und Westen immer freier; da taucht etwa hinter der Grünhornlücke das eisüberwallte ***Aletschhorn*** (4195 m) auf. Das wäre außerdem eine weitere Hochtour der Extraklasse in den Berner Alpen, nicht überlaufen, doch lang (von der Oberaletschhütte etwa 7 Std. Aufstieg!) und deshalb nur für wirklich Ausdauernde geeignet. Im Hugisattel erreicht dann der Finsteraarhorn-Aspirant den Grat, und es folgt eine schöne Kletterei – sofern der Fels trocken ist – in gutem Gestein. Der

◁ *Matterhorn einmal „kalt" und einmal „warm". Links im Morgenlicht aus der Mischabelgruppe gesehen, rechts das typische Bild von den Höhen ▷ über Zermatt. In der Mitte – als Normalanstieg – der Hörnligrat (Sonne-Schatten-Grenze), links die wenig beachtete Ostwand, rechts die berühmt-berüchtigte Nordwand.*

besondere Kontrast zur Jungfrau: Hier sind die richtigen Bergsteiger unter sich. Statt der arg langgestreckten Gletscherwanderung vom Jungfraujoch zur so abgelegenen Finsteraarhornhütte kann man auch eine besonders eindrucksvolle Hochtour wählen: die Überschreitung des ***Großfiescherhorns*** (4049 m). Dort gibt es einen schmalen, spannenden Eis- und Felsgrat über einer 1200-m-Wand und einen wilden Eisbruch beim Abstieg.

Talort und Zufahrt siehe Jungfrau.
Charakter: Einfache Gletscherflächen, längerer Felsgrat, bis II.
Der Normalweg: Vom Jungfraujoch über den flachen Jungfraufirn hinab zum Konkordiaplatz (2760 m), über den Grüneggfirn in die Grünhornlücke (3286 m), hinab zum Fieschergletscher und zu der Finsteraarhornhütte (3048 m, SAC; Spalten auf den Gletschern) über dem jenseitigen Ufer. Dann Schutt- und Firnhänge zu einem Einschnitt im Südwestgrat, der Frühstücksplatz genannt wird. Jenseits der Rippe weiter über mittelsteile Gletscherflächen zum Hugisattel (4094 m). Auf und rechts neben dem Grat auf den Gipfel.
Über das Großfiescherhorn: Vom Jungfraujoch ins Obere Mönchsjoch (3629 m) und drüben hinab in den weiten Kessel des Ewigschneefelds. Ab 3400 m Wiederanstieg zum Gratsattel (3613 m) und immer dem im oberen Teil recht ausgesetzten und von einigen Felsen (bis II) unterbrochenen Firn- und Wächtengrat auf das Großfiescherhorn (4049 m, 4½ Std.). Über den Südostgrat in den Fieschersattel, dann auf den Gletscherflächen nach Osten, später nach Südosten. Links über den wild zerschründeten Abbruch (über die Begehbarkeit vorher erkundigen, z. B. in der Mönchsjochhütte) auf den flachen Fiescherletscher hinab und talaus zur Hütte (insgesamt 8 Std.).

Blümlisalphorn, 3664 m

Eisberge über dem Oeschinensee

Aufstiegszeit	Gipfelaufbau	weitere Gipfel
4½ + 3½ Std.	Firnschneide	Morgenhorn

Für jeden deutschen und österreichischen Bergsteiger sind die Gipfel vom Wetterhorn bis zur Jungfrau der Inbegriff für das Berner Oberland. Oeschinensee, Blümlisalp und Doldenhorn (3643 m) hingegen kennen viele allenfalls von Kalenderblättern. Die fehlende Höhe drückt wohl die Attraktivität. Welcher Unsinn! In den ganzen Alpen gibt es kein zweites Oeschinengebiet! Ein großer See verbirgt sich im tiefen Kessel. Von dort steigen die Steilhänge 2100 m hoch auf. Polierte Platten, absolut senkrechte Abbrüche mit zahllosen Wasserfällen kennzeichnen ihre untere Hälfte, darüber bestimmen die Steilgletscher mit ihren hohen Eiskaskaden und die makellosen Firngrate und -gipfel das Bild. Urgewaltig, imponierend – und doch elegant und formvollendet!

Noch prägt das Eis die Route auf das Blümlisalphorn. Man begeht den gleichnamigen Gletscher mit seinen Riesenspalten, schaut ehrfurchtsvoll zu den

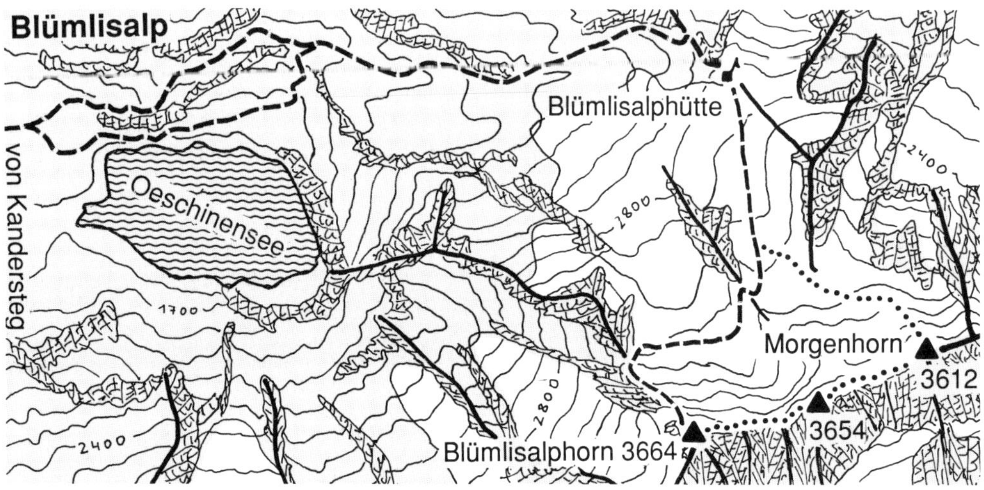

großen Eiswänden unmittelbar zu Häupten empor und stapft schließlich auf der Firnkante schnurgerade in den blauen Himmel. Doch der Eismantel geht sichtbar zurück, obwohl das Massiv ja im niederschlagsreichen Staugebiet liegt. Apert eines Tages der Nordwestgrat des Blümlisalphorns aus, verliert diese Tour ihren eigentlichen Reiz.

Der Könner, der „viel Luft unter den Sohlen liebt", überschreitet den einzigartigen Firngrat vom ***Morgenhorn*** (3612 m) über die ***Weiße Frau*** (3654 m) zum Blümlisalphorn. Tiefblicke der Extraklasse – rechts 500 m Steileis, links 600 m Fels!

Talort: Kandersteg (1176 m), beliebter Ferienort im Berner Oberland.

Charakter: Tour im großen Eis, steile, ausgesetzte Firnkante.

Normalanstieg: Mit dem Lift zur Bergstation (1689 m) und auf breiten Wegen zum Oeschinensee. Langer Aufstieg über Oberbergli zur Blümlisalphütte (2832 m, SAC) in sehr schöner Lage. Auf dem Blümlisalpgletscher nach Süden bis in 3300 m Höhe, dann rechts in den Sattel hinter dem Stock. Drüben kurz hinab, schräg über das Eisfeld weiter aufwärts und steil zwischen Spalten in die Lücke links des Rothorns. Über plattigen Fels, dann auf der herrlichen Firnkante auf den Gipfel.

Der grandiose Firngrat: Von der Hütte über den gesamten Gletscher empor – oben nach links – und über den sehr steilen Nordgrat im Eis aufs Morgenhorn (3612 m). Über die teilweise schmale oder überwächtete Firnschneide auf die Weiße Frau (3654 m, auch direkter Aufstieg von Nordwesten) und auf einem ähnlichen Grat weiter zum Blümlisalphorn. Von der Hütte aus etwa 7 Std.

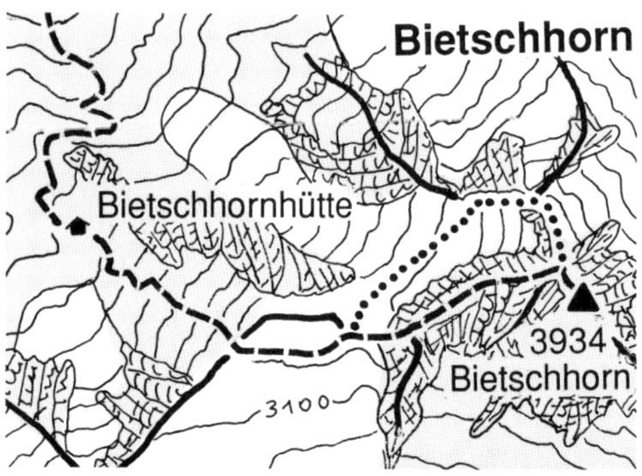

Bietschhorn, 3934 m

Der einsame Gipfel

Aufstiegszeit	Gipfelaufbau	Alternative
2¾ + 6½ Std.	Felsgrat	Nordanstieg

Bietschhorn statt Aletschhorn (4195 m, siehe auch Finsteraarhorn) – da wird mancher den Kopf schütteln. Erst nach einer persönlichen Bekanntschaft mit diesem einzelgängerischen Ausnahmeberg kann man diese Vorliebe verstehen. Die dreikantige Pyramide zeigt eine erstaunliche Wucht und Größe, ohne dabei die edlen Formen einzubüßen. Auf der Nordseite ziehen die Eiswände hoch gegen die Grate empor, während nach Süden eine rotbraune, von Schluchten und Pfeilern zergliederte Felswand 900 m tief abstürzt. Als „einsamer Berg" bringt das Bietschhorn seine Formen doppelt zur Geltung; die niedrigen Nachbargipfel wirken recht unauffällig, als wären sie gar nicht vorhanden. Dazu kommt die nach Südwesten vorgeschobene Lage. So fällt gerade dieser Berg von vielen Plätzen im Wallis besonders ins Auge.

Vielleicht sind es die fehlenden 66 m zur magischen Viertausender-Grenze, die das Bietschhorn vor dem Rummel eines Mode- und Massenziels bewahrt haben. Eineinhalb – recht ausgefüllte – Tage braucht man für den stolzen Gipfel. Zudem sollte man zumindest noch im Schwierigkeitsgrat II „sicher wie eine Gemse" klettern können. Bei so riesigen Graten, dazu kommt die große Höhe!, wäre es schon arg lästig und würde gefährlich viel Zeit verschlingen, wollte man jeden Meter mit dem Seil sichern. Wer außer dem – nicht immer ganz zuverlässigen Fels – auch Schnee und Eis schätzt, der kombiniert Nord- und Westgrat. Und wie bei allen Touren dieser Art wird der Vernünftige auf trockenen Fels warten; vereiste, nordseitige Passagen über einer 500-m-Steilwand verwandeln rasch den Spaß in eine recht ernste Angelegenheit!

Ausgangsort: Ried (1469m), Dörfchen im landschaftlich besonders großartigen Lötschental.
Charakter: Lange Felskletterei, bis III–, stark von den Verhältnissen abhängig.
Westgrat: Bei Oberried auf die andere Seite der Lonza und durch Wald zum Nestbach. Jenseits über die jetzt freien Steilhänge weiter nach Hochwitzen und hinein zur Bietschhornhütte (2565m, AAC). Steil über Schutt und Blockhänge zum Grat (3180m) knapp oberhalb des Bietschjochs. Fast eben nach Osten in einen weiten Firnsattel. Über einen Sporn zum eigentlichen Grat hinauf. Nun stets auf ihm; bis zum Roten Turm die Schwierigkeiten gratnah rechts umgehend, dann links auf der Nordseite. Schließlich nach Süden abbiegend auf den Gipfel.
Nordgrat: Vom Firnsattel schräg über Eis empor zum Grat oberhalb des Kleinen Nesthorns und in den Felsen rechts der Kante zur Schulter (3703m). Über eine scharfe, sehr ausgesetzte Firnschneide und über Felsen zur Vereinigung mit dem Westgrat und auf den Gipfel. Etwa gleiche Zeit, doch etwas anspruchsvoller.

Matterhorn, 4477 m

Der Traumberg

Aufstiegszeit	Gipfelaufbau	Abstieg
2 + 5 Std.	Felsgrat	Liongrat

In einem großen Buch wird das Matterhorn aus der Perspektive von Zermatt als „drohend, schief und ungefüge, als eine mißglückte Pyramide" hingestellt und seine Schönheit als „Gerede" abgetan. Oh, diese Torheit, diese menschlichen Schwächen! Die einen glauben sich in den Augen ihrer Freunde aufgewertet, wenn sie ausgerechnet vom Matterhorn verächtlich reden, es als „häßlichen Schutthaufen" abkanzeln. Andere wiederum versuchen unter gewaltigen Mühen und Strapazen und nicht ohne Gefahren, einen Aufstieg zu ertrotzen, obwohl sie den Schwierigkeiten nicht gewachsen sind, um sich anschließend damit zu brüsten. Von allen Alpenbergen vermag allenfalls noch der Eiger ähnlich starke Emotio-

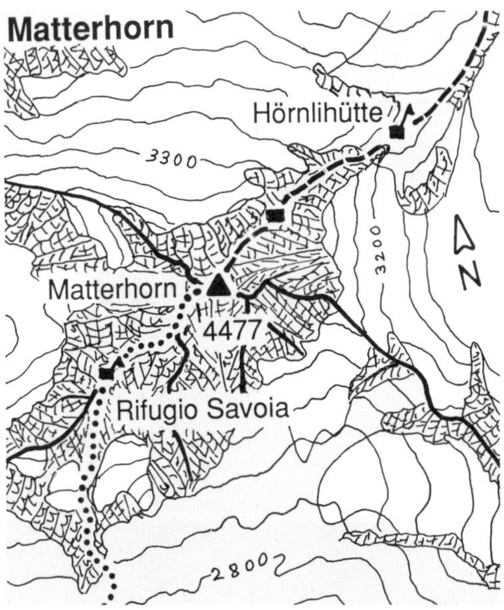

nen zu wecken. Schon die durch Filme und Romane wohl jedem bekannte Erstbesteigungsgeschichte des Matterhorns – deshalb soll sie auch nicht mehr wiederholt werden – dokumentiert nicht Heldentum und „Mannesmut", ist vielmehr ein Psychobeispiel für stark übersteigerten Ehrgeiz! Wenn wir die Ereignisse von aller Gloriole entkleiden, dann bleibt die sachliche Feststellung: Die Tour wurde so angepackt, daß man ein Unglück geradezu herausforderte. Und es paßt auch ins Bild der menschlichen Schwächen, nun dem Matterhorn die Schuld für Rummel und Unfälle, für Massentourismus und Abstürze zuzuschieben.
Diese vierkantige Felspyramide ist auf allen Seiten mindestens 1000m hoch, vollkommen alleine wächst sie über der Stafelalp empor, als würde sie keine Konkurrenz dulden. Wer das Grandiose, das Elegante dieses Ausnahmebergs nicht erkennt, hat ihn bestimmt noch nie in der Natur, etwa vom Unterrothorn aus, angeschaut. Und wen diese Erscheinung nicht lockt, ist wohl kein Vollblutbergsteiger. Natürlich wird der Massenandrang am Normalanstieg über den Hörnligrat zum Problem, wobei oft weniger die Zahl der Bergsteiger als das mangelnde Können vieler ausschlaggebend ist. Artet die Kletterei zum Kampf, zum mühevollen Höherschleppen aus, dann hat man sich selbst überschätzt. Seien wir doch einmal ehrlich: Wer einen Zweier ohne Seil nicht absolut sicher beherrscht, hat eigentlich am Matterhorn nichts verloren! Der Kräftige und Gewandte steigt weite Teile der Route seilfrei auf, so kommt er zügig von der Stelle, ist beweglich, und schon macht die Sache Spaß. Tausende von Begehern haben den Fels auf der richtigen Route „geputzt", und in den flacheren Passagen wurde teilweise schon ein Steiglein ausgetreten. So stört der brüchige Fels nicht sonderlich. Gefährlich bleibt nur der Steinschlag, der meist von den unsicheren Kletterern, den über den Boden gezogenen Seilen und bei Abweichungen vom Originalweg ausgelöst wird, sich also weitgehend vermeiden ließe. Dem Geschickten bietet sich zudem mit einem Abstieg über den noch steileren, eindrucksvolleren Liongrat die Möglichkeit einer großen, klassischen Überschreitung.

Talort: Zermatt (1616m), siehe Monte Rosa.
Charakter: Sehr lange Kletterei in großer Höhe, schwierigste Stellen III–, starker Andrang, Steinschlag, verwickelte Routenführung, Gefahr rascher Wetterverschlechterung.
Der Hörnligrat: Von Zermatt mit den Bahnen zur Station am Schwarzsee (2583m) und auf breitem Weg zur Hörnlihütte (3260m, SAC) und dem Hotel Belvédère unmittelbar daneben. Dann über den Hörnligrat auf den Gipfel. Genaue Beschreibung im Führer des SAC „Walliser Alpen", Band III; Mitnahme unbedingt notwendig!
Die Liongrat: Beschreibung ebenfalls im erwähnten Führer. Etwas schwieriger als der Hörnligrat (III), viele Fixseile. Rifugio Savoia in 3835m, Rifugio Duca degli Abruzzi in 2802m Höhe. Rückkehr auf die Schweizer Seite am bequemsten über die Testa Grigia (Bergbahnen).

Zinalrothorn, 4221 m

Der schönste Wallis-Kletterberg

Aufstiegszeit	Gipfelaufbau	Abstieg
4½ + 4½ Std.	scharfer Felsgrat	Südostgrat

Die Val d'Anniviers, das Hochtal von Zinal und der Gletscherkessel von Mountet bieten so viele der großartig-

◁ *Gegensätze: Links der Gipfelaufbau des Zinalrothorns, einer der schönsten Wallis-Kletterberge, mit Teilen des Normalanstiegs von Süden, rechts ▷ das Weißhorn als Ideal eines Eisberges mit dem oberen Nordgrat (rechts Westwand).*

sten Eindrücke, daß wir das Zinalrothorn gewissermaßen den Zermattern stehlen und hier den Westanstieg beschreiben wollen. Niemand wird diesen Abstecher bereuen! Über der stattlichen Mountet-Hütte stehen drei besonders markante und wilde Viertausender. Die Dent Blanche (4357 m) etwa zeigt ihre 1000 m hohe, von steilsten Eisfeldern durchsetzte Nordwand, durch die einige der ganz großen und schwierigen Routen der Alpen führen. Das Zinalrothorn – auf der Ostseite ein reiner Felsberg – präsentiert sich von Westen als schräges Dreieck über dem wildzerrissenen Glacier du Mountet. Der anspruchsle Aufstieg führt über den linken Grat, über eine feine Firnschneide, eine bequeme Schulter und schließlich über einen messerscharfen Felsgrat (III) oberhalb gewaltiger, allersteilster Wände. Das ist eine berühmte, schon klassische Route. Bei trockenem Fels macht sie dem Könner dank des hervorragend festen Gneises so richtig Spaß. Bedeckt hingegen Eis oder Neuschnee die Tritte, sollte man lieber ein bescheideneres Ziel auswählen. Die markantesten Stellen tragen „persönliche“ Namen: Rasiermesser, Sphinx, Höcker und Bourrique, also Eselin, weil sich der Unsichere nur reitend über dieses Grätchen wagt.
Die Mountet-Hütte lockt noch mit so manchem grandiosen Ziel. Zu den ganz großen Touren mittlerer Schwierigkeit (III) gehört der schon 1882 erstbegangene Viereselgrat an der Dent Blanche, eine ungewöhnlich lange Kletterei mit häufig vereisten Felsen. Ein schöner, aber weitgehend unbekannter Gipfel ist auch der Grand Cornier (3962 m).

Talort: Zinal (1675 m), Bergsteigerort in herrlicher Lage.
Charakter: Anspruchsvoller Viertausender, Felsgrat mit Kletterei bis III, sehr ausgesetzt, nur bei trockenem Fels zu empfehlen.

Nordgrat: Von Zinal noch 2 km mit dem Auto. Dann immer rechts des Baches talein nach Petit Mountet (Gasthaus). Über die Moräne und eine Felsstufe, dann hinab auf den geröllbedeckten Glacier de Zinal. Diagonal ans andere Ufer und zur Cabane du Mountet (2886 m, SAC) empor. Erst über Moränengelände, dann am linken Rand des Glacier du Mountet weiter. In 3700 m Höhe nach Norden auf den Firngrat und über ihn zur Schulter (l'Epaule, 4000 m). Über den ausgesetzten Felsgrat auf den Gipfel, nur die Sphinx wird rechts auf einem Band umgangen. Der Südostgrat, die übliche Route von Zermatt über die Rothornhütte, ist etwas einfacher und kann im Abstieg benützt werden. Achtung, die Bezeichnung ist irreführend; bis zur „Gabel" begeht man den Südwestgrat.

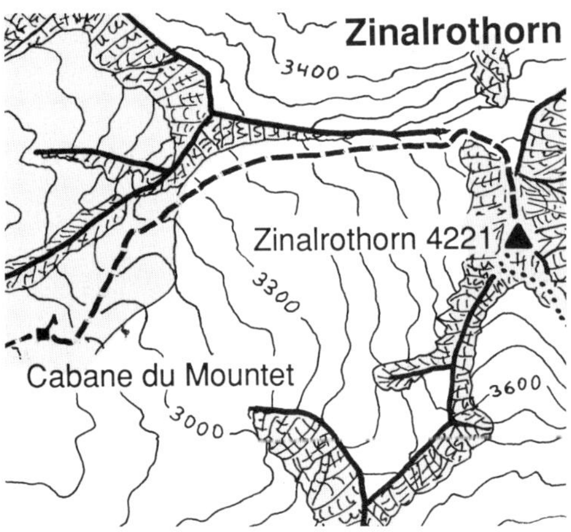

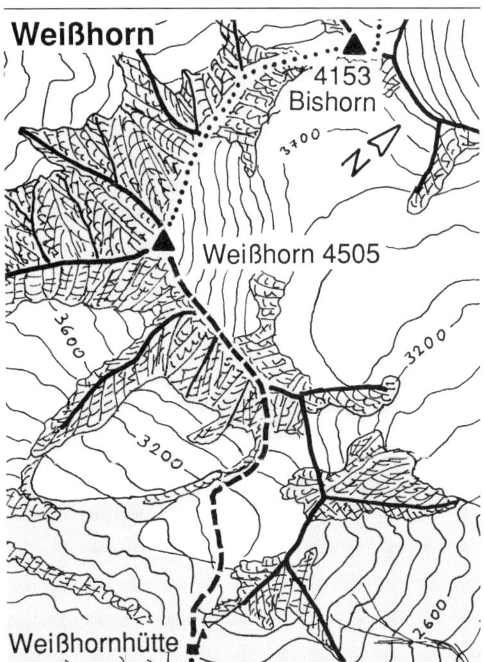

Weißhorn, 4505 m

Der Dreikant aus Eis und Fels

Aufstiegszeit	Gipfelaufbau	Alternative
4½ + 6½ Std.	Firnschneide	Nordgrat

Eine gewaltige Höhe, eine völlig isolierte Lage, scharf geschnittene Grate über sehr steilen Wänden – alles trägt dazu bei, aus dem Weißhorn ***den*** Ausnahmeberg schlechthin zu machen. Vom Bruneggorn (3838 m) – ein Geheimtip für Individualisten! – aus gesehen wird es seinem Namen gerecht; man steht der von ein paar Felspfeilern getragenen 1000-m-Eiswand genau gegenüber. Vom Bishorn (4153 m) – einer der einfachsten Viertausender! – ist der Anblick schon fast beängstigend, so steil schaut diese Wand im Profil aus. Von Westen, von Ar Pitetta, hingegen glaubt man einen anderen Berg zu sehen; eine Riesenfelsmauer wird von gezackten Graten getragen.

Für den Mittelstands-Westalpen-Gipfelsammler stellt das Weißhorn Traum und Krönung dar. Über den Ostgrat führt die einfachste Route mit 1000 Höhenmetern „Vorgeplänkel" auf Geröllflächen, auf Felsrippen, Gletscherhängen und in Schneerinnen. Dann folgt eine Stunde Genußkletterei über einen scharfen Felsgrat (bis III–) mit einer Reihe von Aufschwüngen und einer Steigbaumstelle. Den eigentlichen Höhepunkt, falls die verbliebene Kraft noch ein Genießen erlaubt, bildet der nochmals 500 m hohe, elegante, abwechslungsreiche Schneegrat mit schmalen, breiten, flachen, steilen Stellen. Nach dieser Aufzählung hat wohl jeder bereits verstanden, welche Voraussetzungen eine Weißhorntour verlangt: beste Kondition, rasches, sicheres, absolut zuverlässiges Gehen in Fels und Eis. Ein Berg dieser Höhe und eine Tour dieser Länge bleiben auch bei guten Bedingungen eine große Sache!

Noch eine Stufe anspruchsvoller wäre der Nordgrat, aus dem keck der Große Gendarm (4331 m) hervorsticht. Von der Tracuithütte läßt sich der Einstieg rasch und gut erreichen. Die Felskletterei geht bis III+, der größere Teil des Grates besteht jedoch aus teilweise sehr scharfen Firnschneiden.

Ausgangsort: Randa (1437 m) im Mattertal.

Charakter: Sehr lange, anspruchsvolle Hochtour, Kletterei bis III–, scharfe Firngrate, evtl. Eis.

Die einfachste Route: Kurz vor dem Ort Rande über die Mattervispa. Auf gutem Weg durch sehr steilen Wald nach Rötiboden und Jatz. Weiter rasch aufwärts über grasige Steilhänge zur Weißhornhütte (2932 m, SAC) in besonders schöner Lage. Nach kurzem Aufstieg auf den

Ostarm des Schaligletschers, flach über das Eis nach Westen und durch eine Rinne auf eine schmale Rippe. Auf und links neben ihr weit empor in eine Firnbucht am Fuß der folgenden Felsstufe. Aus dieser Mulde über brüchige Felsrippen zum Frühstücksplatz (3916 m). Weiter auf dem schmalen, nur mäßig steigenden Felsgrat, eine Reihe von Aufschwüngen überkletternd, nur die letzte Nadel nördlich umgehend, zum Firn-

grat. Über die teilweise schmale, ausgesetzte Schneide – im oberen Drittel steil – zum Gipfel.
Beschreibung des Nordgrates siehe SAC-Führer „Walliser Alpen", Band II.

Blick von Osten auf die gesamte Mischabelgruppe. Ganz links das Täschhorn und der Dom, dann die Lenzspitze mit ihrer glatten Eiswand (auf dem nach vorne ziehenden Grat die Mischabelhütte), auf die das felsige Nadelhorn folgt. Rechts noch die Gipfel des Nadelgrates: Stecknadelhorn, Hohberghorn und Dürrenhorn.
▽

Nadelhorn, 4327 m

Vier Viertausender an einem Tag

Aufstiegszeit	Gipfelaufbau	weitere Gipfel
3 + 3½ Std.	Firngrat	Nadelgrat

Für die Viertausender-Stürmer wäre das Nadelhorn der Idealberg der „zweiten Stufe", eine Steigerung etwa gegenüber einem Allalinhorn und doch noch ohne alle beängstigenden Schwierigkeiten. Zudem liegt die Mischabelhütte schon auf stolzen 3329 m; so bleiben exakt 1000 Höhenmeter als durchaus „menschliche" Aufgabe. Das ist überhaupt eine Tour für den Genießer! Schon der Zugangsweg verwöhnt mit den schönsten Ausblicken, und die Hütte thront ja als echter Lug-ins-Land auf ihrer so hohen Felsrippe. Am nächsten Morgen kommt man dann unter der gleichmäßig glatten Lenzspitz-Nordostwand hindurch, der immerhin 500 m hohen Supereisflanke. Deutlich erkennt man die Seilschaften, diese alpinen Spechte im Steileis. Auch vom Weiterweg zum Nadelhorn, oben vom Nordostgrat, kann man wieder in die Wand schauen; doch sie verliert nichts von ihrer abschreckenden Wildheit. Bei gutem Schnee und trockenen Felsen bereitet unser Gipfel hingegen wenig Probleme.
Vom Nadelhorn zieht ein Grat nach Nordwesten, der noch einige Viertausender trägt wie den schönen Firngipfel Hohberghorn (4219 m). Als „Nadelgrat" hat die Tour einen ausgezeichneten Ruf, ist ein Traumziel aller Westalpenfüchse. Gibt es dort oben auf den himmelhohen Eisgraten gute Stapfen im Schnee, geht man diese Viertausenderparade vom Nadelhorn aus im Abstieg; denn in der Gegenrichtung wäre die Tour lang, ja, allzu lang.

Talort: Saas Fee (1790 m), autofreier Bergsteigerort mit großartiger Gletscher- und Bergkulisse.
Charakter: Westalpentour, bei guten Verhältnissen ohne echte Probleme.
Normalweg: Von Saas Fee zu Fuß oder – bequemer – mit Hilfe der Hannigbahn erst über Gras, später im Geröll und zwischen den Felsen hindurch in zahllosen Kehren zur Mischabelhütte (3329 m, AAC). Über den Felsrücken bis in 3600 m Höhe. Jetzt quer über den Hohbalmgletscher und von rechts steil in Firn oder auf Eis ins Windjoch (3850 m). Über den anfangs breiten Schneegrat, später auf schmaler Schneide teilweise im Fels.

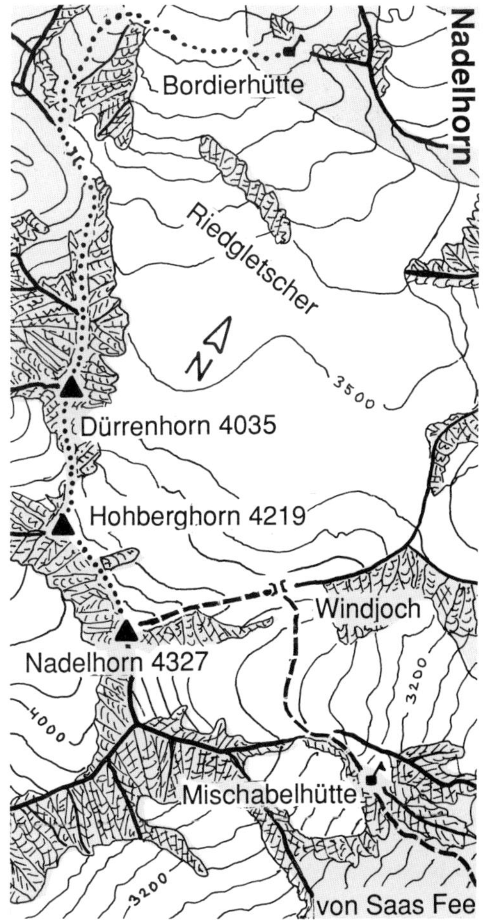

◁ *Montblancgruppe von Osten: Dominierend die Grandes Jorasses, rechts die Aiguille de Leschaux, links ganz klein der Montblanc selbst.*

Den letzten Aufschwung umgeht man nach rechts in eine Lücke des Nachbargrates.

Nadelgrat: Eine Routenbeschreibung erübrigt sich; man folgt weitgehend dem Grat, der am ***Stecknadelhorn*** (4241 m) aus Fels und Schnee kombiniert und recht ausgesetzt ist. Das ***Hohberghorn*** (4219 m) besteht weitgehend aus Firn, während am ***Dürrenhorn*** (4035 m) der brüchige Fels vorherrscht. Bei guten Verhältnissen nur mäßig schwierig. Der Zeitbedarf hängt ganz vom Können ab; etwa 4 Std. vom Nadelhorn zum Galenjoch. Für den Weiterweg von dort verwendet man das Kar nördlich der Gugla, überquert die Zunge des Riedgletschers und steigt gut 100 Höhenmeter zur Bordierhütte (2886 m, SAC, gesamt 8 bis 10 Std.) auf.

Dom, 4545 m

Höchster Gipfel auf rein schweizerischem Boden

Aufstiegszeit	Gipfelaufbau	Alternative
4½ + 5½ Std.	Eishänge	Festigrat

Der Dom ist der Berg der zwei Gesichter und der Irrtümer. Auf der Seite von Saas Fee geben die 1000 m hohen Ostwände aus Fels den so imponierenden Hintergrund zum wildzerrissenen Feegletscher, während der Besteiger des benachbarten Nadelhorns ihn als makellose Firnpyramide kennt. Aha, denkt nun mancher, daher der Name Dom. Irrtum! Er wurde zu Ehren des Domherrn Bechthold so benannt, der ihn zwar nie bestiegen, aber immerhin als erster vermessen hat. Und irgendein alpiner Autor hat die Behauptung aufgestellt, die Besteigung sei langweilig, und der Dom wäre allenfalls als Skiziel empfehlenswert. Arme Menschen, die die Tour in einer so gewaltigen Eislandschaft auf einen der höchsten Alpengipfel nicht mehr begeistern kann! Die Route ist zwar technisch einfach, doch 1600 Höhenmeter ab Hütte erfordern viel Kondition, und wer sich die langen, langen Gipfelhänge regelrecht emporschinden muß, dem mag natürlich jeder Sinn für Schönheit verlorengehen. Und Vorsicht mit der Skiempfehlung! Der Hüttenzugang mit seinen Felspassagen ist ein interessanter Sommerweg – fasziniert beobachtet man das immer gewaltigere Emporwachsen des Weißhorns (4505 m) genau jenseits des Mattertals –, aber alles andere als eine Skiroute. Die Domhütte (2940 m) liegt in herrlicher Aussichtslage und bietet zudem ein – gelungenes – architektonisches Kuriosum. Das unregelmäßige Sechseck paßt sich gut der Landschaft an, zudem läßt sich so der Raum maximal nützen. Noch ein Hinweis: Die Gletscherroute gilt als Normalweg, doch der Festigrat ist direkter und macht mehr Spaß.

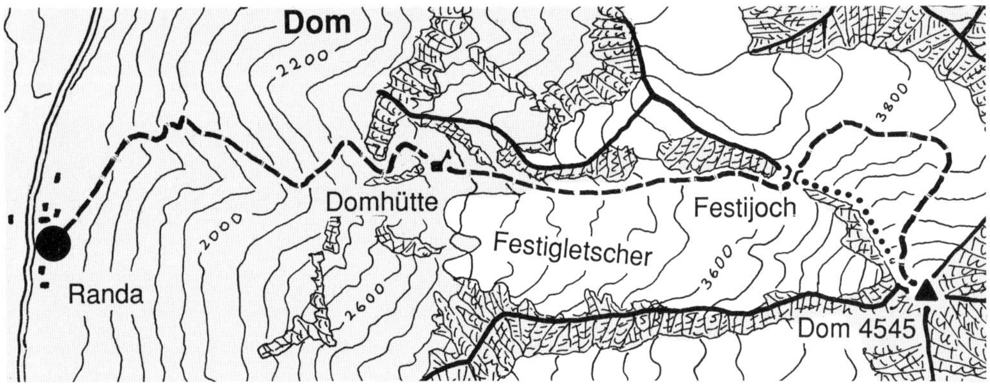

Ausgangsort: Randa (1439 m) im Mattertal.
Charakter: Sehr lange Gletschertour ohne technische Probleme, Eisschlag, stark dem Wind ausgesetzt.
Die Gletscherroute: Von Randa auf dem guten Hüttenweg durch Wald, dann über Grashänge, schließlich zwischen Felsen mit Sicherungen stets sehr zügig empor zur Domhütte (2940 m, SAC). Erst über Geröllhänge, dann am linken Rand des Festigletschers zum Festijoch (3723 m). Drüben ganz kurz hinab auf den Hohberggletscher (Eisschlag!). Nach Nordosten, später nach Osten nur mäßig aufwärts bis in 3900 m Höhe. Wegen der Abbrüche kann man erst dort Richtung Gipfel abbiegen, um über die noch hohen Gletscherhänge anzusteigen.
Festigrat: Der wenig ausgeprägte Nordwestgrat beginnt im Festijoch. Unangenehm bei vereistem Fels (bis II), sonst idealer, sehr rascher Anstieg, der weite Strecken über Firn führt. Man bleibt teilweise auf dem Grat, teilweise hält man sich etwas links. In einer Lücke knapp unter dem Gipfel treffen beide Routen wieder zusammen. Etwas kürzer als der Normalweg.

Allalinhorn, 4027 m

Der „schnelle" Viertausender

Aufstiegszeit	Gipfelaufbau	Alternative
2¼ Std.	Firnhänge	Hohlaubgrat

Armes Allalinhorn! Von Norden zeigt der Berg eine ausgesprochen schöne und auch ungewöhnliche Form, er ist eine Art Halbkugel aus Eis über weiten, von ein paar mächtigen Querspalten zerrissenen Gletscherflächen. Er gehörte schon immer zum üblichen Viertausender-Programm im Bereich von Saas Fee, wurde oft als Eingehtour gemacht, da die Route wenig Schwierigkeiten bietet. Dann schoben sich die Bergbahnen immer höher empor, erreichten die Längfluh (2870 m), das Felskinn (2991 m), heute führen sie gar bis zum Mittelallalin (3460 m). Und damit wurde endgültig das Allalinhorn zum Rummelplatz. Unterwegs läßt sich dreierlei bewundern: gewaltige Schründe und Eisstufen, einige Viertausender wie das Rimpfischhorn (4199 m) und ein wahrlich buntes Menschendurcheinander. Was sich da alles so auf den Weg macht! Als ob man mit einer Bergbahnkarte in der Tasche nicht in eine Spalte stürzen, nicht am steilen Gipfelhang ausrutschen könnte.

Also: Wer es eilig hat, startet am Mittelallalin, wer hingegen eine echte, große Westalpentour genießen will, begeht den Hohlaubgrat. Als schöne Firnschneide, die allerdings nach Süden mit hohen Wänden abbricht, führt der Grat von Osten zum Gipfel. Erst kurz unter dem höchsten Punkt gibt es einen „einsamen" Felsstreifen als Unterbrechung im sonst reinen Weiß. Bei ordentlichem Schnee kann man die Tour als mäßig schwierig einstufen. Und eines ist sicher: Dort trifft man nur richtige Bergsteiger.

Ausgangsort: Saas Fee (1790 m), autofreier Bergsteigerort mit großartiger Berg- und Gletscherkulisse.
Charakter: Gletschertour, einige große Spalten, steilerer Gipfelhang, sehr beliebt.
Die kürzeste Route: Von Saas Fee mit den Bahnen nach Mittelallalin (3460 m). Hinüber in die Gletschermitte und über mehrere breite Schründe gegen das Feejoch. Über den oft harten, kurzzeitig steilen Hang auf den Gipfel.
Hohlaubgrat: Von Saas Fee mit der Seilbahn zum Felskinn (2991 m) und oberhalb des Egginerjoch vorbei zur Britanniahütte (3030 m, SAC, 40 Min.). Drüben kurz hinab und nur leicht steigend quer über die Zunge des Hohlaubgletschers an dessen Südrand. Auf Schutt und Schnee immer gerade über die Hänge aufwärts auf eine Schneekuppe. Ab hier nun auf dem deutlichen Grat über flachere und steilere Passagen zum kleinen Felsriegel, der auf einem schottrigen Band überwunden wird. Kurz über Firn auf den Gipfel. 3¾ Std. ab Hütte.

Monte Rosa, 4634 m

Der zweithöchste Alpenberg

Aufstiegszeit	Gipfelaufbau	weitere Gipfel
2 + 6 Std.	Felsgrat	Signalkuppe

Mit Monte Rosa bezeichnet man den ganzen, etwa fünf Kilometer langen Grenzkamm, der sechs selbständige Viertausender, ja, zehn benannte Gratererhebungen über dieser magischen Höhe trägt. Nur 50 Kilometer entfernt und doch 4400 m höher – aus dem Bereich der oberitalienischen Seen wirkt diese weiße, manchmal auch rosa angehauchte Riesenmauer wie eine Fata

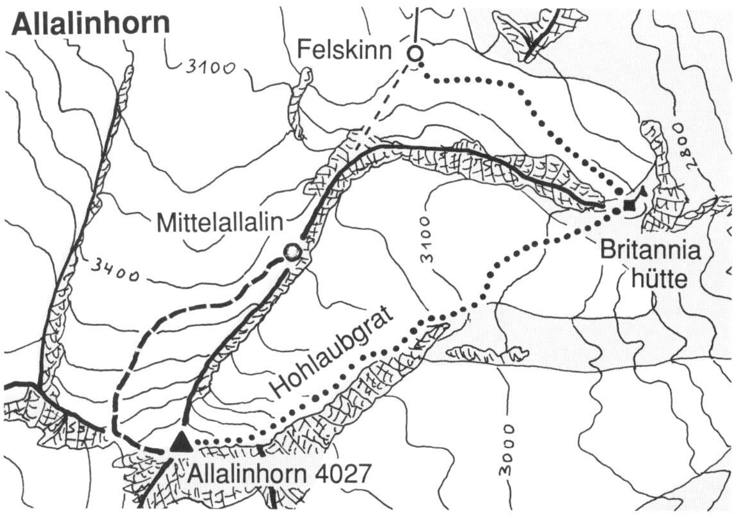

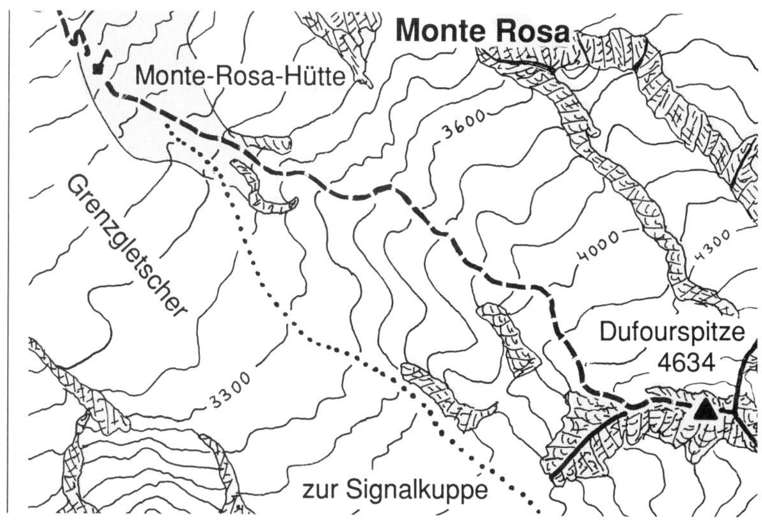

Morgana. Vorgelagert sind nur bescheidene Zweitausender, das begünstigt den so überwältigenden Anblick. Zudem stürzt nach Osten eine 2400 m hohe Flanke ab, die gewaltigste Wand der Alpen, ein kilometerbreites Halbrund mit steilem Eis, mit Hängegletschern, Felspfeilern, düsteren Lawinen- und Steinschlagcouloirs. Man sollte es nicht glauben, doch bereits 1872 stiegen die ersten Menschen durch die Monte-Rosa-Ostwand. Die Seilschaft setzte sich bunt aus drei Engländern und je einem Schweizer, Österreicher und Italiener zusammen. Es führte Ferdinand Imseng, den neun Jahre später eine Lawine aus eben dieser Wand fegte. Heute gilt eine Durchsteigung nur als „schwierig" (III), doch an der (allzu) großen und unberechenbaren Gefahr durch Lawinen und Steinschlag hat sich selbstverständlich nichts geändert.

Für jeden Bergsteiger gehört natürlich die Dufourspitze (4634 m) zu den Traumzielen. Sie ist der Hauptgipfel des Wallis und damit auch der gesamten Schweiz. Schier endlose Gletscherflächen ziehen von Nordwesten gegen den Gipfel empor, und doch pilgern dort erstaunlich viele bergwärts. 1800 Höhenmeter und davon ein Drittel oberhalb der Viertausendmetergrenze – das kostet Kraft. Bläst dazu der gefürchtete Monte-Rosa-Eiswind, dann wird den Gipfelstürmern zudem jede Rast verleidet; wohl dem, der einen Biwaksack mit sich trägt! Zum Glück sind – bei trockenem Fels – wenigstens die technischen Schwierigkeiten am Gipfelgrat nur mäßig. Fazit: abwarten, bis Kondition und Wetter stimmen. Schließlich soll die Tour auf den zweithöchsten Alpenberg begeistern und keine Qual auslösen.

Auf der Signalkuppe (4554 m) steht die nach der italienischen Königin benannte Capanna Margherita, die höchstgelegene Hütte der Alpen. Wer eine vielleicht nicht allzu gemütliche Nacht da oben verbringt, kann in zwei Tagen gleich vier der größten Alpengipfel und noch dazu – relativ – einfach besteigen.

Talort: Zermatt (1616 m), weltberühmter Bergsteigerort am Fuß des Matterhorns, zahlreiche Bergbahnen; Zufahrt ab Täsch nur mit dem Zug möglich.

Charakter: Sehr lange Hochtour in windexponiertem Gelände, Spalten, Gipfelgrat mit wenigen Kletterstellen bis II.

Der übliche Anstieg: Von Zermatt mit der Gornergrat-Zahnradbahn zur Station Rotenboden (2815 m). Südlich unter dem Gornergrat hindurch und auf den Gornergletscher hinab. Nach Süden zur Monte-Rosa-Hütte (2795 m, SAC), großartiger Blick auf Zwillingsgletscher, Liskamm-Nordwand usw. Über die Moräne, dann über Schutt und Gletscherschliffe aufs Obere Plattje. Der stets dikken Spur folgend über Rücken und durch Mulden des Monte-Rosa-Gletschers etwa 1000 Höhenmeter aufwärts. Über einen kurzen Steilhang in den Sattel (4359 m) und auf Fels und Schnee dem noch hohen und langen Westgrat folgend auf den schmalen Gipfel.

Vier Viertausender: Von der Hütte über die Moräne zum Grenzgletscher. Immer links bleibend durch eine Spaltenzone zu P 3699. Durch Gletschermulden weiter, um den Gratfuß der Zumsteinspitze herum und von links leicht auf die ***Signalkuppe*** (4554 m, 5½ Std.) mit der Capanna Margherita des CAI. Am nächsten Tag vom Colle Gnifetti steil auf die ***Zumsteinspitze*** (4563 m). Zurück in den Sattel, in einem nach Westen ausholenden Bogen um die Signalkuppe ins Seserjoch (4296 m), über Firn steil auf die ***Parrotspitze*** (4432 m) und weiter auf Firn über das Piodejoch auf die unbedeutende Ludwigshöhe (4341 m, bis hier ca. 3 Std.). Abstieg nach Norden auf den Grenzgletscher und zur Aufstiegsspur vom Vortag.

Montblanc de Cheilon, 3870 m

Edler Gipfel im welschen Wallis

Aufstiegszeit	Gipfelaufbau	Alternative
3 + 3 Std.	scharfer Grat	Überschreitung

Der Grand Combin (4314 m) ist der alles überragende Herrscher im Westwallis. Er bietet drei Gipfel über 4000 m Höhe, und doch kann man keine der Routen mit ganz ruhigem Gewissen empfehlen. Der einfachste Weg wird durch den Eisschlag im Corridor zu einer Art russischem Roulett, die Nordwestroute des P 3987 wartet mit einer manchmal unangenehmen Eisbruchstufe auf, und die mäßig schwierigen Felsen oberhalb des Plateau du Couloir sind allzu brüchig und steinschlaggefährlich. Ganz anders

Montblancgruppe im Abendlicht von der Aiguille du Goûter mit Taconna- und Bossonsgletscher. In der Sonne die Aiguille du Midi, im schattigen Kamm dahinter dominierend die Aiguille Verte.

der Montblanc de Cheilon – von ihm läßt sich in aller Ruhe schwärmen! Die dreieckige Nordwand zeigt echte Eleganz, nur verschwindet leider immer mehr das Eis aus der ungewöhnlich steilen Flanke; 57° Durchschnittsneigung, das will schon etwas heißen! Der übliche Aufstieg paßt zu einem so schönen Berg, ist kurzweilig, spannend, mit interessantem Gletscherzugang und scharfem, oft von Wächten verziertem Gipfelgrat, und er entpuppt sich zudem als nur mäßig schwierig. Bei knapp 1000 Höhenmetern hält sich auch die Anstrengung in Grenzen. Wem das zu wenig erscheint, der setzt eine Überschreitung aufs Programm. Der Ostgrat mit seiner schönen Kletterei gibt ihm dann schon ein paar „Nüsse zum Knakken".

Noch etwas ganz anderes: Die Val d'Hérens mit ihren historischen Dörfern aus fast schwarzen Holzhäusern und der eindrucksvollen Bergkulisse – ganz gewaltig zeigt sich die Dent Blanche (4357 m) – gehört zu den schönsten Alpentälern.

Ausgangsort: Arolla (1998 m), Bergsteigerort mit grandiosem Panorama.

Charakter: Hochtour ohne größere Probleme, jedoch evtl. Wächten am scharfen Felsgrat, Kletterei bis II–.

Der Normalanstieg: Von Arolla auf breitem Weg über Weideböden und Schutt in den Pas de Chèvres (2855 m). Auf langer Eisenleiter hinab, quer über die geröllbedeckte Zunge des Glacier de Cheilon und empor zur Cabane des Dix (2928 m, SAC). Über Schutt und Gletscherflächen mit Spalten in den Col de Cheilon (3243 m). Im Firn rechts um einen ersten Aufschwung, dann stets auf der Gratrippe aufwärts. Von ihrem Ende über den Schneehang etwas nach links in den Sattel am Fuß des Gipfelgrates und auf ihm zum höchsten Punkt.

Überschreitung: Von der Dixhütte am Ostrand des Glacier de Cheilon – unter den Pointes de Tsena Réfien entlang; viele Spalten – in einem weiten Bogen in den Col de la Serpentine (3547 m). Ein Schneegrat führt auf den Ostgipfel, eine ausgesetzte Schneide aus festem Fels (bis III–), dann zum höchsten Punkt. 4½ Std. ab Hütte.

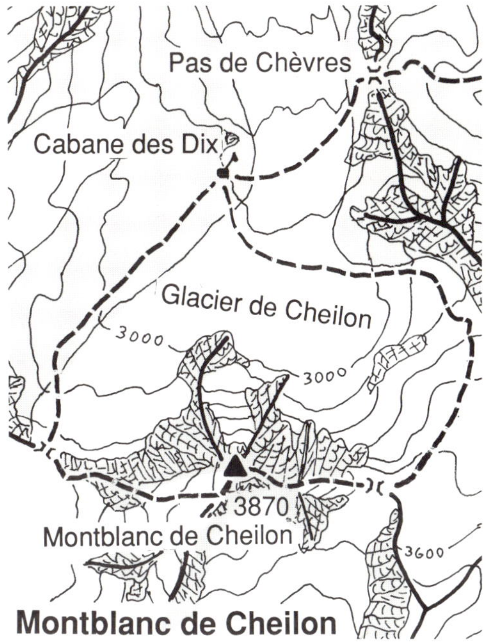

Montblanc, 4807 m

Das höchste Ziel der Bergsteiger

Aufstiegszeit	Gipfelaufbau	Abstieg
4½ + 4 Std.	Firngrat	Bossonsgletscher

Nein, wir wollen nicht das allzu Bekannte über den Montblanc wiederholen, seine Herrscherposition in den Alpen betonen oder die Erstbesteigungsgeschichte von 1786 nacherzählen, an die Namen Paccard, Balmat und de Saussure erinnern. Unser Traum ist ja nicht das Anschauen, das Bewundern, wir wollen dem Montblanc vor allem auf das runde, weiße Haupt steigen.

Durch die westexponierte Lage steht der Monarch so recht im Stau- und Niederschlagsbereich, und damit wird das Eis zum beherrschenden Element. Die Zunge des Bossonsgletschers fließt bis tief in die Waldregion hinab, 3400 Höhenmeter liegen zwischen dem Gipfel und dem Gletschertor! Da würde der Anstieg von der Grands-Mulets-Hütte so richtig zum Charakter passen. Das ist Eislandschaft im eindrucksvollsten Stil, mit Spalten, Brüchen, Wänden, Seraks – und das alles sozusagen im Großformat. Aber, dieser Weg ist nicht nur weit, für die meisten ist er allzu weit.

Es bleibt also die Route über die Goûterhütte, ein Raubvogelnest in 3800 m Höhe. Steigt man die 10 m von dort auf den Firngrat hinauf, so hat man eine königliche, jedoch sehr kühle Loge für das große Schauspiel des Sonnenuntergangs. Die Nacht „ruhe" in diesem Montblanc-Durchgangslager aber wird im positiven Fall zu einer Posse, im unerfreulichen zu einem Drama nach dem Motto „Volk ohne Raum". Noch im Dunkeln ziehen dann am nächsten Morgen die Glühwürmer im Schweigemarsch über die Firnhänge gegen den Dôme du Goûter hinauf. Zur großen Eislandschaft gehört später dann der nahezu felsfreie Bossesgrat, diese Firnschneide, die immer höher hinausführt über alle Gipfel rundum. Viele spüren nichts mehr von ihrer Schönheit, vom eleganten Schwung, wenn jeder Meter zur Plage wird. Dreimal atmen, wieder ein Schritt... Vielleicht faucht auch der Eiswind allzu grimmig. Hier zeigen sich Kondition und gute Ausrüstung.

Wie sieht es bei dir aus, hast du noch Kräfte für einen Abstieg zur Grands-Mulets-Hütte, so viel Kraft, daß dir der Weg durch die anfangs beschriebene Gletscher-Wunderwelt noch Spaß macht? Jetzt ist jedoch der Schnee aufgeweicht, die Brücken über die Spalten tragen nicht mehr so gut...

Talort: Chamonix (1032 m), internationale Bergsteigermetropole am Fuß des Montblanc mit einigem „Rummel".

Charakter: Keine technischen Schwierigkeiten, doch langer, steiler Hüttenzugang und wegen der großen Höhe recht anstrengend, extrem Wind und Wetter ausgesetzt.

Goûter-Route: Von Chamonix 5 km nach Les Houches, mit der Seilbahn nach Bellevue und der Zahnradbahn bis Nid d'Aigle (2386 m). Auf einem Steig über Hänge und eine Felsrippe auf den Firn beim Refuge Tête Rousse (3167 m). Dann über die etwa 600 m hohe Felsrippe (Sicherungen), die knapp links des Refuge du Goûter (3817 m, CAF, oft überfüllt) auf den Grat mündet. Über die unbedeutende Aiguille du Goûter (3863 m) und die folgenden Firnhänge auf den Dôme du Goûter (4304 m, in 15 Min. zu besteigen) zu und links an ihm vorbei in den weiten Col du Dôme. Knapp oberhalb die Vallothütte (4362 m, kein Stützpunkt, allenfalls unangenehme Notunterkunft). Immer auf dem schönen Firngrat – Bossesgrat genannt –, am Schluß über eine scharfe Schneide auf den ganz vom Schnee bedeckten Gipfel.

Bossons-Abstieg: Vom Col du Dôme nach Osten auf das Grand Plateau. Immer etwas nach links über zerklüftete Hänge zum Petit Plateau. Weiter über die von vielen Spalten zerrissenen, teilweise steileren Gletscherflächen hinab, dann nach rechts zum Refuge Grands Mulets (3057 m) oder gleich gerade abwärts nach La Jonction. Von dort schräg nach rechts durch das Spaltengewirr zum flachen Absatz des Bossonsgletschers und an sein Ostufer. Auf einem Weg quer durch die Hänge zum Hôtel des Glaciers und in der gleichen Richtung weiter zur Mittelstation der Midi-Seilbahn.

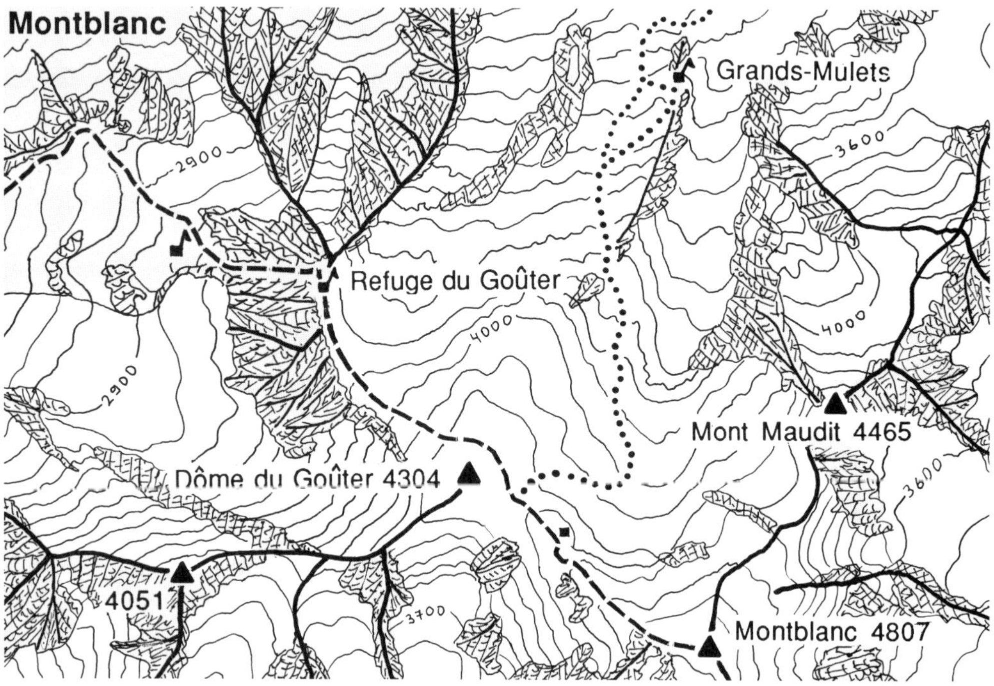

Bossesgrat (Normalanstieg) zum Gipfel des Montblanc, vorne die Vallothütte.
▽

Aiguille de Rochefort, 4001 m

Der herrliche Eisgrat

Aufstiegszeit	Gipfelaufbau	weitere Gipfel
4½ Std.	Wächtengrat	Dôme de Rochefort

Das Abschmelzen der Eisdecke auf Graten, Gipfeln und in den Wänden nimmt so manchem Berg viel von seiner Schönheit und Eleganz. In der Montblanc-Gruppe jedoch sorgen die große Höhe der Gipfel und die reichen Schneefälle auch heute noch für dicke Firnauflagen. So brauchen wir wohl keine Angst um das „Weiterleben" des Rochefort-Grates, diesem Ideal einer Wächtenschneide, zu haben.

Bei seiner Begehung gibt es alle Möglichkeiten zwischen einem beschwingten Allegro und einem dramatischen Furioso. Bei ruhiger Luft, Sonne und einer dicken Spur kommt ein sicherer Bergsteiger rasch und kontinuierlich von der Stelle, er braucht allenfalls Zeit, um die eleganten Bogen der Firnschneiden zu bewundern, die weit hinausragenden Wächten zu fotografieren und das Gefühl zu genießen, in fast 4000 m Höhe so zwischen dem tiefen Tal von Courmayeur und all den Großen der Montblanc-Gruppe mit dem Monarchen selbst und seiner 1500 m hohen Brenvaflanke zu „lustwandeln". Ernste Schwierigkeiten gibt es bei diesen Bedingungen für den Könner nicht, und mancher lief schon in einer Stunde über den Grat, während andere am gleichen Tag drei oder mehr Stunden unterwegs waren. Doch schlagartig ändern sich die Bedingungen bei Wind und Kälte, vor allem aber beim Fehlen der üblichen Stapfen. Nur sehr, sehr viel Westalpen-Erfahrung sorgt für jenes Fingerspitzengefühl, das die Entscheidungen ganz sicher treffen läßt, an welchen Stellen die Spur über die messerscharfe Schneide selbst geführt werden darf, und wo man wegen der Riesenwächten respektvoll in die Steilflanken ausweichen muß. Ja, selbst das Treten jeder einzelnen Stufe in diesem gefährlichen Gelände erfordert viel Können, ein einziger Fehltritt...
Hinter der Aiguille setzt sich der Grat nach Osten zum Dôme de Rochefort (4015 m) in ähnlicher Art und mit etwa gleicher Länge fort. Das wäre eine weitere ungemein reizvolle Aufgabe. Doch eine ganz große Warnung: Der Rückweg führt wieder über den gesamten Grat, und das kostet viel Zeit! Wehe dem, der hier oben in ein Gewitter oder einen Wettersturz gerät!

Aufnahmen der Seiten 118 und 119: Zweimal Rochefortgrat in der Montblancgruppe. Links der Blick von Westen nach Osten, ganz hinten noch die Flanke der Aiguille de Rochefort. Rechts die umgekehrte Blickrichtung, darüber der Riesenzahn Dent du Géant, ein herrlicher Kletterberg (III).

Talort: Courmayeur (1226 m), der italienische Montblancort.
Charakter: Sehr ausgesetzter, teilweise überwächteter Firngrat, Felsstellen bis II, stark dem Wind ausgesetzt.
Der Rochefort-Grat: Von Courmayeur nach Entrèves und mit der großen Seilbahn zur Turiner Hütte (3371 m). In den nahen Col du Géant und auf dem Gletscher nördlich um die Felsen in die Firnbucht unter der Dent du Géant. Über Rippen zum Grat bei einem Gendarm. Rechts um diesen und auf dem Schneegrat an den Fuß des Géant (Frühstücksplatz). Über die schöne Firnschneide auf den deutlichen Zwischenkopf (3933 m) und weiter über einen sehr scharfen Grat zur Gipfelwand. In einer etwas brüchigen Rinne gerade empor.

Dôme de Rochefort: Über einen Schneegrat und -hang in eine ausgeprägte Scharte (3895 m) hinab. Einen Schneekopf überschreiten, dann nördlich um die nächste Erhebung und schließlich auf Schnee und Fels zum Gipfel. Etwas einfacher, 1½ Std. Rückweg wieder über den gesamten Grat.

Grandes Jorasses, 4208 m

Der berühmte Kletterberg aus Granit

Aufstiegszeit	Gipfelaufbau	Alternative
4 + 6 Std.	Felshänge	Pointe Whymper

Mit den gewaltigen, glatten Wänden, den von Nadeln gespickten Graten und Rippen, den wildzerborstenen Hängegletschern und den so tief hinabziehenden Eisströmen bietet die Montblanc-Gruppe die schönsten, imposantesten, wildesten Bilder in den Alpen. Da macht das Schauen so richtig Spaß, aber damit wird aber auch so mancher Gipfel für den „Normalbesteiger" viel zu anspruchsvoll. Welche großen Ziele lassen sich noch relativ gut erreichen? Ein paar Tips: Von der Argentièrehütte aus die Aiguille d'Argentière (3900 m, 4½ Std., reine Eistour) und der Tour Noir (3838 m, 5 Std., Kletterei II), von der Couverclehütte die Aiguille de Triolet (3870 m, 7 Std.), einfach der Montblanc du Tacul (4248 m, 3½ Std.) von der Aiguille du Midi, sehr anspruchsvoll die Aiguille Verte (4122 m, 8 Std., bis III).

Und dann gibt es natürlich die Grandes Jorasses, deren berühmte, auf Felspfeiler gestützte und von Eiscouloirs verzierte Nordwand das Meisterstück eines Bildhauers zum Thema „das Idealbild eines Berges" sein könnte. Genießer schätzen die Route über den Walkerpfeiler als schönste der großen, extrem schwierigen Klettereien in den Alpen. Von Süden hingegen wirkt der Berg mächtig und massig und ein an manchen Stufen recht zerklüfteter Gletscher zieht bis zum höchsten Gipfel, der Pointe Walker, empor. Über ihn und die Felsrippen daneben führt der einfachste Anstieg. Man kann im oberen Teil aber auch über einen interessanten Nebengrat zum Westgipfel, der Pointe Whymper (4184 m), hinaufklettern und hat dann die prickelnde Aufgabe, hoch über der Nordwand den Grat zu überschreiten. Zum Schönen der Grandes-Jorasses-Südseite gehört die absolute Ruhe und die Ursprünglichkeit der Landschaft.

Talort: Courmayeur (1226 m), der italienische Montblancort.
Charakter: Große, anspruchsvolle Gletschertour, steiles Eis, im Fels bis II, Eisschlag.
Zum Hauptgipfel: Von Courmayeur mit dem Auto bis Planpincieux (1564 m). Nach Norden über meist recht steile Hänge erst zwischen Waldresten, dann auf Matten, über eine felsige Stufe und

Links die Grande Motte im Skigebiet von Lac de Tignes, rechts die Grande Casse mit Nordwand. ▷

einen langen Moränenkamm. Schließlich nach links über plattigen Fels zum kleinen Refuge des Grandes Jorasses (2804 m, CAI) mit herrlichem Blick nach Süden. Auf dem Glacier de Planpincieux bis in 3400 m Höhe. Weiter auf dem Kamm der Reposoir-Felsen. Nach rechts über steilen Firn zu einer Rinne der Whymper-Felsen. Von ihrem Ende auf das obere Gletscherbecken und schließlich von Süden über Fels – oder links über Firn – auf den höchsten Punkt.
Über den Westgipfel: Auf der deutlichen Rippe der Whymper-Felsen zum Hauptkamm und über ihn zum höchsten Punkt. Etwas länger.

La Grande Casse, 3855 m

Hauptgipfel der Vanoise

Aufstiegszeit	Gipfelaufbau	Alternative
2 + 5 Std.	Eishänge	keine

Zwischen Montblanc, Gran Paradiso und Dauphiné warten Dutzende schöner Eisberge auf den Alpinisten mit Eigeninitiative und Freude am Ausgefallenen wie Tsanteleina (3605 m), Levenna (3615 m), Ciamarella (3676 m), Pointe de Charbonnel (3750 m)... Das sind wohl alles böhmische Dörfer für Deutschsprachige; am ehesten kennt man noch das Massif de la Vanoise mit dem National-

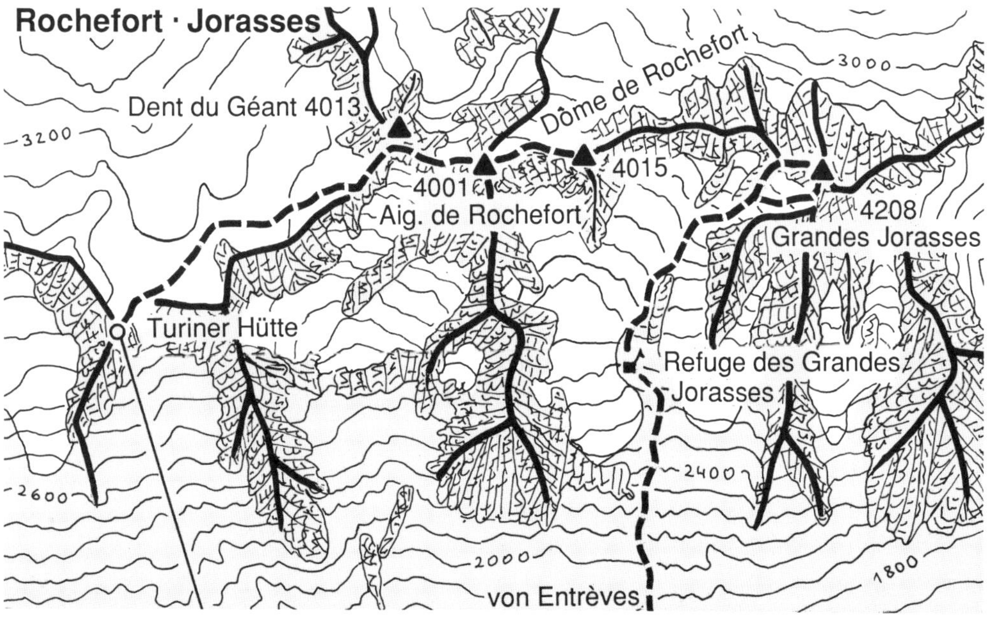

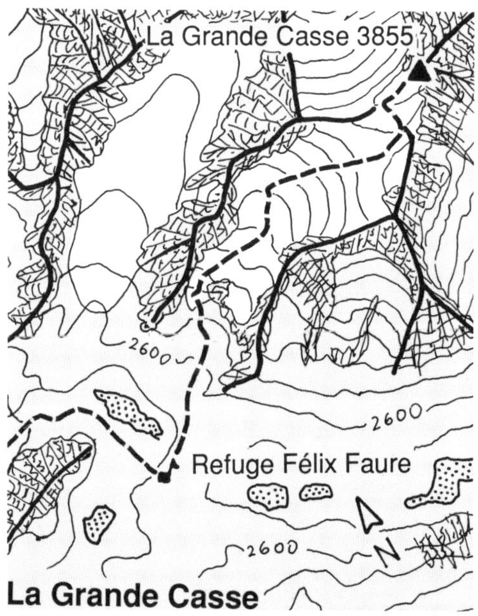

park. Über der Retorten-Skistation Lac de Tignes steht mit dickem Gletschermantel die Grande Motte (3656 m), von der ein wilder Grat zum höchsten Gipfel weit und breit hinüberzieht. Das ist die Grande Casse, oder – wohl genauer – Pointe de la Grande Casse, als die Spitze über den großen (Eis)Brüchen. Ihre gut 800 m hohe Nordwand besteht halb aus ganz auffallend geriffeltem Fels, halb aus glattem Steileis. Auch beim üblichen Anstieg beherrscht die Gletscherwelt ganz den Charakter. Fast 1000 Höhenmeter überwindet man auf dem schmalen, steil ansteigenden Glacier des Grands Couloirs, auf Blankeis, zwischen Spalten, im Becken und dann am riesigen Steilhang zum Col des Grands Couloirs, dem zum Gipfel nur noch ein kurzer Hang und ein Grat folgen. Eherne Bergsteigerregeln entspringen – meist – sinnvollen Grundsätzen. Doch kann ein nächtlicher Aufbruch bei der Grande-Casse-Tour auch die Angst unterstützen. Die 400 m hohe und bis zu 40° steile Firnflanke – reine Westseite! – an unserem Berg wird manchen bei beinhartem Schnee schon sehr beeindrucken, bei weichem hingegen schaut die Sache doch viel gemütlicher aus.
Außerdem: gewisse Ähnlichkeiten mit der Ortler-Landschaft sind kein Zufall. Bröselige Kalke und Schiefer formen die meisten Berge der Vanoise und der Maurienne. Deshalb sind hier auch die Gipfel nicht so schroff wie in anderen Gruppen entsprechender Höhe.

Ausgangsort: Pralognan (1408 m), Ferienort, in der Nähe die berühmte Skistation Trois Vallée mit Courcherel.
Charakter: Große Gletschertour, langer Steilhang bis 40°.
Die Route: Von Pralognan mit der Seilbahn zum Mont Bochor (2023 m). Quer durch die Hänge ins Tal von Glière und in einem weiten Boden am Lac Long vorbei zu den etwas häßlichen Hütten von Félix Faure (2515 m, CAF). Über Schutt und Schnee durch die Mulden ganz nach links zum nördlichen Rand der Gletscherzunge. Immer links bleibend über die spaltenreichen Flächen in das Becken des Glacier des Grands Couloirs. Über den Schrund und über die hohen Steilhänge in den Col (3680 m). Auf einem Firnhang zum Grat und über die schmale, manchmal verwächtete Schneide auf den Gipfel.

Gran Paradiso, 4061 m

Der alleinstehende Viertausender

Aufstiegszeit	Gipfelaufbau	Alternative
2½ + 4½ Std.	Gletscherhänge	keine

Nach den so anspruchsvollen Gipfeln des Montblanc-Massivs kann man mit gutem Gewissen den Gran Paradiso, den Hauptgipfel des gleichnamigen Gebirges, als Jedermann-Viertausender vorstellen. Die langgezogenen Gletscherflächen mit ihren flachen und steilen Abschnitten bestimmen den Charakter der Tour. Verblüffenderweise unterbrechen nur wenige Spalten die gegliederten Flächen. Am obersten Schrund muß man am meisten aufpassen. Den

◁ *Das Écrins-Massiv von der gleichnamigen Hütte gesehen, überragend die Barre, daneben bescheiden der Dôme de Neige; über die Eisfelder führt der Aufstieg.*

Gipfel formen ein paar ganz eigenartige, oben abgeschnittene, schwarze Türmchen. Mit seinen senkrechten Felsabbrüchen nach Osten zeigt der Gran Paradiso plötzlich ein ganz neues Gesicht. So unterlassen die meisten die sehr ausgesetzte Mini-Kletterei (I+) auf das höchste der Türmchen. Und das ist gut so; denn bei den so zahlreichen Gran-Paradiso-Aspiranten gäbe es sonst auf der winzigen Plattform ein gefährliches Gedränge. „Bessere" Bergsteiger halten diesem Ziel gegenüber einen überheblich-verächtlichen Ton für angebracht. Lassen Sie sich davon nicht anstecken! Genießen Sie in aller Ruhe die undramatische Tour, die schöne Gletscherwelt beim Aufstieg, den einzigartigen Blick mit der Viertausender-Parade vom Monte Rosa bis zum Montblanc.

Der Aufmerksame wird in diesem Gebiet über das Nebeneinander italienischer und französischer Bezeichnungen stolpern. Die Erklärung liegt in den historischen Gegebenheiten: Die heutige, autonome Region Aosta gehörte vor 1860 zu Savoyen, und das Französische als die eigentliche Muttersprache hat sich bis jetzt erhalten.

Ausgangsort: Aus dem Aostatal durch die Valsavarenche nach Pont (1960 m).
Charakter: Gletschertour ohne Probleme, einige Spalten, letzter Zacken I+ und ausgesetzt.
Die übliche Route: Vom Parkplatz etwa 10 Min. talein, dann nach Osten abbiegen und in vielen Kehren über eine hohe Steilstufe. Flacher zum Rifugio Vittorio Emanuele (2732 m, CAI, oft sehr stark belegt), einem ganz ungewöhnlichen Bau mit tonnenförmigen Dach. Den deutlichen Spuren folgend erst nach Norden, dann über eine Moräne und durch ein Tälchen zum Gran-Paradiso-Gletscher. Auf der dicken Spur über verschiedene Stufen zum Gipfelgrat. Über den Schrund ein paar Felsen auf den höchsten Punkt.

Siehe dazu auch die Skizze auf Seite 124.

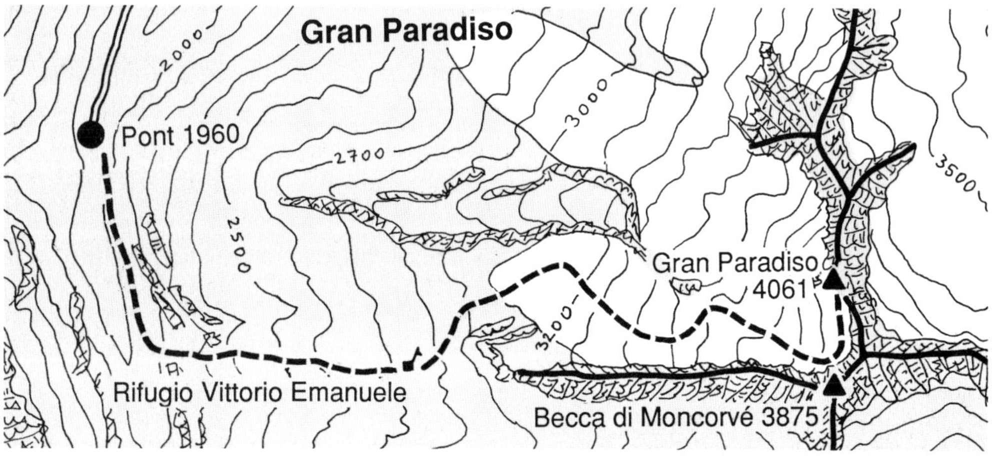

La Meije, 3983 m

Felsburg im Dauphiné

Aufstiegszeit	Gipfelaufbau	weitere Gipfel
5 + 5 Std.	plattige Wand	Pic Central

In den Alpen gibt es einige richtige Ausnahmeberge. Dazu gehört ohne Zweifel die Meije, eine schmale Felsmauer mit scharf herausgesägten Gipfeln und etwa 800 m hohen Wänden nach Süden wie nach Norden. Die freie Lage unterstützt das Königliche dieses Berges, er beherrscht zum Beispiel das Tal bei La Grave, einem Bergdorf an der Lautaret-Paßstraße. Hier dominieren die zerborstenen Gletscher von Meije und Tabuchet, aus denen die dunkle, mit Eis durchsetzte Nordwand emporwächst. In grandioser Lage nordöstlich des Gipfels thront das Refuge de l'Aigle in 3441 m Höhe. Von dort läßt sich der ***Pic Central*** (3974 m) der Meije schnell erreichen. Das Haupthindernis bildet ein kurzer, aber schon recht steiler Schneehang mit einer Neigung bis 45°. Fast gegensätzliche Eindrücke bestimmen die Tour auf der üblichen Route zum Hauptgipfel, dem Grand Pic (3983 m). Gewaltige Wandfluchten aus schönem, festen Gestein, das bei entsprechendem Wetter warm und trocken ist, zeichnet die Südseite aus. Die sehr lange Kletterei – man steigt auf der gleichen Route wieder ab – über Platten, durch Rinnen und Kamine geht bis Schwierigkeitsgrad III. Auf dem Promontoiregrat, schon ein gutes Stück über dem Bergfuß, leuchtet das aluverkleidete Promontoire-Hüttchen (3090 m). Es paßt zum Stil der Gesamttour, daß man schon beim Hüttenaufstieg ein wenig kraxeln muß, ja, am folgenden Morgen tritt man – schon angeseilt – aus der Hüttentüre, und von einem Schritt zum anderen beginnt die richtige Kletterei.

Talort: La Bérarde (1711 m), Bergsteigerzentrum genau im Herzen der Dauphiné-Berge.

Charakter: Sehr schöne Kletterei in großer Höhe, III, sehr lang, nur bei trockenem Fels sinnvoll.

Die Normalroute: Von Bérarde auf gutem Weg durch das Tal von Etançons zum Refuge du Châtelleret (2225 m, CAF). Weiter im rasch steigenden Tal – großartiger Meije-Blick – über Moränen zum Fuß des Promontoiregrates und über Felsen mit Drahtseilen zum Refuge du Promontoire (3090 m, CAF). Im Bereich des Grates weit empor, dann am Ostrand des Glacier Carré entlang in die gleichnamige Brèche und über die Südflanke auf den Grand Pic. Führer: „Haut Dauphiné", Bergverlag, Rudolf Rother, München.

◁ *Eine der großen klassischen Klettertouren: Überschreitung der Meije im Dauphiné.*

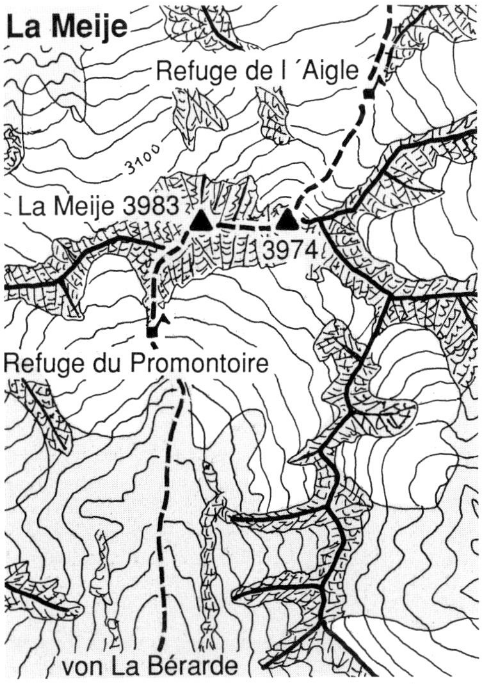

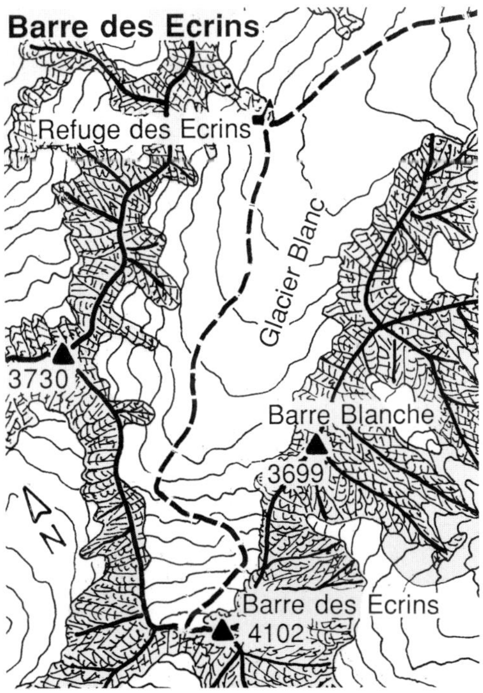

Barre des Écrins, 4102 m

Viertausender im Südteil der Alpen

Aufstiegszeit	Gipfelaufbau	Alternative
4 + 4 Std.	schmaler Grat	Dôme de Neige

115 Kilometer südlich des Montblanc ragt das letzte ganz große Berggebiet auf. Bei den Deutschsprechenden hat sich der etwas unglückliche Name Haut Dauphiné eingebürgert und sogar die völlig unsinnige Form ***die*** Dauphiné. Schließlich sagen die Franzosen ***Le*** Dauphiné, bezeichnen die Gruppe jedoch meist als Massif du Pelvoux oder auch als Massif des Écrins.

Eine Fülle markanter und wirklich wilder Felsgipfel, die sehr effektvoll mit Eisrinnen und Hängegletschern geschmückt sind, und die fast alle über großen Gletscherbecken aufragen, geben dem echten Bergsteiger ein Betätigungsfeld für viele Jahre. Das Hauptziel ist die Barre des Écrins, die gewaltig über das ganze Gebiet emporragt, die außerdem erstmals von Edward Whymper und seinen Begleitern bestiegen wurde, und das genau ein Jahr vor dem Matterhorn. Für die Franzosen ist dieser Gipfel eine Art Nationaldenkmal. Im Hochsommer kommen sie in großen Scharen angerückt, Blechlawinen bedecken die Parkplätze beim ehemaligen Refuge Cézanne, Bergsteiger drängen sich in der Écrins-Hütte, und die Spur über den Glacier Blanc wird zur Ameisenstraße. Das nimmt der Wanderung durch diese gewaltige und wirklich großartige Gletscherlandschaft leider einen Teil des Zaubers. Auf diesem reinen Eisanstieg, der mit ein paar ziemlich steilen Passagen aufwartet, erreichen die Gipfelstürmer die Brèche Lory (3974 m). Dort trennen sich dann die Wege; Müde und Ängstliche steuern den nahen Dôme de Neige des Écrins an, die anderen turnen über den teilweise scharfen Grat zum höchsten Punkt hinauf.

Ausgangspunkt: Durch das Tal von Ailefroide in den gleichnamigen Ort und weiter zum Ende der öffentlichen Straße auf Pré de Madame Carle (1870 m, Hôtel).

Charakter: Große Gletscher-Bergfahrt mit steilen Passagen, Eisschlag, Gipfelgrat im kombinierten Gelände schmal und ausgesetzt, Kletterei bis II.

Die übliche Route: Über die erste Stufe links des Baches, dann nach rechts und oberhalb des Glacier Blanc entlang zum Refuge du Glacier Blanc (2550 m, CAF). Weiter auf der Moräne, später auf dem Gletscher. Dann nach Norden über Geröll und Schnee zum Refuge des Écrins (3177 m, CAF) in eindrucksvollster Lage. Hinab auf den Gletscher und der wohl immer breiten Spur folgend nach Südwesten, dann über steile Hänge mit Spalten und einem großen Schrund empor, schließlich auf einer Terrasse nach rechts bis vor die Brèche Lory. Links um den ersten Aufschwung und über den Grat auf den Gipfel. Oder nach rechts auf den nahen Dôme de Neige.

Monviso, 3841 m

Der Liebling der Turiner

Aufstiegszeit	Gipfelaufbau	Alternative
2¼ + 4½ Std.	Felsflanke	keine

Nur 20 Kilometer von der hier etwa 300 m hohen Poebene entfernt ragt eine Felspyramide bis über 3800 m empor. So krasse Gegensätze finden wir in den Alpen wohl kein zweites Mal. Deshalb zieht der Monviso die Turiner und auch noch die Mailänder an „wie das Licht die Insekten“. Von Paesana kann man über Crissole hineinfahren zum Pian del Re (2020 m), wo vor allem an den Wochenenden Auto neben Auto steht. Und das hat seine guten Gründe. Da lockt als erstes eine geographische Besonderheit, nämlich die Sorgente del Po, also die Quelle des mit 680 km längsten Flusses in Italien. Ferner bieten die zahlreichen Bergseen – es gibt oberhalb von Pian del Re etwa ein Dutzend – einen stimmungsvollen Vordergrund zu den

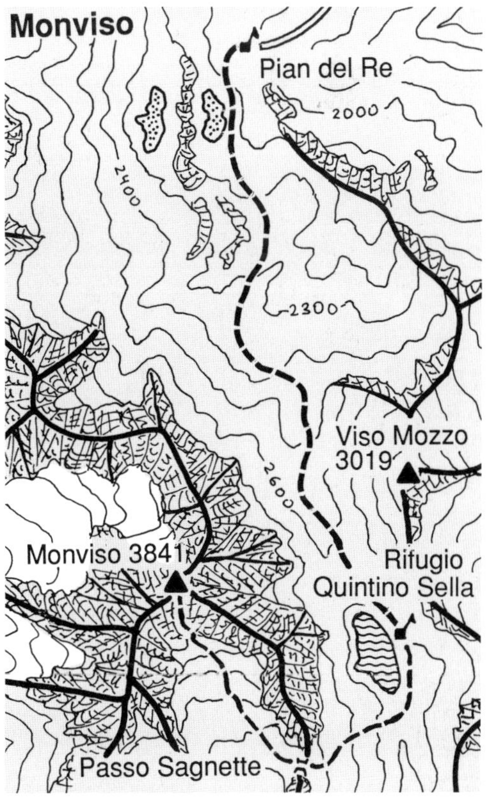

Zum Ausklang: Dauphiné-Herbst mit Dôme de Neige und Barre des Écrins (schräg dahinter).

mächtigen Gipfeln der Region, aus denen der Monviso nochmals wie ein Riese urgewaltig hervorragt. Auch die Quintino-Sella-Hütte liegt an einem – dem größten – dieser Seen. Dort trifft alles zusammen, was zum Gipfelsturm aufbrechen will – und da geht es dann nicht immer sehr gemütlich zu. Doch bei der langen Tour in einem so weiträumigen Gelände verteilen sich rasch auch größere Bergsteigerscharen, zumal sichtlich so manchem die sauerstoffarme Höhe zu schaffen macht.
Ein Gebietsfremder wird hier langgezogene Gletscher, Firnhänge, Eisgrate erwarten. Nicht am Monviso! Von den „schäbigen" Resten des Ghiacciaio di Viso abgesehen, die kaum mehr als ein mächtiger Lawinenkegel sind, hat man eine reine Felstour vor sich. Erst geht es über Wege und durch Geröll, dann klimmt man durch die 500 m hohe Südflanke empor, auf Bändern, durch Rinnen, über kleine Wandabsätze. Dank der Markierungen läßt sich die Route auch in diesem komplizierten Gelände gut finden. Und doch sollte man vernünftig sein: So nahe der Poebene führen im Sommer die Quellwolken ein recht tyrannisches Regiment!

Ausgangspunkt: Durch die Valle Po über Crissolo (1398 m) bis zum Pian del Re (2020 m).
Charakter: Sehr hohe Felsflanke, Kletterei bis II-, einige Sicherungen, häufig Quellwolken und Gewitter.
Die Route: Von Pian del Re auf breitem Weg an den Seen von Fiorenza und Chiaretto vorbei über Böden und Stufen zum Rifugio Quintino Sella (2640 m, CAI) am Lago Grande. Auf einem Steig über Hänge und durch ein Couloir in den Passo Sagnette (2991 m) und drüben hinab ins große Schuttkar. Talein zum Gletscherchen. In 3300 m Höhe von ihm nach rechts auf eine Rampe und den Markierungen folgend durch die zerborstene Riesenflanke zum obersten Südostgrat auf den Gipfel (evtl. noch Schnee in den Rinnen und auf den Bändern).

Stichwortverzeichnis

MEMMINGEN
WEILHEIM
KEMPTEN
GARMISCH-PATENKIRCHEN
Alpspitze 17
ST. GALLEN
BREGENZ
Hochvogel 10
Sonnenspitze 17
Bettelwurf 18
Mädelegabel 12
FELDKIRCH
Wetterspitze 16
INNSBRUCK
Rote Wand 13
Parseierspitze 15
LANDECK
Zimba 34
Schrankogel 60
Hoher Riffler 32
GLARUS
Schesaplana 32
Ruderhofspitze 60
Patteriol 30
Glärnisch 93
Watzespitze 56
Fluchthörner 36
Zuckerhütl 58
Hochfei
Dreiländerspitze 35
Wildspitze 53
CHUR
Piz Buin 35
Tödi 24
Weißkugel 54
Piz Linard 38
Similaun 57
Hintere Schwärze 57
MALS
Sass Ri
MERAN
Piz Kesch 38
SPLÜGEN
BOZEN
Vajolettürme 77
Ortler 46
Piz d´Err 39
ST. MORITZ
Königspitze 49
Rosengartenspitze 76
Piz Palü 45
Monte Cevedale 46
Piz Bernina 42
Piz Badile 41
Monte Disgrazia 39
Cima Presanella 52
Cima Brenta 74
Monte Adamello 52
SONDRIO
Cima Tosa 76
LUGANO
TRIENT
RIVA
COMO